本书为国家社会科学基金教育学青年课题"世界一流大学跨学科人才培养机制研究"(项目编号:CIA200268)成果

跨学科人才培养

理念、模式与机制

张晓报 著

中国社会科学出版社

图书在版编目（CIP）数据

跨学科人才培养：理念、模式与机制 / 张晓报著. 北京：中国社会科学出版社，2024. 10. -- ISBN 978-7-5227-3892-5

Ⅰ. G649.2

中国国家版本馆 CIP 数据核字第 2024QT4303 号

出 版 人	赵剑英
责任编辑	刘　芳
责任校对	王　潇
责任印制	李寡寡

出　　版	中国社会科学出版社
社　　址	北京鼓楼西大街甲 158 号
邮　　编	100720
网　　址	http://www.csspw.cn
发 行 部	010-84083685
门 市 部	010-84029450
经　　销	新华书店及其他书店
印　　刷	北京明恒达印务有限公司
装　　订	廊坊市广阳区广增装订厂
版　　次	2024 年 10 月第 1 版
印　　次	2024 年 10 月第 1 次印刷
开　　本	710×1000　1/16
印　　张	16.5
插　　页	2
字　　数	256 千字
定　　价	89.00 元

凡购买中国社会科学出版社图书，如有质量问题请与本社营销中心联系调换

电话：010-84083683

版权所有　侵权必究

跨学科人才培养要有系统思维
（代序）

张晓报博士的新著《跨学科人才培养：理念、模式与机制》即将由中国社会科学出版社出版，作为他的导师，我非常高兴。看到这本书，我不禁想到了他的博士学位论文《美国研究型大学跨学科人才培养模式研究》。该论文于2018年以同名出版之后，他并没有停下思考的脚步，而是继续在这个领域深耕。本书是张晓报博士第二本有关跨学科人才培养的专著，是他对跨学科人才培养持续关注和研究的结晶，两本书构成了"姊妹篇"。

张晓报在第一部专著中，基于对麻省理工学院、普林斯顿大学、宾夕法尼亚大学等美国10所研究型大学的研究，提炼出美国研究型大学跨学科人才培养的基本模式，并对"美国模式"的多种具体表现形式进行了解读，他所概括的由课程、专业和学位三要素作为载体，以及三要素以独立和组合两种方式进行组织的跨学科人才培养模式，具有较高的解释力和包含性，对我国高校利用这"三种要素"和"两种组织方式"推进跨学科人才培养具有一定的指导性。同时，他对多种跨学科人才培养具体形式的分析对我国高校推进跨学科人才培养的制度设计也有较强的参考性。

然而，受制于当时实践经验与系统思考的不足，张晓报重点关注的是美国研究型大学跨学科人才培养的模式问题，而对模式何以生成这一基础性问题以及模式何以落实这一保障性问题缺乏深入的思考。根据我在密歇根大学等国外高校参观、访学所获得的发现以及对跨学科问题的相关研究与思考，我认为，相比于模式问题，理念、体制与机制等问题同等重要，甚至比模式更加重要，因为理念、体制与机制分别是"模式"形成与实施的基础。

在理念方面，我发现，凡是在跨学科人才培养上有特色的高校，往往表现出对大学属性与知识生产模式的新认识，对学生个体个性化与多样化学术兴趣和发展需要的尊重以及社会对复合型人才需求的回应。从宾夕法尼亚大学视自身为"一个跨越传统的界限去追求知识的场所"，提出培养"熟悉多门学科的未来领导者"，为学生在一个不断变化而又复杂的世界里建立知识之间的联系提供多种跨学科探索的机会，再到杜克大学将自身定义为"跨学科研究型大学"，提出投身于跨学科研究和教学的使命与任务，致力于创造使学生把握环境污染、经济竞争、人类健康和文化理解等复杂问题多个维度的教育环境，无不反映出跨学科理念对跨学科人才培养实践的先导性和基础性影响。

在机制方面，这些高校往往注重建立健全与跨学科人才培养相适应的支撑性条件。早在1998年，博耶研究型大学本科教育委员会为了推进跨学科本科教育，就在"重建本科教育：美国研究型大学的蓝图"报告中明确提出"拆除跨学科教育的壁垒"这一命题，并从组织模式、物质报酬等方面提出了拆除障碍、创造机制的具体建议。而近些年，普林斯顿大学等高校所采取的组建独立的跨学科研究中心，成立专门的跨专业管理委员会，通过"联合聘任制"为跨学科育人配备师资等措施，都是为了建立健全跨学科人才培养机制所做的努力与尝试。

理念、模式与机制，不仅分别对跨学科人才培养具有重要作用，且彼此之间又相互关联、高度影响。从现实而言，当前我国高校的体制机制建设与跨学科人才培养的需求还有很大距离，一个最为典型的表现就是专业教育模式下所形成的"单位制"传统——在组织建设上，我国高校存在典型的"鸽笼现象"，即学科分类越来越细，学科组织也越来越多，不同专业的学者越来越困在自己的鸽笼里，缺乏相互交流的"广场"，学科交叉与融合的机会大大受到限制；在资源配置方式上，高校往往以学科组织为单位配备课程、专业、师资、设施设备等资源。例如，教师往往隶属于某一学科或专业，二级单位的属性非常明确，职责与晋升要求也限定在"单位"框架之下。

这种高度"学科本位"的体制、机制不仅造成了专业、课程、院系、部门等之间的有形和无形壁垒，也导致不同学科组织之间的跨学科向心力和合力弱。这不仅不利于跨学科人才培养理念的生成，而且也直接制约了跨学科人才培养模式的建构与实施，使高校的人才培养和知识生产无法在灵活开放的环境中进行。例如，当前我国高校教师一般由所在院系规定年度工作量，且一般要在本院系内完成，在其他院系的授课往往无法计入在内，导致相关学科的教师不愿意参与其他院系的教学工作，这又进一步导致一些跨学科专业或传统专业的相关课程开不起来，这直接制约了跨学科专业的设置以及传统专业跨学科内涵的提升工作。与此同时，教师的教学往往局限于本院系、本学科、本专业，不仅使得专业教育模式不断被强化，而且也丧失了在跨学科教学中实现学科交叉的机会。

令人欣喜的是，从 2014 年至今，我国高校跨学科人才培养面临的大环境发生了很大变化，尤其是新工科、新医科、新农科和新文科建设普遍提出了加强跨学科的要求，这是一个很好的机遇。总体而言，这些利好的环境至少包括以下几点。

第一，国家领导人以及国家教育主管部门高度重视、积极鼓励。近年来，随着学科交叉与交叉学科在科技创新及经济社会发展中的作用日益凸显，国家层面对跨学科人才培养、科学研究与学科建设的重视程度不断提升。例如，当前领导人指出，要用好学科交叉融合的"催化剂"，加强基础学科培养能力，打破学科专业壁垒，对现有学科专业体系进行调整升级，瞄准科技前沿和关键领域，推进新工科、新医科、新农科、新文科建设，加快培养紧缺人才。这无疑为高校做好跨学科人才培养工作提供了根本遵循。

第二，跨学科人才培养的相关制度设计越来越健全。以往对于跨学科人才培养，往往仅在相关政策中进行呼吁，但近些年国家围绕跨学科人才培养的具体形式、学科载体等问题先后出台了专门政策，为规范、引领和支持跨学科人才培养提供了有力的制度供给。代表性的制度包括以下几个方面：2019 年 7 月，国务院学位委员会印发了《学士学位授权与授予管理办法》，提出可授予辅修学士学位、双学士学位、联合学士学位三种类型学士学位，并对授予要求分别做出了规定，解决了长期以来我国高校自行其是而缺乏政策依据的问题；2021年，交叉学科被国家列为第14个学科门类，增强了学术界、行业企业、社会公众对交叉学科的认同，为交叉学科提供了更好的发展通道和平台；在2022年更新的研究生学科专业目录中，交叉学科作为一个门类正式"入驻"，下设7个一级学科和2个专业学位类别。

第三，跨学科的理念认同与实践声势已经初步形成。相比于九年之前，今天跨学科、交叉学科、学科交叉与融合等词语频频出现在高校内外，俨然成为国家在科技发展与创新，高校在学科建设、人才培养与科学研究等方面进行改革言必称之的热门词汇。可以说，跨学科已经走出了早期若干学者呼吁、个别高校单方面行动的局限，这无疑为跨学科相关活动提供了良好的社会环境基础。尤其是近几年一些"新型研究型大学"的成立，有力地推动了跨学科的实践进程。由于没有历史包袱，这些新型研究型大学在起步之初就打出了跨学科的大旗。例如，南方科技大学作为一所新兴的高水平研究型大学，以培养"拔尖创新人才"为目标，注重以生为本，充分尊重学生的兴趣与特长，坚持"拓宽（专业）口径、强化（学科）基础、鼓励（学科）交叉、多次选择（专业）"的原则，在人才培养上表现出鲜明的跨学科特色。在不久前召开的"打开边界：第二届大学转型发展研讨会"上，这批新型研究型大学纷纷展现了跨学科人才培养的蓝图。显然，这些大学的尝试将给那些传统大学带来明显的示范效应。但是，这些传统大学要真正走出学科与专业的路径依赖，还有很长的路要走。

尽管如此，跨学科人才培养在具体实践层面还有很大的提升空间。在理念方面，当前我国很多高校在人才培养上往往站在高校自身的"供给侧"进行考虑，而没有把社会和学生的"需求侧"放在突出位置，这突出表现为在人才培养上过于注重学科逻辑，而忽视了社会对人才素质结构的要求，同时又要求学生适应其提供的教育，即在现有框架之下进行选择，导致学生的学习弹性严重不足，跨学科学习机会不充分。可以说，未来我国高校如果缺乏从社会与学生出发的"需求侧"意识，跨学科人才培养理念的树立与提升是很困难的。在模式方面，由于专业教育的思想根深蒂固，跨学科人才培养模式转型出现了一定的困难和停滞，目前部分高校甚至退回到原来按专业招生并按专业培养的老路。在机制方面，高校当前的组织与制度仍然是与专业教育模式相适应的，体制机制对于自由而富有弹性的跨学科人才培养支撑度有限，跨学科人才培养置于其中仍存在"水土不服"的问题。

总体来看，虽然当前我国部分高校的运行经费、全球排名与世界上一批公认的世界一流大学的差距在不断缩小，但在尊重和满足学生的个性化与多样化学术兴趣及发展需要、充分利用综合性大学的多学科资源协同育人等方面与世界一流大学还有很大的差距。毫不夸张地说，当前我国高校还没有感受到人才培养包括跨学科人才培养的压力，这是我国世界一流大学建设在人才培养上的"短板"。

因此，张晓报以"跨学科人才培养：理念、模式与机制"作为第二本专著的选题进行研究具有重要的现实意义，而他将理念、模式与机制三个问题置于同一视域进行考察，无疑也更具系统性，是前期研究进一步深入的表现，对此我很欣慰。在这本书中，张晓报分别从理论与实践、域外经验与国内问题等维度对这三大问题进行了解读，既有理论的阐释，又有具体案例；既有关于理想图景的阐述，又有对现实问题的分析以及未来发展的建议。总体而言，该书具有一定的理论性和实践参考价值。基于此，我乐意把该书推荐给读者。

如果说该书的不足，恐怕与张晓报缺乏教学管理经验有关。今天解决人才培养的跨学科问题，我认为，教学管理需要发生较大的改变，这些改变主要源于当前跨学科人才培养面临以下几方面的困境。其一，我国现在的高校多有新校区，有的高校不止一个校区，这就给教师上课以及跨学科教学带来了诸多不便。其二，现在的大多数教师熟悉专业教育，喜欢上专业课，具有跨学科视野的教师偏少，即使开始重视选修课，也都是在专业的范围内进行。其三，学生及家长还有很厚重的"专业情结"，他们对跨学科的认识还远远没有达到应有的高度。对于这些问题，高校只有通过管理的"刚性"制度才能有力地解决。既然在我国高等教育历史上，我们可以从过去的"通才教育"很快过渡到"专业教育"，那么，到了今天，一样可以完成从"专业教育"到"跨学科人才培养"

的转型。对此，我们应该有充分的信心。

进一步而言，除了理念、模式与机制这三个问题，我想跨学科人才培养可能还涉及其他的重要命题，比如说文化。我近年来做研究喜欢鼓励学生"到历史与文化中去寻找答案"，因为历史之镜往往能够让我们发现一些被眼前一叶之美好所隐藏掉的真实与完整，历史的记忆可使我们自知、自省与自悟，而文化问题是不少问题的根源。钱穆先生有言："一切问题，由文化问题产生；一切问题，由文化问题解决。"这句话可能有绝对的意味，但为我们分析很多社会问题包括高校人才培养问题提供了一个思路。从表面上看，当下我国高等教育出现的一些问题，似乎是制度设计出现了问题，其实并非完全如此，核心还是传统文化和大学基因在起作用。文化是"一只无形的手"，在深深地影响和制约着我国高等教育的改革与发展。

就跨学科人才培养而言，与其说是理念、模式和机制有问题，不如说其还缺少充分而深厚的文化土壤。比如说，是否尊重学生个性化与多样化的学术兴趣与发展需要，背后就涉及我国自古以来的教育目的价值取向问题。在社会本位的教育目的价值观占据主导地位之时，学生个体的需要在高校人才培养模式中没有得到足够体现也就非常自然。而在高校提供跨学科学习机会之时，一些学生所表现出的消极态度无疑又反映出实用主义文化对学生学习的负面影响。由此可见，推进我国高校的跨学科人才培养实践，需要从更深层次的文化视角入手，审视实践过程中所面临的文化羁绊与障碍。

进一步来说，无论是跨学科人才培养的理念、模式与机制，抑或文化，本质上都是高等教育尤其是人才培养的转型。随着知识生产方式从单一学科到跨学科，再到超学科的转变，社会对能够解决复杂问题的复合型人才的需求，学生对富有弹性并能满足其个性化学术兴趣与发展需要的教育的期待，人才培养模式转型是必然的趋势。跨学科人才培养是否要或者是否能取代传统的学科专业教育，现在还无法做截然的判断，但至少跨学科人才培养应成为当今时代人才培养模式的重要内涵或重要组成部分。就前者而言，即使是学科专业教育，面对人本身全面发展与经济社会对人才素质结构的需要，也不能过度地单一学科化，多学科的知识结构与思维方式、合作意识并据此解决复杂问题的实际能力应成为新型学科专业人才的"标配"。就后者而言，高校可利用自身基础与优势，设置与实施跨学科课程、跨学科专业、跨学科学位、跨学科教学与指导等专门的跨学科人才培养形式。

要实现这样的转型，当前我国高校需要进行系统性重构。所谓系统性重构，并非就某一方面进行考虑，也不是零碎地修修补补，而要从跨学科人才培养的需求出发，对当今高校的形态进行一体化、全方位调整与改革，涉及思想观念、组织结构、培养模式、教育教学制度等一系列要素的根本性转变。当这种系统性重构实现的时候，高校亦实现了整体转型。此时，跨学科已经成为这些高校的重要属性：无论是组织建设、师资配置，还是培养模式、学习方式，都有浓厚的跨学科色彩。此时的高校，方能称为"跨学科大学"。

事实上，跨学科本来就是高校尤其是大学应有的属性，且有先天的优势与条件。首先，大学是兼容并包的，正如蔡元培先生在1918年的《北京大学月刊》发刊词中所说："大学者，'囊括大典，网罗众家'之学府也……哲学之唯心论与唯物论……常樊然并峙于其中，此思想自由之通则，而大学之所以为大也。"其次，大学的学习也是没有边界的。"思想自由，兼容并包"不仅强调大学由不同学科、不同学派构成，而且也倡导各种学术思想之间的相互借鉴与交流。蔡元培曾说："就学生方面来说，如果进入一所各科只开设与其他学科完全分开的、只有本科专业课程的大学，那对他的教育将是不利的。"遗憾的是，大学原有的跨学科属性随着学科不断的分化以及学科组织、学科专业教育模式的不断强化被遮蔽了，本可以为学生提供综合性学习平台的优势也未能充分发挥。

同时，高校还需处理好教育的内外部关系，不仅要依据教育办教育，而且要跳出教育办教育。就前者而言，高校要充分认识到跨学科对人才培养与科学发展的重要价值，以跨学科为手段促进人才的培养、知识的生产，在促进学生深度学习的同时促进其广泛探索。就后者而言，高校要有"需求侧"思维，充分考虑经济社会发展和人的全面发展需要而不能单纯从"供给侧"考虑。党的二十大报告要求，"坚持面向世界科技前沿、面向经济主战场、面向国家重大需求、面向人民生命健康,加快实现高水平科技自立自强"[1]。这不仅是对科技发展所提出的要求,亦为高等教育尤其是人才培养的转型提供了行动指南。可以说,当一所高校真正做到"四个面向"的时候,其手段和路径必然是跨学科的。

粗略读了一遍张晓报的书稿,突然发现他的学术视野似乎也发生了变化,明显可以感受到他开始有了一定的"跨学科思维",不知这一变化是否与他研究跨学科人才培养这一主题相关。相比之下,我们这一代人,都是在专业教育环境下成长的,我们既是专业教育的"产品"和"成品",也是专业教育的"牺牲品"。今天的大学生显然已经不适应乃至厌烦这种教育模式了,现代教育技术的发展也为他们进行自发的跨学科学习提供了机会和平台。然而,当前我国高校却一直在用我们过去在精英高等教育阶段接受的专业教育模式培养普及化高等教育阶段的学生。如果我们不改变专业教育的路径依赖,不知道还会有多少大学生成为专业教育的"牺牲品"。就现实而言,ChatGPT的出现,加快了职业的更替乃至消失。在今天的就业市场上,我们已经明显感受到社会用人单位对人才的素质结构需求已经在发生变化,他们看重的不再是专业,而是创新能力。

因此,我国业已形成的专业教育模式已经到了必须改革的时候了,不改不行了。正如耶鲁大学前校长理查德·查尔斯·莱文(Richard Charles Levin)所指出的:"目前,中国大学的本科教育缺乏两个非常关键的因素:第一,就是缺乏跨学科的广度;第二,就是对于批判性思维的培养。""这样一种传统亚洲模式,对于培养一些流水线上的工程师或者是中层的管理干部可能是有用的,但是如果去培养领导力和创新人才就显得过时了。"这种批判是非常犀利而又客观、深刻的,而我们自身对此尚缺乏清醒的认识和充分的行动。在党的二十大报告中,党中央提出了"全面提高人才自主培养质量,着力造就拔尖创新人才"的时代重任,这要求高校重新思考人才培养模式如何能够更加有力地支撑这一任务的实现。这既是时代对高等教育和高等教育研究提出的要求,也是时

---

[1] 习近平:《高举中国特色社会主义伟大旗帜 为全面建设社会主义现代化国家而团结奋斗——在中国共产党第二十次全国代表大会上的报告》,人民出版社2022年版,第35页。

代向高等教育和高等教育研究提供的契机。

当今世界正经历百年未有之大变局，作为人类文化高地和创新引擎的高校，必须在时代变革中主动转型，破解专业教育模式惰性十足、学科与专业之间壁垒森严、学科专业结构与市场脱节等高等教育改革中的"深水区"问题。期待张晓报和对跨学科人才培养问题感兴趣的学者进一步探索，继续推动跨学科人才培养的研究进程！此外，尽管理论上存在研究者与实践者的划分，但现实中两者却不是截然分开的。正如德国学者奥立奇·特曲勒所言："高等教育研究中最令人兴奋的是，研究与实践的结合以及研究者与实践者身份的重合。"这既是高等教育研究的特殊性所在，也是其魅力所在。因此，我也希望我们的高等教育研究者能利用自身所拥有的空间去推进跨学科人才培养的实践进程。

多年的博士生培养实践使我明白，给博士生选题要有"长线思维"，即帮助他们选一个可持续研究的题目，让他们在走上工作岗位之后，可以在这个领域持续地深耕，而跨学科人才培养就属于这样的研究领域。希望张晓报在这个领域继续努力，我国高校的人才培养需要打开边界，你的个人成长也需要不断突破自我！

是为序。

邬大光

2023年8月20日

目　　录

绪　论 ··· 1

第一篇　理论解读

第一章　跨学科人才培养理念、模式与机制的理论阐释 ············ 19
　第一节　跨学科人才培养理念、模式与机制的内涵 ············ 19
　第二节　跨学科人才培养理念、模式与机制的关联 ············ 25

第二篇　跨学科人才培养理念

第二章　跨学科人才培养观 ································· 35
　第一节　跨学科的大学属性与职能观 ························· 35
　第二节　跨学科人才培养的动因观 ··························· 40
　第三节　跨学科人才培养的目的观 ··························· 45

第三章　斯坦福大学跨学科人才培养理念 ···················· 51
　第一节　跨学科人才培养理念孕育的条件 ···················· 51
　第二节　跨学科人才培养的目标理念 ························· 57
　第三节　跨学科人才培养的路径理念 ························· 63

第四章　北京大学跨学科人才培养理念 ……………………… 69
第一节　跨学科人才培养理念孕育的条件 ……………………… 69
第二节　跨学科人才培养的目标理念 …………………………… 72
第三节　跨学科人才培养的路径理念 …………………………… 77

第三篇　跨学科人才培养模式

第五章　跨学科人才培养的基本模式 …………………………… 85
第一节　跨学科人才培养模式的构成 …………………………… 85
第二节　跨学科人才培养的独立模式 …………………………… 90
第三节　跨学科人才培养的组合模式 …………………………… 95

第六章　跨学科课程 ……………………………………………… 100
第一节　跨学科课程的目标 ……………………………………… 100
第二节　跨学科课程的组织形式 ………………………………… 105
第三节　跨学科课程的教学方式 ………………………………… 110

第七章　跨学科专业 ……………………………………………… 114
第一节　跨学科专业的设置背景 ………………………………… 114
第二节　跨学科专业的培养目标 ………………………………… 117
第三节　跨学科专业的课程特性 ………………………………… 122

第四篇　跨学科人才培养机制

第八章　跨学科人才培养的机制解读 …………………………… 131
第一节　机制与管理机制 ………………………………………… 131
第二节　跨学科人才培养机制的构成 …………………………… 135

第九章　斯坦福大学跨学科人才培养机制 …………… 150
第一节　跨学科人才培养的组织机制 …………… 150
第二节　跨学科人才培养的协调机制 …………… 155
第三节　跨学科人才培养的资源共享机制 …………… 161

第十章　北京大学跨学科人才培养机制 …………… 166
第一节　跨学科人才培养的治理体系 …………… 166
第二节　跨学科人才培养的组织支撑 …………… 171
第三节　跨学科人才培养的制度保障 …………… 176

第五篇　问题与对策

第十一章　我国高校跨学科人才培养面临的突出问题 …………… 183
第一节　跨学科人才培养理念缺失 …………… 183
第二节　跨学科人才培养模式未成型 …………… 186
第三节　跨学科人才培养机制不健全 …………… 192

第十二章　推进我国高校跨学科人才培养的主要策略 …………… 201
第一节　树立并强化跨学科人才培养理念 …………… 201
第二节　建立健全跨学科人才培养的模式 …………… 205
第三节　优化跨学科人才培养的保障机制 …………… 211

结语　走向融合的跨学科人才培养 …………… 217

参考文献 …………… 221

后　记 …………… 245

绪　　论

跨学科人才培养无论是对促进学科交叉与融合、推动科学技术发展，还是对满足学生的跨学科学习兴趣、培养社会需要的复合型人才，都具有十分重要的价值，这也使其成为当前我国高等教育改革的重要内容与方向。随着跨学科人才培养实践的推进，跨学科人才培养的理念、模式与机制也成为亟待解决的三大问题。

一　研究缘起

"任何改革都不是为改革而改革，而是着眼于现实的需要并从理论上加以提炼并最终付之于实践的行动。"[①] 笔者之所以研究跨学科人才培养的理念、模式与机制问题，一是源于跨学科人才培养对当前我国经济社会发展与学生个体发展的重要价值，二是源于这三个问题对推进我国高校跨学科人才培养实践的关键意义，两者共同构成了本书观照的最大"现实"。

（一）跨学科人才培养的必要性与迫切性

当前我国高校学生多样化与个性化的学术兴趣及发展需要受到较大限制，素质结构无法充分满足经济社会发展对复合型人才的需要，大学的综合性浮于表面等现实正要求改革传统的专业教育模式，建构和完善跨学科的人才培养模式。

第一，学生多样化与个性化的学习兴趣亟待满足。"任何一项改革，都不可避免地要针对当下存在的问题。人才培养模式的改革针对的是眼

---

① 袁建胜、温新红：《厦大副校长邬大光：本科教育需要更深入更全面的改革》，《科学时报》2008年8月19日第8版。

下高校人才培养模式所存在的弊端。"[①] 而跨学科人才培养首先需要回应的就是传统人才培养模式对学生学习兴趣的制约问题。就学生的学习兴趣而言，它可能是多样化的，即对两个或多个不同的学科和专业感兴趣，而不只是局限于本学科、本专业。其次，它也可能是极具个性化的，即对一个涉及两个或两个以上学科或领域的问题感兴趣，而这个问题因为个体间的喜好不同，将会千差万别。然而，传统的人才培养模式学科壁垒森严，同时给予学生的发言权和选择权也非常有限，不仅限制了他们对其他学科的兴趣与需要，也忽视了他们个体间兴趣和需要的差异。即使是我国高等教育改革先锋的北京大学，根据2002年的一项调查，该校也有30.5%的学生认为当时学校提供的辅修、双学位专业种类不够丰富，满足不了他们的求知欲望。[②]

随着教育民主化进程的推进、就业压力的增加等原因，学生多样化与个性化的学术兴趣及发展需要将会日益凸显，对于跨学科人才培养实践的需求也日益迫切。对于当前专业教育模式对学生的束缚与限制，高校需要思考，能否对这种模式进行改革，以促进学生更加全面而自由地发展？如果无法改革，在既定的按专业招生与培养制度下，能否通过其他方式和途径向学生提供跨学科学习的机会？从前期对美国研究型大学的研究[③]可以看出，跨学科人才培养模式打破了传统的学科专业壁垒，使学生跨学科、跨专业学习成为可能。其中，独立模式特别是其下的跨学科专业和跨学科学位，允许学生根据感兴趣的问题自主确定专业（方向）、自主从多个学科或领域选择与该专业（方向）相关的课程，有助于满足学生个性化的学术兴趣；组合模式则向学生提供了选修其他学科的课程、专业和学位的机会，无疑可满足学生多样化的学术兴趣，也可在一定程度上解决一些学生对现有专业不满意的问题。

第二，经济社会发展对复合型人才的需要亟待回应。随着时代的发

---

① 王伟廉：《提高教育质量的关键：深化人才培养模式改革》，《教育研究》2009年第12期。
② 卢晓东、宋鑫、王卫、董南燕：《大学本科培养跨学科知识复合型人才的作法与相关问题探讨——北京大学的个案》，《当代教育论坛》2003年第10期。
③ 张晓报：《独立与组合：美国研究型大学跨学科人才培养的基本模式》，《外国教育研究》2017年第3期。

展，专业教育模式与社会和学生个体需要的不适应性逐渐显现。就社会需要而言，由于专业教育模式专业口径狭窄、培养规格统一，所培养的学生知识结构较为单一，不仅无法充分适应职业需要，而且给学生未来的职业变换与转化也带来了一定的困难。例如对于教师教育相关专业而言，一直以来我们都认为其属于教育学科，并没有充分认识到这一专业及其所培养的教师的跨学科属性，因此，在培养方案的设计与实施上，实施教师教育的综合性大学可能偏于学术性，侧重于未来从教学科的学习，而传统的师范院校则可能偏于师范性，侧重于教育科学知识学习与教师技能训练，导致师范生的素质结构都存在一定的偏颇。然而，从现实来看，教师只有教育科学知识或中小学任教学科知识，都无法胜任基础教育的高质量教学要求，这也决定了要对同质性过强而异质性不足的教师教育进行一定的改革："一方面要加强专业学科教育（应为'学科专业教育'——笔者注），注重学术性，另一方面也要强化教育理论学习与教育实践训练，体现师范性，两者都是现代教师教育必不可少的内容。"[①]

事实上，当下社会对于人才素质结构的需求正在不断变化，越来越需要拥有多方面知识和能力的复合型人才，即使是以往看起来专业素质要求很单一的行业与职业也日渐表现出这种特征。例如对工程技术人员的要求，已经从过去的掌握专门知识到现在的具备更宽的知识面加上其他方面的专长，如商业、管理、艺术、国际贸易、法律、外语以及某一科学领域的专门知识等。[②] 这种复合型人才的培养就要求跳出狭窄的专业教育模式，或拓宽原有的专业口径、加强基础、丰富内涵，或提供双主修、主辅修和双学位、第二学位等形式来增加专业特长。尽管相对于单一主修专业或单一学位的毕业生，参与双主修、主辅修和双学位、第二学位等跨学科人才培养形式学习的毕业生选择面更宽，但从美国研究型大学的认识与经验看，跨学科人才培养并不必然增加学生的就业能力。

---

① 何凤升：《师范性与学术性：从对立走向整合》，《扬州大学学报》（高教研究版）2001年第4期。
② 叶桂芹、张良平：《联合学位：培养复合型人才的新模式》，《清华大学教育研究》2002年第5期。

尽管如此，学界对于这种模式能够培养学生复合型的知识与能力结构、增加他们未来发展的适应性却没有争议。

第三，综合性大学多学科资源优势亟待发挥。尽管从学科数量来说，当前我国很多高校（包括当初的单科性学院）已经成为综合性或多科性高校，但整个中国高等教育还是按照历史的惯性在走，没有跳出原来的专业教育模式。[①] 导致这一问题的重要原因在于很多高校对办综合性大学的目的并不清楚，似乎综合就是好的，似乎其他高校综合化了自身也要这么做。究竟为什么要办综合性大学？对学生来说，综合性意味着什么？综合性大学该给予学生什么？从人才培养的角度来说，判断一所高校是不是综合性大学的根本标准又是什么？对这些问题，不少高校是模糊的。

这从根本上导致当前我国很多高校在人才培养上仍然是单学科的，学生并没有享受到多学科资源优势带来的益处，学生在综合性或多科性高校与在单科性学院没有实质差别。面对综合化的功能没有充分释放的现实，高校需要思考如何在人才培养上或者说通过人才培养来充分发挥自身的多学科资源优势，并促进交叉学科的发展。跨学科人才培养鼓励学生广泛探索，并为这种探索提供充分的自由与空间。在这一过程中，学生乃至教师都将不断跨出其所在院系，某一院系的课程和专业等教育教学资源也将面向其他院系的学生开放。以主辅修这一跨学科人才培养形式为例，在没有这种形式及其他相关形式时，除了通识课或公共课，学生鲜有机会跨越学科界限进行学习，然而当这一形式开始出现，学生开始经由这种形式接触到其他学科、享受到其他学科的资源。进一步而言，主辅修一般由学生在原有的主修专业之外再选择一个其他学科的辅修专业所组成。由此可见，辅修专业的数量、学科覆盖面就决定了主辅修这一形式的多样化程度，也决定了学生跨学科学习的选择范围。这就要求高校打破主修专业与辅修专业之间的界限，让各个院系的专业向其他院系学生开放，供他们辅修。如此一来，高校各个学科、院系的资源界限与壁垒将会不断突破，多学科资源优势随之将会不断得到利用。由

---

① 袁建胜、温新红：《厦大副校长邬大光：本科教育需要更深入更全面的改革》，《科学时报》2008年8月19日第8版。

此可见，跨学科人才培养是促进综合性大学发挥多学科资源优势的重要途径和有力抓手。

(二) 跨学科人才培养亟待解决理念、模式与机制问题

当前，世界一流大学人才培养模式已发生巨大转变，跨学科已成为这些大学人才培养乃至科学研究的一个普遍特征，其中美国一些大学甚至已经将跨学科战略提高到"跨学科军备竞赛"（Interdisciplinary Arms Race）①的高度，而我国整个高等教育还没有跳出20世纪50年代建立的专业教育模式——不仅按照学科划分专业，而且各个专业课程体系的跨学科程度也比较低。从当前来看，这种模式已经严重滞后于时代发展趋势，无法很好地适应社会、学生和学科发展对人才培养模式的需求。因此，我们亟待对学科壁垒森严的专业教育模式进行改革，促进人才培养模式由学科专业单一型向多学科融合型转变。②

事实上，跨学科人才培养已经成为近些年我国高等教育改革的重要方向与内容，并为诸多高等教育政策文件所强调，如《国家中长期教育改革和发展规划纲要（2010—2020年）》明确提出高等教育要"促进多学科交叉和融合"，而在国务院办公厅2015年5月份印发的《关于深化高等学校创新创业教育改革的实施意见》中，亦明确提出"高校要打通一级学科或专业类下相近学科专业的基础课程，开设跨学科专业的交叉课程，探索建立跨院系、跨学科、跨专业交叉培养创新创业人才的新机制"。2017年1月，教育部、财政部、国家发展改革委联合发布《统筹推进世界一流大学和一流学科建设实施办法（暂行）》，明确提出："突出学科交叉融合和协同创新……全面提升我国高等教育在人才培养、科学研究、社会服务、文化传承创新和国际交流合作中的综合实力。"2018年8月，教育部等三部门又印发了《关于高等学校加快"双一流"建设的指导意见》，强调要"制定跨学科人才培养方案"，"探索跨院系、跨学科、跨专业交叉培养创新创业人才机制"，"以创新人才培养模式为

---

① [美]凯瑞·A. 霍利：《理解高等教育中的跨学科挑战与机遇》，郭强译，同济大学出版社2012年版，第55页。
② 国务院办公厅：《关于深化高等学校创新创业教育改革的实施意见》，2015年5月13日，https://www.gov.cn/zhengce/content/2015-05/13/content_9740.htm。

重点，整合多学科人才团队资源，组建交叉学科，促进哲学社会科学、自然科学、工程技术之间的交叉融合"。当前领导人也多次指出，"用好学科交叉融合的'催化剂'"，"厚实学科基础，培育新兴交叉学科生长点"，"要下大气力组建交叉学科群"，"鼓励具备条件的高校积极设置基础研究、交叉学科相关学科专业"①。

然而，不可否认的是，当前我国高校的跨学科人才培养实践在总体上较为滞后。一个重要原因在于理念、模式与机制三个关键问题没有解决，跨学科人才培养的指导思想、实施方式与保障条件还没有充分建立起来。我国高校长期以来实施的是专业教育，当前高校的人才培养理念、模式与机制等一套体系主要是与专业教育相对应的，如在组织机制上，与专业教育相配套的是以学科专业为基础划分和设置的学科型组织。一方面，因为思维、制度和行为等方面的惯性，学科型组织自然而然地会倾向于持续提供专业教育，而对其背后的不合理性往往缺乏反思和改革，也因此对跨学科人才培养缺乏关注和重视。另一方面，基于学科的组织机制和资源配置方式使得学科壁垒森严，学生的学习往往局限在传统的学科和专业范围内。专业教育理念、模式和机制的"强位""越位"与跨学科人才培养理念、模式和机制的"弱位""缺位"，直接导致我国高校的跨学科人才培养实践推进较为缓慢。为此，一方面要从理论层面思考跨学科人才培养的理念、模式与机制问题，自上而下进行顶层设计；另一方面还需要对专业教育模式之下跨学科人才培养的理念、模式与机制的具体问题进行研究，自下而上思考破解之道。

二 研究意义

总体而言，关于跨学科人才培养，目前理论上存在诸多错误认识，在实践上亦较为滞后，而本书围绕跨学科人才培养的理念、模式与机制三个关键问题开展研究，无论对提高跨学科人才培养的理论认识，还是促进跨学科人才培养的实践进程都有重要的价值和意义。

---

① 教育部：《国务院学位委员会办公室负责人就〈交叉学科设置与管理办法（试行）〉答记者问》，2021年12月6日，http://www.moe.gov.cn/jyb_xwfb/s271/202112/t20211206_584975.html。

(一) 理论意义

作为一种新型的人才培养形态，跨学科人才培养的一系列理论问题亟待探讨，如学科与跨学科、学科交叉与交叉学科的关系为何，强调跨学科人才培养模式是不是意味着全盘否定、放弃传统的专业教育，与专业教育相适应的学科组织是不是跨学科人才培养的根本制约因素，如何利用高校现有的专业教育资源组织与实施跨学科人才培养，等等。然而，从研究现状来看，以上问题并没有得到系统而充分的解答，甚至有一些错误的认识。可以说，当前我国高校跨学科人才培养实践的相对滞后，与理论研究不足有密切关联。例如，将专业教育与跨学科人才培养融合在整个人才培养体系之中是不少美国研究型大学的做法，也代表了跨学科人才培养的实践走势。然而，学界对这种走势及其实现路径研究较少，导致国内很多高校一不知道这种融合的走势，二不清楚将两者融合的方法。本书基于理论研究、比较研究和本土分析，聚焦于跨学科人才培养的三大关键问题，可以在一定程度上深化对跨学科人才培养理念、模式与机制等关键问题的认识，丰富和完善跨学科人才培养的相关理论。

(二) 实践意义

高等教育是为个体和社会的发展服务的，当内外部环境发生变化的时候，高等教育必然要做出一定的适应和调整。跨学科人才培养实践所针对的就是当下专业教育模式所存在的弊端。具体说来，传统的专业教育模式是在20世纪50年代全面学习苏联的政治背景下作出的选择，也适应了当时社会各项建设事业对高级专门人才的迫切需要。但是，随着时代的发展，这种模式在满足社会和学生个体需要上逐渐显现出一定的不适应性，推进跨学科人才培养实践也因此显得格外必要。本书基于比较视角揭示了一批世界一流大学的跨学科人才培养理念、模式与机制，同时基于本土分析揭示了当前我国高校跨学科人才培养在这三个方面的突出问题，并将两者结合提出了相应的对策与建议，可为我国高校推进跨学科人才培养实践提供指导。具体而言，阐述跨学科人才培养理念，可为我国高校跨学科人才培养实践提供思想指引；探讨跨学科人才培养模式及其具体形式，可为我国高校从多维度组织跨学科人才培养提供操作思路；解读跨学科人才培养机制，可为我国高校建立健全与跨学科人才培养理念及模式相适应的机制提供参考。

三 文献综述

伴随着国内外对专业教育的反思、跨学科人才培养的呼吁以及跨学科人才培养实践的推进，相关研究成果也日渐丰富，其中关于跨学科人才培养理念、模式与机制的研究成果也有了一定积累。

（一）跨学科人才培养理念研究

第一类是对跨学科人才培养内涵、作用、表现等基本理论问题的研究。代表性著作为李文鑫、黄进主编的《跨学科人才培养的理论研究》。该书认为跨学科人才培养本身就是一种教育思想、教育理念和办学观念，在高等教育上的主要体现是：学科专业教育上的开放式教育观；课程设置上的综合课程教育观；人才培养上树立新的人才模式观；人才培养质量上树立新的质量观；教育价值观上抛弃功利主义价值观，树立人本主义和人的全面发展的教育价值观。①

第二类是关于国外高校尤其是美国研究型大学跨学科人才培养理念的比较研究。这类研究多以案例研究的形式呈现，一方面是对某一所高校跨学科人才培养理念本身的呈现。例如，魏玉梅以哈佛大学教育哲学博士（Ph.D.）培养项目为例，研究了该校教育学博士研究生培养的跨学科理念：培养目标从单一价值取向走向多元化方向，不只为培养教育学专业的学者、教师或研究人员，更致力于培养具有多学科背景的复合型人才。同时，也不是为了培养书斋式的研究者，而是培养具有问题意识，并能够解决教育实践问题的学术人才。②谢梦、童颖之认为，美国顶尖研究型大学社科类博士生的培养理念主要表现为培养卓越的跨学科研究能力、多样化的学术能力两个方面。③

另一方面则是对跨学科人才培养实践背后的理念基础进行解读。例

---

① 李文鑫、黄进主编：《跨学科人才培养的理论研究》，武汉大学出版社2004年版，第47—51页。
② 魏玉梅：《美国教育学博士研究生培养的"跨学科"特色及其启示——以哈佛大学教育哲学博士（Ph.D.）培养项目为例》，《外国教育研究》2016年第3期。
③ 谢梦、童颖之：《跨学科与博士生培养：美国顶尖研究型大学社科类人才培养研究》，《清华大学教育研究》2022年第1期。

如，华中科技大学的雷洪德、高强研究发现，麻省理工学院跨学科培养本科生的理念基础是英才教育、手脑并重、合作开放。① 陈翠荣、李冰倩认为，密歇根大学跨学科培养研究生的理念基础在于"广泛而丰富"的文化教育观、"多样性、公平、包容性"的治校纲领以及"不合作就死亡"的开放性办学思想。② 陈翠荣、杜美玲研究发现，牛津大学之所以能够把握住跨学科培养研究生的先机，源于其"博雅教育"的办学理念、"平等与多元化"的学术愿景以及"社会领袖与未来学者精英"的培养目标。③

第三类是对跨学科人才培养理念的现状、问题与对策的研究。张建功等学者研究发现，跨学科教育理念没有被人们普遍认可和接受，且缺少政策支持，这是制约我国跨学科研究生培养的主要瓶颈之一。为此，他们提出各高校首先需从战略层面提出本校跨学科发展理念，强调跨学科理念对高校学科建设与发展的重要意义，并将其纳入学科建设和发展规划中，突出跨学科建设重点和关键领域，形成对跨学科教育的共识。其次，应从政策、方针和制度等层面对跨学科理念进行明文规定，通过发布正式的政策条文和制度文本，为各培养单位跨学科培养提供明确导引。此外，为避免跨学科理念流于口号与形式，高校应对跨学科理念的贯彻落实进行动态把控，要求各培养单位针对学校层面的跨学科发展理念制订出院系层面的具体发展规划，并对各单位的落实情况进行不定期检查，确保制度的贯彻落实。④ 胡乐乐认为，校长跨学科意识的普遍欠缺或淡漠是导致我国高校跨学科改革现状不良的根本原因。为此，亟须相关部门创新研究型大学校长的遴选、任命、评价等体制机制，促使研究型大学的校长具有跨学科的国际视野。⑤

---

① 雷洪德、高强：《MIT跨学科培养本科生的理念基础、支撑条件与主要途径》，《中国高教研究》2016年第11期。
② 陈翠荣、李冰倩：《密歇根大学跨学科培养研究生的理念基础、实现途径及面临的挑战》，《外国教育研究》2018年第8期。
③ 陈翠荣、杜美玲：《英国牛津大学跨学科培养研究生的理念、路径及趋势分析》，《黑龙江高教研究》2021年第2期。
④ 张建功、杨怡斐、黄丽娟：《我国高校工科硕士研究生跨学科培养模式调查研究》，《高等工程教育研究》2016年第4期。
⑤ 胡乐乐：《论"双一流"背景下研究型大学的跨学科改革》，《江苏高教》2017年第4期。

（二）跨学科人才培养模式研究

一是关于跨学科人才培养模式的分类研究。叶取源、刘少雪认为，目前欧美发达国家正在进行的跨学科模式主要有跨学科课程和跨学科学位两种。[①] 娄延常认为，目前我国基本上有主副修复合型模式、二元复合型模式、多元复合型模式、通识型模式和学际型模式五种跨学科人才培养模式。[②] 邱士刚基于对跨学科教育实践的总结，把跨学科教育概括为单交叉型教育模式、多交叉型教育模式和研究型教育模式三种模式。[③] 李雪飞、程永波提出，当前跨学科研究生培养模式主要有课程模式、项目模式和制度化模式三种。[④] 朱彩平以分类学原理为视角，将我国跨学科教育模式主要归结为横向分类的三种：通识型教育模式、探究性教育模式和交叉性教育模式，以及纵向分级的四种：跨学科课程模式、跨学科项目模式、跨学科专业模式和跨学科学位模式。[⑤] 刘畅基于复杂性理论和跨学科理论，系统总结了新加坡国立大学本科生跨学科人才培养的三种模式：跨学科专业模式、跨学科课程模式和跨学科学位模式。[⑥]

二是关于跨学科人才培养模式的案例研究。曲晓丹通过分层抽样的方法，以本科阶段的人文与艺术学院的跨学科学士学位项目（BHA）、硕士研究生阶段的艺术管理专业硕士学位项目（MAM）和博士研究生阶段的机器学习博士学位项目（ML）为案例，对卡内基梅隆大学的跨学科人才培养模式进行了分析和解读。[⑦] 周叶中、夏义堃等对武汉大学研究

[①] 叶取源、刘少雪：《架设人文教育与科学教育的桥梁——美国大学跨学科项目案例介绍和分析》，《中国大学教学》2002年第9期。

[②] 李文鑫、黄进主编：《跨学科人才培养的理论研究》，武汉大学出版社2004年版，第39—43页；娄延常：《跨学科人才培养模式的多样性与理性选择》，《武汉大学学报》（人文科学版）2004年第2期。

[③] 邱士刚：《关于大学跨学科教育的思考》，《河北师范大学学报》（教育科学版）2004年第1期。

[④] 李雪飞、程永波：《交叉学科研究生培养的三种模式及其评析》，《学位与研究生教育》2011年第8期。

[⑤] 朱彩平：《我国研究型大学本科生跨学科教育模式研究——基于分类学原理视角》，硕士学位论文，华南理工大学，2018年。

[⑥] 刘畅：《新加坡国立大学本科跨学科人才培养模式研究》，硕士学位论文，吉林大学，2020年。

[⑦] 曲晓丹：《美国大学跨学科人才培养模式研究——以卡内基梅隆大学为例》，硕士学位论文，大连理工大学，2013年。

生跨学科培养模式进行了提炼：设立特区，开展博士研究生跨学科培养模式改革试点；优化结构，推进跨学科课程建设与课程资源共享；加大投入，营造跨学科学术交流氛围；精心组织，加速跨学科国际化培养进程；强化激励，深化研究生奖助体系改革。① 包水梅、魏玉梅以哈佛大学教育研究生院为例，分析其设立的"哲学博士学位（Ph.D）"项目与"教育领导博士学位（Ed.L.D）"项目后发现，博士生跨学科培养有跨学院联合授予学位、跨学科设置专业方向、跨学院配备师资、跨学科设置和修读课程四个基本路径。② 房西爽从培养目标、课程与教学、学位项目及支持机制等方面对密歇根大学的跨学科人才培养模式进行了梳理与解读。③ 郑石明通过对美国、英国、新加坡、加拿大4个国家的7所世界一流大学的研究，发现它们已经构建了完整的跨学科人才培养体系，并在课程体系、跨学科培养项目、组织形式和培养途径等方面形成了自己的鲜明特色。④

三是关于跨学科人才培养模式问题与对策的研究。刘畅研究发现，新加坡国立大学本科跨学科人才培养模式实践过程中面临知识碎化、内外部逻辑失衡、传统学科专业教育解构等挑战。为此，其提出整合不同学科间的知识和文化、跨学科人才培养外生逻辑与内生逻辑并行、学科教育和跨学科教育并举、建立适合跨学科人才培养特征的评估机制等优化建议。⑤ 李爱彬等认为，当前我国一流学科群研究生跨学科培养主要面临培养目标定位不明确、过程要素支撑不完善、以单一学科为基础设置院系、跨学科培养所需的资源支持难以保障、人才评价机制缺失等困境。为此，其提出以下对策：面对复合型人才需求，重构一流学科群研

---

① 周叶中、夏义堃、宋朝阳：《研究生跨学科培养模式创新的探索——武汉大学的改革实践》，《学位与研究生教育》2015年第9期。
② 包水梅、魏玉梅：《美国博士生跨学科培养的基本路径及其特征研究——以哈佛大学教育研究生院为例》，《中国高教研究》2015年第5期。
③ 房西爽：《密歇根大学本科跨学科人才培养模式研究》，硕士学位论文，河北大学，2019年。
④ 郑石明：《世界一流大学跨学科人才培养模式比较及其启示》，《教育研究》2019年第5期。
⑤ 刘畅：《新加坡国立大学本科跨学科人才培养模式研究》，硕士学位论文，吉林大学，2020年。

究生跨学科培养目标；建立虚实结合的学科组织，依托学科载体培养跨学科人才；优化资源配置机制，保障学科群研究生跨学科培养条件；规范学科群研究生培养过程，培养博专结合的跨学科创新人才；依托学科群建设载体，健全研究生跨学科培养管理制度；加强培养质量的可检验性，形成学科群研究生跨学科培养自组织系统。①

（三）跨学科人才培养机制研究

一是关于跨学科人才培养机制的建构研究。刘仲林在国内较早提出了"交叉科学与交叉（跨学科）教育"的命题，以及建立有弹性的交叉科学系（学院）的构想。②从友忠提出，高校有必要从组织机制、文化机制和运行机制构建跨学科教育机制。③贾川基于我国高校跨学科研究生培养的制约因素，从思想引导机制、管理运行机制、能力训练机制、评价激励机制对跨学科研究生培养机制进行了整体设计。④

二是关于跨学科人才培养机制的域外经验研究。包水梅、谢心怡通过对普林斯顿大学的个案研究，发现美国研究型大学主要以专门的跨学科组织机构和制度建设、跨学科师资配备及跨学科提供课程作为博士生跨学科培养的支撑机制。⑤陈翠荣、敖艺璇研究发现，美国研究型大学跨学科培养科技人才的保障机制在于实施跨学科培养科技人才的战略规划，构建科学合理的跨学科课程体系，多种形式组建跨学科师资队伍，建设专门的跨学科教育组织机构，搭建多样化的教育实践平台等方面。⑥陈翠荣、姚姝媛等人对美国顶尖文理学院跨学科人才培养的经验进行了研究，发现其跨学科人才培养的支撑机制为：以博雅教育理念引导学生

---

① 李爱彬等：《一流学科群视域下研究生跨学科培养模式研究》，《研究生教育研究》2022年第3期。
② 刘仲林：《交叉科学与交叉（跨学科）教育》，《天津师大学报》1986年第4期。
③ 从友忠：《高等学校跨学科教育的理论与机制研究》，硕士学位论文，大连理工大学，2004年。
④ 贾川：《我国高校跨学科研究生培养机制研究》，硕士学位论文，国防科学技术大学，2008年。
⑤ 包水梅、谢心怡：《美国研究型大学博士生跨学科培养的基本路径与支撑机制研究——以普林斯顿大学为例》，《江苏高教》2018年第3期。
⑥ 陈翠荣、敖艺璇：《美国研究型大学跨学科培养科技人才的主要路径与保障机制》，《中国高校科技》2020年第4期。

全方位发展；利用住宿制和导师制丰富学生的学习体验；以教学为中心培育跨学科师资；多方联合创建丰富的跨学科教育资源；建立完善的跨学科教育管理机制。①

三是关于跨学科人才培养机制的问题与对策研究。刘亚敏、胡甲刚认为，单科性高校大量存在、专业设置集权化管理、专业组织的实体化和教学管理制度不到位等因素制约着跨学科人才培养的推进。②邬大光提出课程资源跨学科共享要打破必修课与选修课、主修专业与辅修专业课程、不同院系课程、本科生与研究生课程、短学期与长学期课程之间的界限。③凯瑞·A.霍利认为，当前高等教育的制度结构无法为跨学科工作提供足够的保障，为此他提出了改变院系结构、设立跨学科活动的协作型领导机制、检查获得终身教职及晋升的标准等举措。④尹伟、董吉贺认为，以学科为基础划分和设置学科组织造成了不同学科对高等教育资源的分割，从组织结构上强化了学科壁垒的形成。为此，跨学科研究生教育资源共享机制必须实现资源配置方式从管理向治理的转变，并处理好资源共享中不同学科的利益诉求。⑤田贤鹏、李翠翠等人认为，推进跨学科研究生培养机制变革需基于问题导向，鼓励学科交叉，提升学位授予制度的灵活性和自主性；以科研项目为载体，促进基于知识整合的课程教学设计；重构考核评估体系，强化跨学科研究生的复合创新能力；完善协同创新机制，打破跨部门的利益分割障碍。⑥

（四）总体评价

总体而言，现有研究从理论与实践、国内与国外等多重视角与维度

---

① 陈翠荣、姚姝媛、胡玉辉：《美国顶尖文理学院跨学科人才培养路径及支撑机制研究》，《黑龙江高教研究》2023年第2期。

② 刘亚敏、胡甲刚：《跨学科人才培养的制约因素探讨》，《中国高教研究》2004年第3期。

③ 袁建胜、温新红：《厦大副校长邬大光：本科教育需要更深入更全面的改革》，《科学时报》2008年8月19日第8版。

④ Karri A. Holley, *Understanding interdisciplinary challenges and opportunities in higher education*, San Francisco: Jossey-Bass, 2009, p.6.

⑤ 尹伟、董吉贺：《开展跨学科研究生教育应构建资源共享机制》，《中国高教研究》2010年第6期。

⑥ 田贤鹏、李翠翠、袁晶：《从学科立场到问题导向：跨学科研究生培养的机制变革》，《高教探索》2021年第3期。

对跨学科人才培养的理念、模式与机制三个关键性问题进行了回应与探索，为本书的写作奠定了良好的前期基础，但也存在以下几个主要的问题。

其一，在跨学科人才培养理念方面，理论、案例与对策研究都有待加强。在理论方面，对跨学科人才培养理念的具体构成、作用机理等问题尚缺乏充分的研究。在案例研究方面，样本较为有限，主要集中在牛津大学、哈佛大学、麻省理工学院、密歇根大学等少数几所大学上。在对策研究方面，对跨学科人才培养理念何以生成与落地这一基础性问题尚缺乏有力的回应。

其二，在跨学科人才培养模式方面，分类研究一是概念界定不准，存在将模式与方式、形式混淆的问题；二是主要基于现实的罗列，缺乏明确的划分依据，也没有进行充分的理论概括。分类研究不足，也导致当前的案例研究没有完全集中于模式研究，不少研究将其与机制等内容相杂糅。与分类与案例研究相对比，跨学科人才培养模式的问题与对策研究还较为薄弱，没有全面充分地揭示问题并提出有力的解决方案。

其三，在跨学科人才培养机制方面，现有研究在概念上缺乏清晰而严谨的界定，存在机制研究与理念研究、模式研究交叉、重复的问题。而在对跨学科人才培养机制构成的分析上又缺乏严谨的逻辑依据，因此不同学者所提的机制之间差别较大，给指导跨学科人才培养实践带来了难度。在问题与对策上，现有研究从总体与具体机制两个层面进行了一定的回应，但系统性与深度不足。

综上所述，有必要以现有研究为基础，扩大对国内外典型高校的考察范围，从理论和实践两个维度进一步对跨学科人才培养理念、模式与机制进行考察，从而一方面对国内外典型高校的经验进行揭示，并在此基础上强化对基本理论命题的理解；另一方面也对我国高校跨学科人才培养在理念、模式与机制上的突出问题进行分析，并在此基础上提出发展对策与建议。

四　研究内容与方法

基于跨学科人才培养实践面临的突出矛盾和制约跨学科人才培养的

关键问题，本书以"跨学科人才培养：理念、模式与机制"为题进行专门探索，具体研究内容与方法如下。

（一）研究内容

第一篇：理论阐释——跨学科人才培养理念、模式与机制的内涵及关联。为了给全书的分析奠定必要的逻辑起点，本书首先对什么是跨学科人才培养的理念、模式与机制，它们之间的内在关联何在等问题进行论述。

第二篇：指导思想——跨学科人才培养的理念。受制于专业教育模式等因素影响，当前我国高校跨学科人才培养理念还没有普遍树立起来。为了揭示典型高校的跨学科人才培养理念，本篇先从总体的角度研究了美国研究型大学的跨学科人才培养理念，其次从个案的角度分别研究了斯坦福大学和北京大学（以下简称"北大"）的跨学科人才培养理念。

第三篇：实施方式——跨学科人才培养的模式。为了明晰跨学科人才培养模式，为我国高校开展跨学科人才培养提供明确而系统的路径指导，本篇重点以美国研究型大学为研究对象，探究了跨学科人才培养的总体模式。同时，还对若干狭义的跨学科人才培养形式进行了解读。在这些形式中，"个人专业"、跨学科学位已在本人另一部专著[①]中进行了阐述，所以不再赘述，而重点就跨学科课程、跨学科专业两种形式进行解读。

第四篇：保障条件——跨学科人才培养的机制。我国长期以来实施专业教育模式，而在此基础上生成的机制对跨学科人才培养产生了重大的阻滞。因此，要推进跨学科人才培养，必须解决机制不畅的问题。为此，本篇基于对机制词源和美国研究型大学实践的考察探究了跨学科人才培养机制的意蕴与构成，并据此从个案的角度分别研究了斯坦福大学和北大的跨学科人才培养机制。

第五篇：未来发展——我国高校跨学科人才培养理念、模式与机制的问题及其对策。作为跨学科人才培养的指导思想、实施方式与保障条件，跨学科人才培养的理念、模式与机制亟待完善。因此，本篇拟在问

---

① 参见张晓报《美国研究型大学跨学科人才培养模式研究》，湖南师范大学出版社2018年版。

题分析的基础上提出推进我国高校跨学科人才培养实践的对策与建议。

(二) 研究方法

本书通过国际比较的视角，综合运用比较研究、个案研究和文献研究等多种方法，并把理论研究与案例研究相结合，力图使成果既富有理论意义，又在实践上具有可参照性。

一是比较研究法。前期研究发现，以美国研究型大学为代表的一批高校在跨学科人才培养实践上走在世界前列，不仅理念清晰，而且有成型的模式可循，保障机制也较为健全，其经验恰可作为我国推进跨学科人才培养实践的一个重要参考。所以，本书将通过对美国研究型大学的重点考察，系统阐述其跨学科人才培养的理念、模式与机制状况。

二是个案研究法。作为对单一的研究对象进行深入而具体研究的方法，个案研究强调典型性，其中一个标准是"在某方面是否有显著的行为表现"[①]。为此，本书以斯坦福大学、北大等国内外典型高校为个案，对其跨学科人才培养理念、模式与机制进行深度考察。这些高校的先行经验，为我国其他高校树立跨学科人才培养理念、建立健全跨学科人才培养模式、优化跨学科人才培养机制提供了很好的参考。

三是文献研究法。文献法是对文献进行查阅、分析、整理从而找出事物本质属性的一种研究方法，[②] 具有突破时间、空间限制，简便易行、费用较低及真实性较强、可靠性较大等优点。[③] 因此，本书在比较研究和个案研究的具体运用过程中，通过查阅国内外典型高校官方主页上的相关信息以及所在国家的相关高等教育制度，获取跨学科人才培养理念、模式与机制的文献资料。

---

① 黄争春、李鸿玮、肖学文主编：《教育科学研究方法》，延边大学出版社2017年版，第101—102页。
② 李秉德主编：《教育科学研究方法》，人民教育出版社1986年版，第136页。
③ 袁振国主编：《教育研究方法》，高等教育出版社2000年版，第155—156页。

第一篇

理论解读

第一章

跨学科人才培养理念、模式与机制的理论阐释

目前关于跨学科、跨学科人才培养等一系列概念存在较大的分歧甚至错误的认识,因此很有明晰的必要。此外,之所以将理念、模式与机制作为一组命题进行论述,是因为其内在具有紧密的逻辑关联,三者如何在跨学科人才培养实践中进行充分的耦合亦需思考。为此,本章欲从逻辑思辨和实证考察双重路径对以上问题进行研究。

第一节 跨学科人才培养理念、模式与机制的内涵

德国当代著名教育学家沃尔夫冈·布列钦卡强调:"没有准确的概念,明晰的思想和文字也就无从谈起。大凡寻求可以解决教育问题之科学理论的人,都不会容忍传统教育学中的概念混乱。"① 目前,对跨学科、跨学科人才培养模式等概念的界定就存在混乱不清的问题。

一 跨学科

与"跨学科"相对的英文词汇为"interdisciplinary"(亦有人将其译为"学科交叉")。根据《韦氏大学词典》的解释,"interdisciplinary"仅有一个含义,即涉及两个或以上的学术、科学或艺术学科;② 《牛津高阶学

---

① [德] 沃尔夫冈·布列钦卡:《教育科学的基本概念:分析、批判和建议》,胡劲松译,华东师范大学出版社 2001 年版,中译本序言。

② Merriam-Webster, *Merriam-Webster's Collegiate Dictionary* (Tenth Edition), Springfield: Merriam-Webster Incorporated, 1999, p.610.

习词典》将其定义为超过一个学科的，比如跨学科研究、跨学科学位；①《朗文英语词典》将其解释为涉及两个或以上研究（学习）领域。② 可见，跨学科的基本含义即涉及两个或以上的学科或领域，它跨界于传统学科之间或跨出传统学科之外。

从跨学科涉及的对象——学科的整合程度来看，跨学科又可以分成两种类型。一是综合式的（integrative）：不同学科的知识进行了对比并通过整合加以改变，这种知识的整合（integration）或综合（synthesis）被视为跨学科的根本特点。二是添加式的（additive）多学科（multidisciplinarity）：学科之间的联系较为松散，往往缺乏相互作用。尽管它的整合程度相对较低，但对学生形成多学科的知识结构、掌握多学科的思维方式、促进跨学科领域与新知识的生成具有重要作用。

作为一个形容词，跨学科指的是涉及两个或以上学科或领域的理念、状态和属性，而非学科或科学。1972年，经济合作与发展组织（OECD）下属组织教育研究与创新中心（CERI）在其出版的《跨学科：大学中教学与研究的问题》一书中也表达了类似观点。书中指出："跨学科是形容两种或以上学科互动的形容词，这种互动可能从简单的思想交流到概念、方法、程序、认识论、术语、数据的相互整合，以及相当大领域的研究和教育组织方式的整合。"③

因此，跨学科（学科交叉）与交叉学科虽然关系密切，但完全是两回事。前者是高校学科建设、人才培养与科学研究等学术活动的一种理念，具有动态的属性，而交叉学科作为一种学科形式，是多个学科相互渗透、融合形成的新学科，属于静态的性质。不同学科之间的内在联系，意味着跨学科活动的无限可能，现有学科边界也将不断被突破。因此，通过跨学科系列活动④

---

① A. S. Hornby, A. P. Cowie, A. C. Gimson, *Oxford Advanced Learner's Dictionary Of Current English*（*Revised and Updated*），Oxford：Oxford University Press，1974，p.445.

② Longman, *Longman Dictionary of the English Language*，Beccles&London：Wm. Clowes Limited，1984，p.766.

③ 转引自文雯、王嵩迪《知识视角下大学跨学科课程演进及其特点》，《中国大学教学》2022年第4期。

④ 其中最主要的是打破学科壁垒，把不同学科的理论或方法有机地融为一体的研究和教育活动。参见刘仲林《跨学科教育论》，河南教育出版社1991年版，第277—278页。

可以不断产生新的交叉学科,但绝对不能将发展眼光局限在这些新的交叉学科上。如果将跨学科人才培养和科学研究等活动单纯理解为建基于交叉学科的活动(如跨学科专业),将会大大窄化其范围。从后文呈现的跨学科人才培养实践来看,认清跨学科(学科交叉)与交叉学科两个概念的区别对建构全面的跨学科人才培养模式具有重要意义。

二 跨学科人才培养理念

根据《现代汉语词典》的解释,理念有两层含义:(1)信念;(2)思想;观念。① 对于人才培养理念而言,这两个含义、三个关键词皆为重要内涵。理念是行动的先导,教育实践往往都有一定的信念、思想和观念作为基础与支撑。例如,武汉大学原校长刘道玉之所以允许学生自由选专业,允许学生跳级,就在于其认为自由是教育的灵魂,从而以其自由教育理念营造了武汉大学民主自由的校园文化。再如,其主政武汉大学时始终抓本科教育不放松,则因为其认为,本科教育培养的是大量要走向社会的人才,如果本科教育抓不好,我们为社会提供的就是不合格的产品甚至是废品。在刘道玉看来,本科教育是大学教育的中心任务,也是短板,用多大的力气来抓都不为过。②

跨学科人才培养理念就是人们对于跨学科人才培养的信念、思想和观念。凡是推崇跨学科人才培养的高校(校院两级管理者是其代表),往往秉持一定的信念,拥有一定的思想和观念,它突出表现为校长的办学理念。校长作为"领导一所大学的最高行政领导和学术核心组织者"③,其办学理念对跨学科人才培养理念的树立与实践的推进至关重要。从后文斯坦福大学跨学科人才培养的理念与元理念来看,乔丹、莱曼、肯尼迪、卡斯帕尔、汉尼斯、拉维尼等校长的理念对该校跨学科人才培养的实践产生了重要影响。就内容而言,跨学科人才培养理念不只

---

① 中国社会科学院语言研究所词典编辑室编:《现代汉语词典》,商务印书馆2005年版,第836页。
② 方可成:《武大原校长刘道玉:一位超前的教育改革家》,2012年12月7日,https://news.sciencenet.cn/htmlnews/2012/12/272636.shtm。
③ 段宝岩:《学者、智者与战略家、CEO——中国现代大学校长的双重角色与多种能力》,《国家教育行政学院学报》2006年第1期。

是对跨学科人才培养是什么，为什么要实施跨学科人才培养，培养什么样的跨学科人才或具有一定跨学科素养的人才，以及怎样实施跨学科人才培养的一种本体认识，还涉及如何理解教育的本质与任务、大学的属性与职能、当前的知识生产模式以及学生的发展需要和社会的用人需求等一系列相关问题。从后文所揭示的美国研究型大学的经验来看，后面这些认识往往更具基础性。

从应然的角度而言，理念是人们对于某一事物或现象的理性认识、理想追求及其所形成的观念体系。① 相应地，跨学科人才培养理念就是人们对于跨学科人才培养的理性认识、理想追求及其所形成的观念体系。高质量的理念，无疑能更好地对实践产生指导与促进作用。例如，北大教师作为一个整体非常强调跨学科学习的重要性。在由北大教务部、海外传播办公室、招生办公室等机构联合出品的2019—2020年北大宣传片②中，众多教师都认识到跨学科对于创新的重要性。其中，城市与环境学院韩茂莉教授认为："广泛吸取其他专业的东西，是创新的最佳途径。"历史学系阎步克教授以自身研究经历为例说道："跨专业学习、跨学科读书，也许某一个灵感就在这种学科的碰撞之中被激发出来。"因此，他们认为，学生要利用北大学科齐全的优势养成跨学科的知识结构和思维方式。其中，光华管理学院徐信忠教授鼓励学生"广泛地去涉猎"；法学院车浩教授认为学生"至少要听5场本专业之外的学术讲座"；前沿交叉学科研究院汤超教授倡导学生"培养一个跨学科的视野，以问题为导向，打通各个学科"。教师群体这种对跨学科理念的秉持、认同与倡导，对北大全校跨学科理念的形成与落实起到了重要的推动作用。

因此，要使高校相关主体主动、自觉地实施和接受跨学科人才培养，基本前提是对其有科学的认识和理解，在此基础上从观念上予以内在的认同，并进而在行为上切实地推动。然而，从实然的角度来看，理念包括跨学科人才培养理念固然涉及一定的理想追求，但未必是一种"理

---

① 韩延明：《理念、教育理念及大学理念探析》，《教育研究》2003年第9期。
② 北京大学招生办公室：《2019—2020北大宣传片合集》，2019年6月18日，https://b23.tv/kPFo4V。

性"认识，也未必会形成观念体系。例如，前文将跨学科（学科交叉）与交叉学科相混淆，就是现实中一些管理者甚至研究者的错误认识，以这种认识指导实践很可能会将实践引入狭窄的领域。这也是为什么要强化对跨学科人才培养理念研究的重要原因所在。

三 跨学科人才培养模式

模式是某种事物的标准形式或样式，人才培养模式则是为实现一定的培养目标而在培养过程中采取的标准形式或样式。需要说明的是，人才培养模式并不是培养要素、培养路径，后者皆可为不同的人才培养模式所采用，但正因为在培养要素、培养路径等方面表现出了不同的特质，高校之间才有了人才培养模式的差别。以教学为例，任何一种培养模式都无法脱离教学来实施，然而专业教育模式之下的教学往往由单一学科专业的教师来实施，而在跨学科人才培养模式之下，跨学科协同教学则是一种常见的现象。

跨学科人才培养模式是人才培养模式的下位概念，是跨学科人才培养所采取的标准形式或样式，以及在这些形式或样式之下的具体方式、方法。从具体内涵而言，跨学科人才培养模式是超越单一学科边界、涉及两个或两个以上学科或领域的人才培养样态。根据笔者对美国研究型大学的研究，这种"涉及"分为两种类型：一为独立模式，即借助的课程、专业和学位等教育教学要素本身就是跨学科的，具体形式包括跨学科课程、跨学科专业和跨学科学位；二为组合模式，即要素本身并非跨学科的，而是通过要素的组合达到了跨学科的结果，具体形式包括课程的跨学科组合、专业的跨学科组合和学位的跨学科组合。[①] 这两种模式分别对应上文跨学科的综合式与添加式两种类型。由此也可以看出，跨学科人才培养的目标包括培养在某一跨学科领域具有专门知识与技能的人才和培养所有学生一定的跨学科素养这两大方面。也就是说，跨学科人才培养模式既可以培养跨学科人才，也可以培养具有一定跨学科素养的传统学科专业型人才。

---

① 张晓报：《独立与组合：美国研究型大学跨学科人才培养的基本模式》，《外国教育研究》2017年第3期。

从跨学科人才培养模式与传统的专业教育模式的关系来看，前者是对后者的超越与补充而不是全盘否定。从美国研究型大学的情况看，专业教育模式既有其独立性，同时也可以作为跨学科人才培养模式的重要基础和组成部分，而前文提及的组合模式就是专业教育发挥跨学科人才培养价值的体现。从域外经验看，美国研究型大学的双主修、主辅修、双学位等多种具体的跨学科人才培养形式往往都是建立在传统的专业和学位基础上。

四　跨学科人才培养机制

机制是具有一定功能特性的内部构造。由这个简单的定义可以看出，只有具备明确的功能定位和实现该功能的构造才能称为机制。① 换而言之，机制必然包括两个方面的内容：一是功能定位，即机制是为了实现一定的系统目标。"机制影响某一事物功能的发挥，没有相应的机制或者机制不完善，事物的功能就不能存在或不能更好地发挥。"② 这也是本书关注跨学科人才培养机制的重要原因所在。二是构造，它是机制形成和功能发挥的基础及载体。机制的作用通过对系统功能的影响体现，需要结构与运行进行支撑。③

机制在"社会科学中使用时可以理解为机构和制度"④。尽管该定义在字面上不同于"具有一定功能特性的内部构造"，但实际上两者内在有密切关联，即对于很多社会系统而言，其实现系统功能的内部构造往往就表现为相关的机构与制度。例如，高校为了实施教学与科研活动，设立了众多的教学与科研组织。同时，高校一般还设置了管理它们的机构、制定了相应的管理制度，以促进这些教学科研组织高质量地履行职能。所有这些组织与制度的质量及水平综合决定了高校教学科研管理机

---

① 乔锦忠：《学术生态治理——研究型大学教师激励机制探索》，教育科学出版社2008年版，第8页。
② 李学栋、何海燕、李习彬：《管理机制的概念及设计理论研究》，《工业工程》1999年第4期。
③ 李学栋、何海燕、李习彬：《管理机制的概念及设计理论研究》，《工业工程》1999年第4期。
④ 李霞：《建立科学的高等教育长效评价机制》，《当代教育科学》2008年第23期。

制的质量与水平，亦在相当大的程度上反映和决定了高校的办学质量与水平。

对跨学科人才培养而言，机制主要是指保障跨学科人才培养顺利实施、顺畅运行、不断发展的机构与制度。根据这一定义，跨学科人才培养机制的预期功能就在于保障跨学科人才培养顺利实施、顺畅运行、不断发展；而构造则表现为支撑这些功能实现的机构与制度，它们共同构成了促进跨学科人才培养实现的支撑性条件。从美国研究型大学的经验看，这些条件未必是针对跨学科人才培养而专门设计与配备的，也不是将原有的专业教育机制全部拆除而重新构建的一套崭新机制。可以说，一套科学、合理的人才培养机制是富有弹性与包容性的，也因此是具有极大适应性的。

第二节 跨学科人才培养理念、模式与机制的关联

之所以将跨学科人才培养理念、模式与机制置于同一视阈进行论述，是因为三者具有密切的内在关联。跨学科人才培养改革是理念、模式与机制的统一体，理念、模式与机制三大要素相结合共同构成了跨学科人才培养的实践体系。要推进跨学科人才培养，就要从三者着力并加强三者的耦合与联动。

一 理念：跨学科人才培养实践的思想指导

作为跨学科人才培养的先导和灵魂，跨学科人才培养理念对跨学科人才培养实践起着引领和规范作用。它一方面催生跨学科人才培养实践，是改革的重要起因；另一方面也为现实中的跨学科人才培养活动提供理论指导，是改革的重要思路。一般而言，"有什么样的教育理念，就有什么样的教育实践"[①]。例如，宾夕法尼亚大学指出，从创造性的、打破

---

① 雷洪德、高强：《MIT 跨学科培养本科生的理念基础、支撑条件与主要途径》，《中国高教研究》2016 年第 11 期。

传统学科界限的双学位到严格在文理方面打下基础,① 都得益于思想的开放和无尽交换的推动。② 再如,林雪平大学以跨学科研究作为立校之本,而在学校的主页中,林雪平大学声称其有两大标志,其一就是跨越学系边界,实现学科交叉与合作。③

因此,对于跨学科人才培养的系列改革而言,跨学科人才培养理念的树立是重要前提。只有实现了人才培养理念的跨学科化,高校才会构思建立健全跨学科人才培养的模式,进而构建、完善与这种模式相匹配的体制与机制。例如,麻省理工学院秉承跨学科教育理念,遵循"有限选择,无限融合"的原则,通过跨学科课程设置、学术共同体建设、跨学科研究计划等途径培养本科生,努力培养引领社会发展的精英人才。④ 再如,普林斯顿大学以培养服务公众的领袖为目标,注重学生科学思维能力和综合素质的培养。因此,其培养模式的一个亮点就在于实施通识教育:重视学生学习的广博性,要求每位本科生必须分别在自然科学、社会科学、文学艺术和历史哲学领域至少修读两门课程,以便对人类历史、人类所处世界、人类思想文化等方面有全面理解。而其之所以实施住宿学院制,也在于打破源于学科专业或学位项目之间的隔阂,为不同学习领域的本科生提供通过日常生活与学习交流便利地接触、吸收各种学科不同视角、方法与理论的浸润环境,从而为本科生在潜移默化中自然而然地生成开放、广博的思维方式创造有利的条件。⑤ 由此可以看出,人才培养模式与机制背后往往都伴随着对于教育的理解,前者往往是后者指引下的行为。

缺乏理念,模式和机制就容易成为无源之水、无本之木。当前,我国很多高校依然在实施严格的专业教育,背后固然有模式与机制的原因,

---

① 原文为"rigorous grounding in the liberal arts and sciences"。
② University of Pennsylvania, "Penn Admissions", http://www.admissions.upenn.edu/.
③ 曾开富、陈丽萍、朱晓群、聂俊:《跨学科建设的理念与实践——3 所国外大学的研究》,《北京教育(高教)》2012 年第 3 期。
④ 雷洪德、高强:《MIT 跨学科培养本科生的理念基础、支撑条件与主要途径》,《中国高教研究》2016 年第 11 期。
⑤ 张伟:《跨学科教育:普林斯顿大学本科人才培养案例研究》,《高等工程教育研究》2014 年第 3 期。

但首先在于理念的传统与封闭。传统表现为完全按照专业教育理念进行办学，模式的统一性非常强。封闭则表现为无论是校方还是学院往往都按照单科学院的理念进行办学，学科与专业之间的界限分明，院系之间的壁垒森严，学生的课程体系也高度单一学科化。这也从反面说明，"改革人才培养模式，首先要领悟和把握教育、大学教育的真谛"①。

二 模式：跨学科人才培养实践的实施方式

"提高教育教学质量是体系性、全局性、战略性问题，其中人才培养模式改革是核心环节。"② 在由理念、模式与机制等子系统构成的跨学科人才培养体系当中，跨学科人才培养模式的改革亦是核心环节。究其原因，主要在于实施跨学科人才培养必然要有具体抓手，而模式所负责的就是明确抓手，从而使跨学科人才培养真正得以运行与操作的问题。进一步而言，作为跨学科人才培养所采取的标准形式或样式，以及在这些形式或样式之下的具体方式、方法，跨学科人才培养模式不仅为跨学科人才培养理念的落实与强化建立了一套系统的操作体系，提供了适宜的生长环境，而且也为跨学科人才培养机制的建设与完善提出了要求，指明了方向。

从理念落实与强化而言，跨学科人才培养模式的建构往往意味着对过去专业教育理念及其模式的总结、反思与超越。专业教育模式建立之后，其口径狭窄致使学生知识广度不足，弹性不够致使无法充分满足学生学术兴趣与发展需要等问题，陆续引起了高校和学者的关注。通过对专业教育对人的发展局限性的反思，他们开始认识到，大学教育要增强学生的学习弹性和未来发展的适应性，要培养学生对多学科知识、思维方式以及问题解决能力的掌握，促进学生全面发展。践行新的人才培养理念，就要"突破将人才培养模式仅仅局限于专业教育的框架"③。从 20 世纪 80 年代开始，以武汉大学为代表的一批高校开始推行主辅修、双学位等一系列制度，就是在多学科协同育人模式上所做的具体努力。进入 21 世纪，跨学科课程、跨学科专业等整合程度更高的形式逐渐为高校所

---

① 刘献君：《创新教育理念 推动人才培养模式改革》，《中国高等教育》2009 年第 1 期。
② 刘献君：《创新教育理念 推动人才培养模式改革》，《中国高等教育》2009 年第 1 期。
③ 刘献君：《创新教育理念 推动人才培养模式改革》，《中国高等教育》2009 年第 1 期。

重视，高校人才培养的跨学科成分亦在不断得到加强。同时，作为跨学科人才培养理念所处的环境，跨学科人才培养模式可以通过其实施与运行创造一定的跨学科人才培养文化与氛围，对其中的相关群体的观念产生触动与影响，从而对跨学科人才培养理念的生发与强化产生积极作用。

从机制的建设与完善而言，跨学科人才培养模式的实施需要一套与之相匹配的体制与机制。从专业教育到跨学科人才培养，是我国大学教育模式的突破与创新。它不仅意味着教育目标与内容的变革，而且在体制、机制上亦有特殊要求。例如，高校现有的学科型组织往往形成了既定的兴趣，给跨学科研究与学习造成了一定的阻碍。为了使跨学科人才培养活动能够有隶属单位，从而有人负责和支持，美国高校陆续成立了一些新的系，设立了一些新的中心。① 由此可见，跨学科人才培养模式的建构必然需要也将会带来培养机制的变革。同时，跨学科人才培养模式也为跨学科人才培养机制的建设与完善指明了方向，即从跨学科人才培养模式如何落地出发，对跨学科人才培养机制进行改革。例如，建立独立或组合的跨学科人才培养模式，② 需要具备多学科的课程、师资、设施与设备等资源，这就要对当前高校的资源共享机制进行改革，把多学科资源从跨学科人才培养的潜在资源转化为现实资源。如果没有这个指向，跨学科人才培养机制的改革无疑是盲目的。

模式处于理念与机制的中间环节，两者通过模式建立联结。理念终究要落到模式的层面，而机制建设也旨在保障模式顺利实施、顺畅运行、不断发展。缺乏跨学科人才培养模式，理念也就成为空中楼阁，机制也就失去了意义。当前，我国在理念层面已经有了一些概念性的内容，如2022年10月，党的二十大报告提出："加强基础学科、新兴学科、交叉学科建设，加快建设中国特色、世界一流的大学和优势学科。"③ 但要用

---

① The Boyer Commission on Educating Undergraduates in the Research University, "Reinventing Undergraduate Education: A Blueprint for America's Research Universities", http://eric.ed.gov/? id = ED424840.

② 张晓报：《独立与组合：美国研究型大学跨学科人才培养的基本模式》，《外国教育研究》2017年第3期。

③ 习近平：《高举中国特色社会主义伟大旗帜 为全面建设社会主义现代化国家而团结奋斗——在中国共产党第二十次全国代表大会上的报告》，人民出版社2022年版，第34页。

好学科交叉融合的"催化剂"、打破学科专业壁垒,从而建设交叉学科、培养紧缺人才,还需要高校进一步将概念性的内容转化为模式的设计。而在机制层面,当前我国高校既缺少围绕跨学科人才培养模式所做的专门设计,也缺少对现有机制的改革,导致高校无法充分释放其在跨学科人才培养上的功能。这其中的根本原因就在于没有模式这个指向。

三 机制:跨学科人才培养实践的保障条件

作为保障跨学科人才培养顺利实施的机构与制度的统一体,跨学科人才培养机制为跨学科人才培养创造条件、破除障碍,是保障跨学科人才培养理念落地、模式实行的必要条件,因此也是促使跨学科人才培养成为可能的支撑性条件。就创造条件而言,跨学科人才培养由于涉及两个及以上学科或领域的交叉与融合,与壁垒森严的专业教育截然不同,所以在动力机制、运行机制与约束机制等方面亦有特殊要求。要促进人才培养模式由学科专业单一型向多学科融合型转变,就需要建立健全与其相匹配的机制。就破除障碍而言,路径依赖理论揭示,初始的体制选择会形成一种惯性,这种惯性会强化现存体制、巩固现有制度,阻碍进一步的变革。[①] 从我国高等教育现状看,专业教育模式及机制已经形成了这种惯性,阻滞了跨学科人才培养的发展,如在资源配置方式上,当前我国很多高校还是按照学科与专业配置资源而互不共享,跨学科人才培养难以组织起基本的课程与师资。因此,要想推进跨学科人才培养,必须对现有的专业教育机制尤其是其中不合理的成分进行改革。

从域外视角看,斯坦福大学、密歇根大学等世界一流大学的跨学科人才培养之所以能够顺利实施并不断发展,其原因就在于国家、社会和高校三个层面的机制相对较为健全。以专业为例,它是跨学科人才培养借助的重要教育教学要素之一,以其为基础建立起来的跨学科人才培养形式主要有跨学科专业、"个人专业"以及双主修、主辅修等。根据笔者对美国研究型大学的研究,跨学科专业已成为其跨学科人才培养的一种重要形式,其发展背后就因为有相应的机制为其提供了支持与保障。

---

① 吴敬琏:《何处寻求大智慧》,生活·读书·新知三联书店1997年版,第355页。

从目前掌握的资料来看，这些机制至少体现在以下四个方面。① 在生成机制上，专业管理体制提供了跨学科专业设置的自主权。美国政府尊重高校的自治传统，没有制定统一而硬性的"学科专业目录"，高校因此可以根据学生需要、社会需求和科技发展趋势等自主设置并灵活调整专业：不仅可以决定设置什么专业，而且可以决定专业名称、专业种类和授予的学位。② 在组织机制上，美国研究型大学一方面进行一定的跨学科建制改革，③ 另一方面努力推动传统学科型组织在跨学科人才培养方面的合作，在一定程度上克服了传统学科组织对跨学科专业运行的阻碍。在课程共享机制上，课程资源高度共享提供了跨学科专业所需的多学科课程。衡量一所高校课程共享程度有多高，选修课比例是一个重要指标。在美国研究型大学中，哈佛大学、斯坦福大学、耶鲁大学等校的选修课比例在50%左右，④ 而卡内基梅隆大学的自由选修课程甚至可以是该校的任何一门课程，⑤ 这为美国研究型大学灵活组织课程、设置和调整跨学科专业创造了有利条件。在教师聘任与考评机制上，教师流动与互聘提供了跨学科专业运行所需的多学科师资。美国很多研究型大学采用了"联合聘任制"或"双聘制"（Joint Appointment）⑥，即两个院系或一个跨学科研究中心和一个传统院系通过签署备忘录等方式同时聘任某位教师，并且解决随之可能带来的没有学科归属感、考核与晋升障碍等问题。

从学术生态的视角看，高校所处的环境对其主体与活动有直接而强烈的影响，并最终影响其发展。对此，英国教育家阿什比（Eric Ashby）曾说："任何类型的大学都是遗传与环境的产物。"⑦ 我们之所以呼吁建

---

① 张晓报：《美国研究型大学跨学科专业教育的实践及启示》，《高校教育管理》2019年第5期。
② 饶燕婷：《美国高校专业设置及调整机制研究》，《大学》（研究版）2018年第11期。
③ 焦磊：《国外知名大学跨学科建制趋势探析》，《高等工程教育研究》2018年第3期。
④ 袁建胜、温新红：《厦大副校长邬大光：本科教育需要更深入更全面的改革》，《科学时报》2008年8月19日第8版。
⑤ 张晓报：《美国研究型大学跨学科人才培养模式研究》，湖南师范大学出版社2018年版，第175页。
⑥ 项伟央、刘凡丰：《美国大学"双聘制"的困境与密歇根大学的实践》，《教育发展研究》2010年第5期。
⑦ ［英］阿什比：《科技发达时代的大学教育》，滕大春、滕大生译，人民教育出版社1983年版，第7页。

立健全跨学科人才培养机制，就是为跨学科人才培养实践创造良好的生长环境。这种环境就相当于跨学科人才培养的实践土壤。当这种土壤具备的时候，跨学科人才培养的理念与模式就可以借此生根、发芽与成长。反观现实，当前我国高校这种土壤还不够充分，尤其是专业教育模式及机制的惯性已经形成，成为当前跨学科人才培养亟待解决的主要矛盾。例如，当前我国高校教师一般受聘于某个院系并隶属于该院系，工作量及其职称晋升的标准往往都限制在该院系之内，跨学科工作量和成果往往不被承认，这无疑将打击教师从事跨学科教学、科研等工作的积极性。因此，要为跨学科人才培养实践提供良好土壤，就必须解决动力、运行与约束等方面的机制障碍。

第二篇 跨学科人才培养理念

第二章

跨学科人才培养观

对美国研究型大学的考察发现,跨学科已经成为当代大学重要的办学理念,具体表现在跨学科的大学属性与职能观、跨学科人才培养的动因观以及跨学科人才培养的目的观三个大的方面。

第一节 跨学科的大学属性与职能观

大学属性与职能观涉及高校如何看待自身的性质,以及认为自身应该履行哪些职责。根据对美国研究型大学的研究,它们已经显现出跨学科的大学属性与职能观,这种观念直接影响到其如何组织人才培养与科学研究等活动,如何进行学术与行政组织建设。

一 视跨学科为大学的重要属性

多学科、跨学科本是高校尤其是大学固有的属性,然而随着学科的不断分化,这种属性不断被遮蔽。伴随着大学的人才培养、科学研究由传统的学科向跨学科转型,人才培养模式与知识生产方式发生了很大变化,大学也出现了由传统大学向跨学科大学转型的趋势。从对美国研究型大学的研究来看,已经有大学明确从跨学科的角度去定义自身,比如杜克大学认为投身于跨学科研究和教学是其身份和使命的一个标志性特征,[①] 而该校所提供的大量跨越了传统界限的学术项目正建立在其"跨学科研究型大学"的优势之上。[②] 此外,宾夕法尼亚大学在其官方主页

---

① Duke University, "About", http://interdisciplinary.duke.edu/about.
② Duke University, "Majors & Degree Programs", http://interdisciplinary.duke.edu/education/majors-degrees.

的自我介绍中亦说道:"欢迎来到宾夕法尼亚大学——一个跨越传统的界限去追求知识的场所!"①

由此可见,美国研究型大学的跨学科人才培养理念已经超越了对跨学科人才培养本身的认识,而当这些大学以跨学科作为自身属性之时,其形态与活动方式也会随之发生变化。例如,杜克大学的跨学科特性吸引了众多优秀的教师和学生,为教学增加了一个批判性的维度,促进了前沿性的研究,帮助杜克大学实现了提供知识以服务于社会的使命。②再如,密歇根大学"多样性、公平、包容性"的治校纲领为其实施以开放多元为根基的跨学科人才培养创造了良好的条件——来自不同学科、不同种族、不同性别、不同生活环境的人们对于知识世界往往有着非一致性的见解,而其跨学科项目则为师生挑战固有的思维模式,促进不同学科领域的融合,进而迸发出新的知识生长点和解决复杂问题的新策略提供了重要机会。③

当然,这并不是说这些大学都已成为跨学科大学,其内部院系都已成为跨学科院系,也不是说其所从事的工作都是跨学科的,只能说当今美国研究型大学具有了一定的跨学科大学的属性,其所从事的人才培养、科学研究等活动中也有一部分是跨学科性质的。分化与综合相结合的科学发展趋势决定了,无论是学科与跨学科组织,还是学科与跨学科活动,它们在未来很长一段时间之内都是并存的,而不是跨学科组织或活动一出现,传统的学科组织或活动就消亡了。因此,"坚定的、高瞻远瞩的跨学科教育学家,总是在指出传统分科制弊病的同时,全面地、辩证地处理跨学科和学科的关系,既强调跨学科的必要性,也强调分科在现代科学、教育中的地位"④。进一步而言,当前尚存在学科专业教育与跨学科人才培养的分野,但从高等教育的发展趋势来看,未来这种明显的分野将不断被打破,走向两者不断交汇、融合的形态,此时大学的跨学科属性亦将从有形走向无形。

---

① University of Pennsylvania, "About", http://www.upenn.edu/about/.
② Duke University, "Interdisciplinary Studies", http://interdisciplinary.duke.edu/.
③ 陈翠荣、李冰倩:《密歇根大学跨学科培养研究生的理念基础、实现途径及面临的挑战》,《外国教育研究》2018年第8期。
④ 刘仲林:《交叉科学与交叉(跨学科)教育》,《天津师大学报》1986年第4期。

二 树立跨学科人才培养的使命

早在1998年,"博耶研究型大学本科教育委员会"[①](以下简称"博耶委员会")就在其发表的"重构本科教育:美国研究型大学的蓝图"这一报告中明确提出要拆除跨学科教育的障碍。博耶委员会指出,在20世纪初的几十年里,研究被传统的学科界限所划分。这些学科由早期的几代科学家所确定,人类学家和历史学家几乎不会冒险进入对方的领域,化学家和物理学家也很少会这样做。但是,自从"二战"以来,融合多个领域的新的系和新的项目不断出现,已经反复证明了学科界限的渗透性。而当科学研究不断呈现跨学科特点的时候,本科教育也应该改变为跨学科的模式。[②] 报告发表之后,美国研究型大学纷纷开展本科教育改革,其中就包括拆除跨学科教育的壁垒、加强院系合作、开设跨学科课程或项目等内容。[③]

随着时代的进一步发展,社会经济与科技领域涌现出了越来越多仅凭单一学科知识无法解决的复杂性问题。对此,研究型大学不仅仅要合作研究解决这些跨学科问题,还要充分利用其丰富的研究资源和智力资源,培养学生运用多学科知识提出问题、分析问题及创造性解决问题的能力。[④] 与此同时,个体兴趣与需要的多元化亦对跨学科人才培养提出了要求,而大学则无疑需要向他们提供跨越学科和院系学习、创造个性化学术经历的自由。因此,除了在性质上进行跨学科的界定之外,美国研究型大学也多确立了从事跨学科人才培养、营造跨学科人才培养环境的使命。

---

① 原名"研究型大学本科教育全国委员会"(The National Commission on Educating Undergraduates in the Research University)。1995年12月8日欧内斯特·博耶(Ernest L. Boyer)去世后,为纪念其杰出的贡献,遂以他的名字为该委员会命名。

② The Boyer Commission on Educating Undergraduates in the Research University, "Reinventing Undergraduate Education: A Blueprint for America's Research Universities", http://eric.ed.gov/? id=ED424840.

③ 刘少雪:《从Boyer委员会的"3年后报告"看美国研究型大学的本科教学改革》,《复旦教育论坛》2004年第2期。

④ 刘海燕:《跨学科协同教学——密歇根大学本科教学改革的新动向》,《高等工程教育研究》2007年第5期。

例如，斯坦福大学注重培养跨学科的综合型和全球型人才。第十任校长约翰·汉尼斯（John Hennessy）认为，未来教育的重点和趋势之一是学生综合能力的培养。具体而言，学生不仅要具备本学科的知识，而且要涉猎广泛，懂得欣赏和尊重历史、文学和艺术等多学科知识并善于运用。汉尼斯表示："我们不一定追求将学生培养成某一学科的专家，但我们注重学生必须具备广泛的综合知识和与他人合作的能力。"① 杜克大学在其官方主页的自我介绍中明确提及，其致力于创造使学生能够把握环境污染、经济竞争力、人类健康和文化理解等复杂问题多个维度的教育环境；② 密歇根大学第十三任校长玛丽·苏·科尔曼（Mary Sue Coleman）上任时，提出了"不合作就死亡"（Partner or Perish）的开放性办学思想，要求不同学科之间建立有机联系、加强合作，同时培养学生的多学科视野。③ 在这些思想的指引下，跨学科人才培养在美国研究型大学已经成为一种常规性的、稳定的培养模式。

三 确立跨学科科学研究的任务

跨学科研究是团队或个人的一种研究模式，它把来自两个以上学科或专业知识团体的信息、数据、技能、工具、观点、概念和理论综合起来，加深基本的认识，或解决那些不能用单一学科或研究领域来解决的问题。真正的跨学科研究不是把两种学科拼凑起来，而是思想和方法的结合。④ 20 世纪中叶以来，伴随着解决复杂性问题的需要与知识生产方式的变革等原因，超越学科边界的跨学科研究越来越受到重视，并成为世界高等教育改革的重要内容，作为科技强国的美国更是如此。

就复杂性问题解决而言，美国国家科学院协会发表的报告"促进跨

---

① 刘丹：《美国斯坦福大学校长揭秘人才培养之道》，2010 年 4 月 10 日，http://www.chinanews.com.cn/edu/edu-tszs/news/2010/04-10/2217915.shtml.
② Duke University, "About", http://interdisciplinary.duke.edu/about.
③ 陈翠荣、李冰倩：《密歇根大学跨学科培养研究生的理念基础、实现途径及面临的挑战》，《外国教育研究》2018 年第 8 期。
④ 程如烟：《美国国家科学院协会报告〈促进跨学科研究〉述评》，《中国软科学》2005 年第 10 期。

学科研究"指出，自然和社会本身固有的复杂性对跨学科研究提出了要求："自然界的复杂性常常导致意外事件发生，比如南极上空意外出现了臭氧空洞，要查明其原因则需要很多学科的共同努力；人类基因组图谱计划也是一项综合的事业，要依靠很多领域包括生物学和计算科学等的广泛合作。同样，人类社会如何进化、如何做出决定、如何解决问题等都需要跨学科去解决。"① 这种复杂性也广被美国研究型大学所认识，例如宾夕法尼亚大学指出，当今时代的许多问题，从战胜全球流行病到应对自然灾害，从振兴城市到革新医学，常常无法通过孤立的思考得到理解或解决。②

伴随着研究方式的转型，知识生产方式也发生了相应变化。英国学者迈克尔·吉本斯（Michael Gibbons）提出，知识生产方式已经出现转型，在新模式（模式2）中，知识生产具有一些新的特征：一是知识生产具有更多的应用性质；二是知识生产的过程源于实践性问题的出现，具有跨学科的性质；三是知识生产的参与者多样化，具有弥散性和异质性，企业、政府部门等参与知识生产；四是问责过程和知识生产过程交织在一起，从研究主题的确定、研究问题的优先次序、研究成果的转化与传播等，利益相关者都要参与进来。③ 在新的知识生产方式日益凸显的背景下，跨学科研究以及通过跨学科人才培养使研究者掌握跨学科研究能力无疑显得尤为必要。

作为"以知识的生产、传播和应用为中心，以产出高水平的科研成果和培养高层次精英人才为目标，在社会发展、经济建设、科学进步和文化繁荣中发挥重要作用的大学"④，美国研究型大学往往都确立了跨学科研究的理念。例如，麻省理工学院为探索新的智力前沿和解决重要的社会问题，汇集了众多跨学科的专家，并不断促进跨学科工作的组织和

---

① 程如烟：《美国国家科学院协会报告〈促进跨学科研究〉述评》，《中国软科学》2005年第10期。

② University of Pennsylvania, "Fact Sheet: Integrating Knowledge", http://www.upenn.edu/president/integrating-knowledge-fact-sheet#programs.

③ [英]迈克尔·吉本斯等：《知识生产的新模式：当代社会科学与研究的动力学》，陈洪捷等译，北京大学出版社2011年版，第4—9页。

④ 赵莉、马继刚：《构建研究型大学本科人才培养模式探索》，《高等工程教育研究》2007年第6期。

伙伴关系;① 普林斯顿大学认为跨学科的方法是创新的关键,专业知识的多样性导致最具创新性的想法,因此跨学科的教学和研究方法在整个大学中普遍存在。②

进一步而言,"大学的核心价值在于追求知识,让学生参与知识的探究与发现过程是本科教育的核心"③。因此,跨学科人才培养与跨学科研究,在集培养高层次精英人才与产出高水平科研成果目标于一身的美国研究型大学之中高度统一。跨学科人才培养对跨学科研究提出了要求,跨学科研究亦是跨学科人才培养的重要内容与手段。当然,不只是本科教育,研究生教育模式亦会随之转型。伴随跨学科研究的发展,美国研究型大学逐步设置了跨学科研究生学位项目培养跨学科人才,麻省理工学院、密歇根大学、华盛顿大学等均设置了跨学科研究生学位项目,通过跨学科课程设置、跨学科师资队伍组建以及跨学科科研规训培养跨学科研究生。④ 而美国国家科学基金会(NSF)也于1997年启动了"研究生教育与科研训练一体化"(Integrative Graduate Education and Research Traineeship)项目,对跨学科研究生培养进行重点资助。⑤

第二节 跨学科人才培养的动因观

研究发现,美国研究型大学跨学科人才培养的动因主要为回应当代社会的复杂性、培养创新人才与产出研究成果,以及满足学生个性化与多样化的学术兴趣三个方面。

---

① MIT, "Research", https://www.mit.edu/research/.
② Princeton University, "Interdisciplinary approach", https://www.princeton.edu/research/interdisciplinary-approach.
③ 王晓辉:《斯坦福大学本科人才培养模式的主要特点》,2018年7月10日,https://lg-window.sdut.edu.cn/info/1015/18582.htm.
④ 胡甲刚:《美国跨学科研究生培养管窥——以华盛顿大学"城市生态学"IGERT博士项目为个案》,《学位与研究生教育》2009年第10期。
⑤ 焦磊、谢安邦:《美国研究型大学跨学科研究发展的动因、困境及策略探究》,《国家教育行政学院学报》2016年第10期。

一 回应当代社会的复杂性

从美国研究型大学的资料看,实施跨学科人才培养的一个重要原因在于回应当代社会的复杂性、培养学生解决复杂问题的能力。这与"促进跨学科研究"报告中所表达的观点是一致的:"跨学科研究与教育是受复杂问题的解决需求驱动而产生的,这种复杂性问题可能来自科学好奇心,也可能来自社会。"[①]

一方面,美国研究型大学对当今社会面临的复杂性问题有清晰的认知。例如,宾夕法尼亚大学指出,大学都有一种自然的倾向——喜欢把问题归入某一个学科或领域的范畴。但是,最具挑战性的问题往往无法为一个学科或领域所解决。[②] 而密歇根大学也认为,我们这个时代面临的很多重大问题,从环境问题到贫穷问题,从人权问题到恐怖主义,从宗教运动到健康医疗,都不能靠单一学科来解决,需要整合的思维。[③]

另一方面,美国研究型大学面对复杂性问题亦清楚自身应该承担的使命。目前的高等教育仍习惯于将知识分成学科,以单一学科的视角看待世界,这就需要我们在本科教育中积极推进跨学科学习,培养学生在宽广的学科视野中考虑问题的能力。[④] 对此,宾夕法尼亚大学认为,学生和教师需要多学科的工具去理解这些具有挑战性的问题,并致力于它们的解决。[⑤] 为此,该校在招生网页上特意强调学生可以跨学科探索:"宾夕法尼亚大学的学生建立知识之间的联系,这种联系是他们在一个不断变化而又复杂的世界里发展壮大所需要的。"[⑥] 此外,杜克大学也指出,要应对当今世界的挑战,需要超越专门知识生产的界限,向新的创

---

① 王建华:《跨学科性与大学转型》,《教育发展研究》2011 年第 1 期。
② University of Pennsylvania, "Integrating Knowledge", http://www.upenn.edu/president/penn-compact/integrating-knowledge.
③ 刘海燕:《跨学科协同教学——密歇根大学本科教学改革的新动向》,《高等工程教育研究》2007 年第 5 期。
④ 刘海燕:《跨学科协同教学——密歇根大学本科教学改革的新动向》,《高等工程教育研究》2007 年第 5 期。
⑤ University of Pennsylvania, "Fact Sheet: Integrating Knowledge", http://www.upenn.edu/president/integrating-knowledge-fact-sheet#programs.
⑥ University of Pennsylvania, "Penn Admissions", http://www.admissions.upenn.edu/.

造模式转变。① 同时，解决复杂问题还需要来自不同背景的人员所组成的团队协作解决。② 为此，杜克大学实施了"巴斯连接"（Bass Connections）项目，将教师和学生组织成团队，通过在五个广泛的主题领域③，以问题为重点的教育途径来回应复杂性的挑战。④ 作为连接课堂和大学以外世界的跨学科项目，"巴斯连接"向学生提供了跨越学科进行探究的更多机会。⑤

二 培养具有创新活力的人才

从现实来看，学科交叉点往往是科学新的生长点、新的科学前沿，这里最有可能产生重大的科学突破，使科学发生革命性的变化。⑥ 有学者研究发现，1901—2008 年的 356 项诺贝尔自然科学奖之中，跨学科研究成果有 185 项，占 52.0%。从时间分布看，诺贝尔自然科学奖在 20 世纪 50 年代以前，大部分成果属于单一学科，而在 50 年代以后，大部分成果则是跨学科的。⑦ 美国研究型大学认识到跨学科在培养创新人才、产出创新成果的重要作用，因此积极推动基于跨学科的人才培养与科学研究方式。

典型高校为宾夕法尼亚大学和密歇根大学。前者从建校开始就将能不能把所学知识服务于社会，给社会带来创新作为办学的重要目标。在该校看来，跨学科机会可以使学生展现他们的学术创造性、发现综合信息的新方法，因此积极鼓励学生进行跨学科学习与研究。⑧ 而后者自从科尔曼校长上任以来，就着力提倡跨学科的理念。她认为，从学术发展

---

① Duke University, "Education", http://interdisciplinary.duke.edu/education.
② Duke University, "About", http://bassconnections.duke.edu/content/about.
③ 五个领域具体为：大脑与社会；信息、社会与文化；全球卫生；能源；教育与人类发展。
④ Duke University, "Interdisciplinary Studies", http://interdisciplinary.duke.edu/.
⑤ Duke University, "About", http://bassconnections.duke.edu/content/about.
⑥ 路甬祥：《学科交叉与交叉科学的意义》，2021 年 12 月 15 日，https://nsfc.gov.cn/publish/portal0/tab1344/info85559.htm.
⑦ 陈其荣：《诺贝尔自然科学奖与跨学科研究》，《上海大学学报》（社会科学版）2009 年第 5 期。
⑧ University of Pennsylvania, "Interdisciplinary", http://www.upenn.edu/programs/interschool.php.

的角度看，跨学科研究和教学更容易出人才、出成果，更容易实现学术创新。① 该校还认为，来自不同种族、不同学科背景及不同生活环境的研究生，彼此更容易激发其对固有思维模式的挑战，从而提高学术创新的活力。因此，密歇根大学非常强调研究生生源的多样性，在研究生招生中明确表示欢迎不同学科背景的本科生报考，例如自然资源与环境学院招收的研究生来自100多个不同的本科专业，数学系则直言特别欢迎具有数学、统计学、物理学、工程学和经济学等知识背景的学生申请本系的研究生学位。②

从内在而言，基于跨学科的人才培养与科学研究方式之所以能促进创新活力的培养，重要原因在于以研究性的学习方式去解决未知的复杂性问题，可以充分调动人的智慧、激发人的创造性。博耶委员会在1998年就曾对当时接受式学习方式的弊端进行了批判："在大多数研究型大学中，大学生的经历主要是单方面地接受知识。他们一门课一门课地听、转录、吸收和复习，这种模式已经持续了几个世纪。"③ 这种接受式的本科教学文化，对培养学生的创新活力无疑是不利的。为此，博耶委员会向研究型大学提出了视学生为发现者与主动的参与者、向学生提供发现和探索世界的机会等建议，而重视学生的科研训练亦在此后成为美国研究型大学本科教育的一个普遍特征。

三　满足学生个性化与多样化的学术兴趣

美国研究型大学的本科教育以学生主体性的充分和自由发展为目的，具有可选择性、灵活性、多样性、个体性和创造性的特征。④ 这种富有弹性与空间的教育本身就可以在一定程度上满足学生的跨学科学习需求，

---

① 邬大光：《世界一流大学解读——以美国密西根大学为例》，《高等教育研究》2010年第12期。

② 陈翠荣、李冰倩：《密歇根大学跨学科培养研究生的理念基础、实现途径及面临的挑战》，《外国教育研究》2018年第8期。

③ The Boyer Commission on Educating Undergraduates in the Research University, "Reinventing Undergraduate Education: A Blueprint for America's Research Universities", http://eric.ed.gov/? id= ED424840.

④ 别敦荣：《论大学本科弹性教学》，《现代大学教育》2001年第5期。

而美国研究型大学之所以又在此之外推进跨学科人才培养,其重要目的在于进一步满足学生个性化与多样化的学术兴趣,为学生的跨学科学习提供更加充分的机会。

以基于专业组合的跨学科人才培养形式为例,麻省理工学院认为,辅修和双主修能够促使学生追求他们独特的对多学科的兴趣,为他们应对现实世界中需要利用多学科来解决的问题做好准备;① 宾夕法尼亚大学认为:"辅修专业除了能给选修课带来凝聚力的元素外,还能使学生追求第二兴趣领域,发展补充他们主修专业的知识与技能,并在一个已经是或将有可能成为业余爱好的创造性领域中展现自我。"② 再以基于学位组合的跨学科人才培养形式为例,宾夕法尼亚大学的协同双学位项目为学生在攻读本科商业学位的同时,去追求额外的学术兴趣提供独特的机会,③ 其"管理与技术"项目的三大使命之一就是为真正优异的学生提供最佳整合的工程和商业教育经历,与最为广泛的职业选择;④ 而康奈尔大学的"并发学位"(Concurrent Degree)项目,则通过整合传统的自由教育与一个位于工程学院或建筑、艺术与规划学院更加职业导向的学习课程,使学生可以跨越学院边界追求多样的兴趣。⑤

与此同时,美国研究型大学还强调学生应基于学术兴趣本身,而非其他目的作出双主修、主辅修等选择。尽管也有一些大学提及个别跨学科人才培养形式之于就业的好处,比如宾夕法尼亚大学指出:"诸如外语、数学、计算机科学等辅修专业可能不仅是教学上的声音,而且也表明一项面向未来雇主的技能。"⑥ 但更多的大学则是倡导学生基于自身的学术兴趣进行跨学科学习,比如康奈尔大学文理学院对学生说:"完成

---

① Office of the Dean for Undergraduate Education, "Undergraduate Education at MIT", https://due.mit.edu/undergraduate-education-mit/what-undergraduate-education-mit.
② College of Arts & Sciences, "List of Minors", http://www.college.upenn.edu/minors.
③ The Wharton School, "Coordinated Dual-degree Programs", http://www.wharton.upenn.edu/undergrad/why-wharton/coordinated-dual-degree-programs.cfm.
④ University of Pennsylvania, "Vision & Mission", http://www.upenn.edu/fisher/about/vision-mission.
⑤ College of Arts & Sciences, "Concurrent Degree Program", http://as.cornell.edu/academics/opportunities/dual-degree/.
⑥ College of Arts & Sciences, "List of Minors", http://www.college.upenn.edu/minors.

一个以上的主修专业,并没有在进入职场、录取到研究生院或专业学院方面给予可供证明的优势。选择一个你真正感兴趣和喜欢的主修专业将会为你的未来提供最为坚实的基础。"① 再如,加州大学伯克利分校文理学院也向学生强调:"追求双主修或同步学位(Simultaneous Degrees)的最好理由是满足强烈的个人智力需要。……完成一个以上的主修专业并不会必然地提升你被研究生项目录取的机会或者在你的职业目标上为你增加前景。"② 此外,华盛顿大学也语重心长地提醒学生:"辅修专业的价值是难以量化的。它并不必然使你在研究生或专业项目、雇主面前更具吸引力。……尽管你可能完成了一个与你希望在毕业后所追求的职业相关的辅修专业,但是辅修专业主要还是向你提供深度探索大学丰富资源的机会。"③

第三节　跨学科人才培养的目的观

培养学生的跨学科素养是美国研究型大学本科教育的重要目标。从各种跨学科人才培养形式,尤其是基于专业和学位组合的形式来看,这种跨学科素养首先表现为多学科的知识结构,比如通过课程的跨学科组合,学生可以接触到多个不同的知识领域;其次表现为跨学科的思维方式,即跨出单一学科的界限,从多个学科或其他学科的视角去考虑问题;最后表现为对两个专业或领域技能或专长的掌握,比如宾夕法尼亚大学"生命科学与管理"项目结合了生物科学与商业的课程,能同时培养学生的科学和管理技能。④ 此外,这种素养还表现为与其他学科的学者组成团队、合作解决复杂问题的意识和能力。从搜集到的资料看,美国研

---

① College of Arts & Sciences, "Double Majors", http://as.cornell.edu/academics/major-minor/double-major.cfm.
② College of Letters & Science, "Double Majors and Simultaneous Degrees", http://ls-advise.berkeley.edu/major/double.html.
③ University of Washington, "Earning a Minor", http://www.washington.edu/uaa/advising/majors/minor.php.
④ University of Pennsylvania, "Integrating Knowledge", http://www.upenn.edu/president/penn-compact/integrating-knowledge.

究型大学在培养跨学科人才上提出了以下三种具体的类型。需要说明的是，这三种类型并非彼此独立而是相互交叉和关联的。

一 有创造性、有智慧的问题解决者

20世纪下半叶以来，大学的知识生产模式发生了明显变化，一个突出的特点是"知识生产更多地源于实际问题"[①]，然而"最具挑战性的问题往往无法为一个学科或领域所解决"[②]。即使学生具备多学科的知识，但学生如果没有得到一定的训练，这些知识也无法有效地运用于问题解决。因此，美国研究型大学不仅关注学生对多学科知识的掌握，更重视培养学生"运用多学科知识，提出问题、分析问题及创造性解决问题的能力"[③]。例如，麻省理工学院鼓励本科生在一个特定的领域发展专长之外，利用学校提供的广泛的学习机会，成为有创造性、有智慧、有终身学习热情的领导者和问题解决者。[④]

培养有创造性、有智慧的问题解决者，跨学科研究是一种重要路径与方式。如果说通过通识教育和自由选修课程等途径，学生掌握了多个学科或领域却互不相关的拼盘式的知识，那么跨学科研究活动就是一种突破狭隘的学科界限，并实现多门学科知识的运用、综合或整合的一个有效途径，因为"问题的研究是按照社会现实的要求设定的，它既不可能以学科的先验划分为依据，也不可能恰好对应于一个或几个学科的范围"，所以"具有极为广泛的学科的综合性"[⑤]。此外，问题的复杂性以及个人知识的局限性决定了跨学科研究项目常常以团队的形式开展。正如杜克大学所强调的那样，今天的挑战需要来自不同背景的人员所组成

---

① 雷洪德、高强：《MIT跨学科培养本科生的理念基础、支撑条件与主要途径》，《中国高教研究》2016年第11期。
② University of Pennsylvania, "Integrating Knowledge", http://www.upenn.edu/president/penn-compact/integrating-knowledge.
③ 刘海燕：《跨学科协同教学——密歇根大学本科教学改革的新动向》，《高等工程教育研究》2007年第5期。
④ Massachusetts Institute of Technology, "Undergraduate Education", http://web.mit.edu/catalog/overv.chap3.html.
⑤ 顾海良：《"斯诺命题"与人文社会科学的跨学科研究》，《中国社会科学》2010年第6期。

的团队协作解决。① 这就为学生提供了在合作环境下进行问题解决,从不同背景的人提供的经验和观点中获益,培养和发展团队合作意识的机会。

正是基于此,美国研究型大学高度重视问题在知识掌握与能力培养之间的中介价值,进而鼓励学生运用研究型大学突出的科研优势与大量的科研机会,积极参与跨学科研究的实际锻炼。例如,麻省理工学院通过向学生提供"本科生研究机会项目"(Undergraduate Research Opportunities Program,UROP),使本科生可以与教师和研究生合作从事前沿性的研究,同时又通过"项目和领域经历"(Project and Field Experience),推动本科生运用课堂知识和创造性能量去解决真实世界中的问题。② 此外,密歇根大学设有专门的"本科生跨学科研究经历项目"[Interdisciplinary REU (Research Experiences for Undergraduates) Program]③,向学生提供不同于单一学科研究的训练与经历。除了这两所大学,其他研究型大学也有类似的面向学生的研究机会,这正是研究型大学提供符合其个性和特色、利用其独特环境和资源的教育模式的体现。

二 熟悉多门学科的未来领导者

培养未来领导者是美国研究型大学普遍强调的本科教育目标,如哈佛大学定位于培养下一代的领导人,这些人能够理解技术与社会的复杂性,并且运用智力资源和创新思维去应对 21 世纪的挑战;耶鲁大学欲将学生培养成为学术、职业以及社会的领导人;斯坦福大学志在培养知识渊博、个性鲜明、富有创新性、能够引领下个世纪的领军人才;④ 普林斯顿大学工学院同样强调其办学目的是培养可以解决世界问题的领导者。⑤

---

① Duke University,"About",http://bassconnections.duke.edu/content/about.
② Office of the Dean for Undergraduate Education,"Undergraduate Education at MIT",https://due.mit.edu/undergraduate-education-mit/what-undergraduate-education-mit.
③ College of Pharmacy,"Overview",http://pharmacy.umich.edu/reu/overview.
④ 郭雷振:《美国本科人才培养模式研究》,博士学位论文,厦门大学,2013 年。
⑤ Princeton University,"Undergraduate Studies",http://www.princeton.edu/main/academics/undergraduate/.

而要使学生成为具有"能够理解技术与社会复杂性""知识渊博""富有创新性"等特质的未来领导者,必然要求学生的知识结构是多学科的。这种要求根本上源于现实问题是不分学科的,特别是对于某一领域的管理,一般既需要该领域的专业知识与能力,也需要管理知识与能力。例如,宾夕法尼亚大学"生命科学与管理"项目的发起源于校友罗伊·瓦格洛斯认识到对医疗、科学或科学管理感兴趣的学生不仅要能理解科学基础及其未来前景,还要懂得战略营销、产品开发、组织领导和政策倡议。[1]

美国研究型大学无疑认识到了这一点,正如宾夕法尼亚大学针对打造跨学科课堂（cross-disciplinary classrooms）的缘由所说的那样:"熟悉多门学科将是成功的未来领导者的标志:伟大的工程师必须也是伟大的管理者;成功的投资者和企业家必须也能够了解全球政治与经济——所有卓有成效的领导者必须掌握科学的本质。"[2] 因此,培养熟悉多门学科的未来领导者自然成为美国研究型大学本科教育,尤其是跨学科人才培养的重要目标。除了依靠原有的学科专业教育体系之外,美国研究型大学还通过跨学科专业、跨学科学位等专门项目培养这两种重要素质。例如,卡内基梅隆大学的"计算生物学"学士学位项目的目标就在于提供一种强化的跨学科教育,使优秀的学生成为用计算方法识别和解决明天的生物学问题的领导者。[3] 需要说明的是,培养熟悉多门学科的未来领导者并非美国研究型大学跨学科人才培养的专门目标,而是其本科教育或研究生教育目标体系的自然延伸。同时,培养熟悉多门学科的未来领导者也并非仅仅依靠那些狭义的跨学科人才培养形式,[4] 相反却高度依赖包括通识教育在内的整个人才培养体系。

三 适应能力强而又头脑全面的人才

伴随着学生所学专业与未来职业不一致、所从事的职业在一生中亦

---

[1] University of Pennsylvania, "About the Program", http://lsm.upenn.edu/program/about.
[2] University of Pennsylvania, "Fact Sheet: Integrating Knowledge", http://www.upenn.edu/president/integrating-knowledge-fact-sheet#programs.
[3] Carnegie Mellon University, "Bachelor of Science in Computational Biology", http://lane.compbio.cmu.edu/education/bs-in-computational-biology.html.
[4] 即独立模式下的跨学科课程、跨学科专业和跨学科学位等形式。

将发生转换等现实，如果学生只具备单一学科的知识结构，就可能出现毕业生知识技能与雇主需求不匹配、缺乏一定的职业转换能力等问题。在这种情况下，社会对人才的适应性提出了新的要求，而美国研究型大学亦认识到这种现实，并将增强学生的未来适应性作为跨学科人才培养的重要目的。其中，斯坦福大学在2010年前后的本科教育改革中首次提出了适应性学习的目的，强调本科教育最重要的目标就是"为学生创造机会整合不同方面的经历，这种整合、适应能力具有有力、持久的教育价值，是装备学生继续前行的最重要的礼物……整合、适应能力能够保护斯坦福学生免于专业过时，为不可预见的未来做更充分的准备"[1]。

从当前美国研究型大学很多教育实践来看，其目的也在于培养学生的适应能力。例如，宾夕法尼亚大学希望通过学生与教师在一个灵活的、横跨4个本科学院和12个研究生学院的课程体系中的合作，培养学生成为适应能力强而又头脑全面的人才。[2] 再如，"广泛而丰富"的文化教育观是密歇根大学跨学科培养研究生的理念基础之一。1987—1996年任密歇根大学校长的詹姆斯·杜德斯达（James J. Duderstadt）针对当时美国研究生教育的状况，指出研究生教育过于重视专业性而缺乏广泛性，导致研究生没有精力去发展对其他学科领域的兴趣爱好，知识面太过狭窄，而研究生教育供过于求的现状也致使约50%的硕士生毕业后并不从事学术研究，因此研究生课程必须为学生未来适应广泛的社会角色做好准备。为此，密歇根大学在专业课程之外还为研究生设立了实践导向的、综合性的课程，并鼓励研究生在不同领域开展实习以增添实践经验，并适应工业化的发展。[3] 由此可见，要培养适应能力强而又头脑全面的人才，不仅要强调跨学科的人才培养目标，同时亦要强调跨学科的培养手段。如果没有建立起跨学科的培养模式，显然无法有效支撑这一目标的实现。

需要注意的是，从现有资料看，美国研究型大学并不注重从功利目的推进跨学科人才培养，也不是仅仅关注跨学科人才培养这一种培养学

---

[1] 刘海燕、常桐善：《能力、整合、自由：斯坦福大学21世纪本科教育改革》，《清华大学教育研究》2015年第4期。

[2] University of Pennsylvania, "Penn Admissions", http://www.admissions.upenn.edu/.

[3] 陈翠荣、李冰倩：《密歇根大学跨学科培养研究生的理念基础、实现途径及面临的挑战》，《外国教育研究》2018年第8期。

生适应性的路径。相反，其重视教育的本体价值，强调人的全面发展，在路径上则重视整个人才培养体系在促进学生全面发展、增强学生未来适应性上的作用：以社会科学、自然科学和人文科学三大领域作为基本内容，建立学生合理的知识结构；以理智能力为核心，形成学生合理的能力结构；以促进个性自由发挥、能力可持续发展以及心灵世界的完善为课程设置的终极价值取向，培养学生全面发展。[①] 在学生全面发展的基础上，适应性强是自然而然的结果，而要增强适应性，也必须更加注重全面发展，两者高度相关而统一。例如，麻省理工学院一直致力于将学生培养成为不仅具有先进知识与操作能力的科学家，而且还应该是一名全面发展的人。因此，尽管是一所以理工科为主的高校，其却在课程的总体要求中设置人文、艺术与社会科学（HASS）课程计划，从而培养具有人文精神的理工科人才。[②] 事实上，早在1984年，美国高质量高等教育研究小组就曾指出："为未来的最好准备，不是为某一具体职业而进行面窄的训练，而是使学生能够适应不断变化的世界的一种教育"，学生"要适应变化就要求具有批判性思维的能力、综合大量新信息的能力以及掌握语言技巧、批判性阅读、有效写作、语言清晰、虚心听取意见的能力"，以及"有一种终身学习的意愿"[③]。美国研究型大学对此亦有清醒的认识，因此非常重视通用知识与可转移技能[④]的培养。

---

① 虞丽娟：《美国研究型大学人才培养体系的改革及启示》，《高等工程教育研究》2005年第2期。

② 刘海涛：《麻省理工学院本科课程及学分设置的实践与思考》，《高教探索》2018年第2期。

③ 美国高质量高等教育研究小组：《投身学习：发挥美国高等教育的潜力》，载吕达、周满生主编《当代外国教育改革著名文献（美国卷·第一册）》，人民教育出版社2004年版，第45页。

④ 所谓通用性知识和可转移技能，是指那些能够从一份工作迁移到另一份工作中、可以用来完成多种工作的知识和技能。参见陈翠荣、杜美玲《英国牛津大学跨学科培养研究生的理念、路径及趋势分析》，《黑龙江高教研究》2021年第2期。

第三章

斯坦福大学跨学科人才培养理念[①]

斯坦福大学全称"小利兰·斯坦福大学",1885年成立,1891年开始正式招生。20世纪50年代以来,斯坦福大学凭借其有效的战略规划,迅速跻身一流大学行列,堪称美国大学史上的一个奇迹。综观该校的办学实践,作为美国顶尖的一所研究型大学,斯坦福大学跨学科人才培养理念鲜明、实践成效突出[②]。

第一节 跨学科人才培养理念孕育的条件

斯坦福大学跨学科人才培养理念的形成,与其独特的办学理念密不可分,同时与其教育传统与学术风气也高度相关。探究其跨学科人才培养理念孕育的条件,可以为我国高校跨学科人才培养理念的生成提供参考与借鉴。

一 学以致用的办学理念

斯坦福大学创办之初,正逢美国产业革命和高等教育改革之际,而新型现代大学的办学理念张扬着"科学研究"与"实用主义"两种文化特征,使得斯坦福也烙上了求真务实、创新创业的时代烙印,由此确立了学以致用的办学宗旨,即"凡学生所学都要直接作用于生活"。创始

[①] 本章华东师范大学教育学部研究生李雪同学做了一定的资料搜集与整理工作,并撰写了部分内容。

[②] 有超过三分之一的学生攻读跨学科学位,毕业率达90.9%。见张虎生、李联明、王运来《美国斯坦福大学的本科教学与启示》,《江苏高教》2004年第5期。

人老斯坦福本人是铁路工程的实业家,懂得实业家需要什么样的人才。他在斯坦福第一次开学典礼上说:"请记住,生活归根结底是指向实用的,你们到此处来应该是为了以后能给自己谋求一个有价值的职业。"①基于此,他主张对教育与实业进行有机结合,使教育能有效地服务于实业,并将"使学生为个人的成功和生活中的实际工作做好准备"确立为教育目标,强调培养"有教养和有用的公民"。创始校长大卫·斯塔尔·乔丹(David Starr Jordan)也明确提出"实用"的教育目标,认为斯坦福大学应该培养能为社会创造财富、为群体带来利益、有实用价值的公民。"实用教育"及"培养有文化素养和有实用价值的公民"的办学思想由此成为斯坦福大学人才培养的理念,② 这一理念后来也贯穿到跨学科人才培养之中。

斯坦福大学最早兴建的一批跨学科研究机构,包括人文中心、国际事务研究所、经济与政策研究所,就是致力于将跨学科研究作用于实际生活,鼓励师生以生活的视野去解释不同学科是怎样在融合中撼动世界的。1982年,时任教务长阿尔伯特·哈斯托夫(Albert Hastorf)签订了一份有远见的文件,提出要让学校的跨学科研究机构展开合作,所有学生参与到跨学科的研究与学习中。他指出,"我们要通过跨学科研究与教学,培养能够在纷繁复杂的社会所带来的挑战中执着追求卓越的青年"③。由此可见,斯坦福大学将跨学科研究与学习视为培养能够解决现实世界复杂问题的实用人才的重要手段,这也说明学以致用的办学理念在一定程度上为孕育跨学科人才培养理念、转变人才培养模式提供了观念基础。

为了让培养实用人才这个理念落实得更为具体,斯坦福大学将创造力作为衡量实用人才的关键指标,并通过跨学科的方式进行培养。斯坦福大学"积极开设综合性跨学科课程,加强文、理、工等学科间的渗透。跨学科研究是斯坦福大学的一大特色,斯坦福大学众多跨学科研究中心、研究所都是培养学生创造力的重要基地"④。在各类跨学科学习与

---

① 徐旭东:《斯坦福大学成为世界一流大学形成研究》,《现代教育科学》2005年第1期。
② 蒙有华:《美国斯坦福大学的办学理念及启示》,《菏泽学院学报》2006年第6期。
③ Stanford University, "Stanford Interdisciplinary", https://interdisciplinary.stanford.edu/.
④ 别敦荣、张征:《斯坦福大学的教育理念及其启示》,《国家教育行政学院学报》2011年第4期。

研究活动中，学生必须努力克服学科之间知识结构、工具、方法的障碍，不断尝试和突破才能获得新的发现。此外，这个过程还在潜移默化中培养了学生不放弃、敢于尝试、渴望成功的进取精神。汉尼斯校长就曾表示："鼓励跨院系的多学科合作，才能在学科建设上把知识的广博和趣味发挥到极致，这样培养出的学生不仅不会畏惧实践，而且还乐于在实践中创造新的东西，我们理想的公民正是如此。"①

二 教育多元化的传统

斯坦福大学高度强调多样性，例如在招生上就格外注重这一点："斯坦福大学有意招收多元化的学生群体，一个重要原因在于让所有学生都有机会从彼此的经历中学习，并批判性地思考自己的观点和成见。"② 而在教育内容上，斯坦福大学一直亦有多元化的传统。在斯坦福大学1891年举行的开学典礼上，主席台前挂着"科学""艺术""文学"和"技术"四面大旗，表示文理结合、教研结合、文化与职业教育结合。这一办学思想既抛弃了美国东部老牌学校重学轻术的成规，又弥补了农工学院重术轻学的短处，还融合了柏林大学注重研究的经验，为培养高素质的人才开辟出了一条新路。③ 此外，这种多元的教育思想强调培养广博与专业并重的未来精英，因此亦成为斯坦福大学跨学科人才培养理念生成的一个基础性思想。可以说，斯坦福大学超越单一学科界限，向学生提供多学科和跨学科学习机会的理念就受到这种多元教育思想的影响。

这种影响重点体现在其通识教育的设计上。"斯坦福大学以培养有用的人作为教育宗旨，不仅培养学生谋生的技能，而且还相当重视学生的全面发展，培养适应社会发展的公民。"④ 而其通识教育的重要目的就在于"对学生进行自由民主教育，让学生的人文社会知识与专业知识均衡发展，以期培养身心健全的公民"："学生们应该掌握充足的社会、经济及政治方面的知识，使自己成为一名有责任感的公民，能对这些方面的

---

① 蒙有华:《美国斯坦福大学的办学理念及启示》,《菏泽学院学报》2006年第6期。
② Stanford University, "About", https://www.stanford.edu/about/.
③ 徐旭东:《斯坦福大学成为世界一流大学形成研究》,《现代教育科学》2005年第1期。
④ 别敦荣、张征:《斯坦福大学的教育理念及其启示》,《国家教育行政学院学报》2011年第4期。

问题做出理智的判读;他们应该充分理解科学家的工作方法,使自己能明智地生活在我们这个科学的时代;他们应该充分理解和欣赏文学艺术,使自己在文学艺术方面的修养不致降到只是将连环画和闹剧作为娱乐消遣的水准。"① 在培养有用的人这一目标上,斯坦福大学关注的也不仅仅是当下即时的"有用",而是"更多地关注学生的长远发展,而不是把目光局限在学生毕业之后能做什么的问题上"②,因此也非常注重通过多元的通识教育保证学生良好的未来适应性。

为了保证学生的全面发展、长期发展,"斯坦福大学重视专业教育,但并没有使教育过度专业化"③,而通过通识教育最大限度地使学生掌握复合型的知识与能力就成为斯坦福大学人才培养的重要途径。自2013年秋季学期起,斯坦福大学实施了新的通识教育方案,内容包括思维与行为方法(Ways of Thinking/Ways of Doing)、有效思考(Thinking Matters)、写作与修辞(Writing and Rhetoric)、外语(Foreign Language)四类必修课,其目标就重在培养学生深度阅读、熟练写作、有效交流与批判思维的能力,使学生能够建立不同学科领域之间的联系,并指导学生将来理智地工作与生活。其中,最能体现多元化色彩的是"思维与行为方法"必修课,其包括审美与诠释、社会调查、科学方法与分析、形式推理、应用性量化推理、参与多样性、道德推理、创造性表达8个模块。2013年9月及以后入学的本科生,必须完成新的思维与行为方法必修课8个模块的11门课程,共32学分。不论学生未来的兴趣或职业是什么,通过学习这8类方法课程,都将"为学生提供必要的生存技能,有助于学生将来的蓬勃发展,适应新的挑战,成为一个富有责任感的社会公民"④。

三 崇尚自由的学术风气

"The wind of freedom blows"(让自由之风劲吹)不仅是斯坦福大学

---

① 别敦荣、张征:《斯坦福大学的教育理念及其启示》,《国家教育行政学院学报》2011年第4期。
② 别敦荣、张征:《斯坦福大学的教育理念及其启示》,《国家教育行政学院学报》2011年第4期。
③ 别敦荣、张征:《斯坦福大学的教育理念及其启示》,《国家教育行政学院学报》2011年第4期。
④ 刘学东、汪霞:《斯坦福大学通识教育课程新思维》,《比较教育研究》2015年第1期。

的校训，更是斯坦福文化的灵魂。自被确立为校训开始，它就一直为斯坦福大学所信奉和坚守："学术自由在斯坦福大学是至高无上的，所有大学都必须如此。它是我们机构的命脉。这是我们在大学所做的诸般努力的核心原则，即不断提出新的问题，探索新的探究途径，考虑新的替代方案，并最终发展新的知识。"①

1885年，老斯坦福先生指出，高等教育的原则应该是使青年受到"人道和文明的熏陶，明晓法律约束下的自由的可贵"②。1974年，斯坦福大学的"学术自由声明"对学术自由原则进行了说明，即"斯坦福大学的教学、学习、研究和学术这些中心职责的实施取决于一种环境，在这种环境中探究、思想、表达、出版及和平集会的自由得到充分的保护"；"教师在受聘斯坦福大学之后，他所享有的受美国宪法保障的权利在任何情况下都不受影响"③。第八任校长唐纳德·肯尼迪（Donald Kennedy）甚至宣称，大学就要"允许具有非同寻常创造性的人享有非同寻常创造性的生活"④。第九任校长格哈德·卡斯帕尔（Gerhard Casper）认为，斯坦福大学的成功经验之一就是"坚持在宽松自由的学术环境中鼓励教学与科研的有机结合"⑤。汉尼斯校长指出，校训就是要鼓励和保证教师和学生能自由无阻地从事教学及相关的科学研究。⑥ 而在最新的官网中，斯坦福大学针对其教学与科研卓越的原因或条件亦做了明确阐释："不受约束的探究是研究和教育的基础。在学术自由的推动下，我们不断提出问题，并发展新思想以推进知识发展。"⑦

---

① Stanford University, "President's remarks to Faculty Senate on academic freedom", https://news.stanford.edu/report/2023/01/26/presidents-remarks-faculty-senate-academic-freedom/.
② 周继武：《比金矿更能带来荣耀和福祉——访美国霍普金斯、斯坦福大学》，《海内与海外》1999年第9期。
③ 别敦荣、张征：《斯坦福大学的教育理念及其启示》，《国家教育行政学院学报》2011年第4期。
④ 别敦荣、张征：《斯坦福大学的教育理念及其启示》，《国家教育行政学院学报》2011年第4期。
⑤ 陈超：《斯坦福大学的自由与卓越》，《考试研究》2012年第4期。
⑥ 别敦荣、张征：《斯坦福大学的教育理念及其启示》，《国家教育行政学院学报》2011年第4期。
⑦ Stanford University, "Excellence in teaching and research", https://www.stanford.edu/about/a-purposeful-university/.

跨学科人才培养理念的孕育可以说得益于学术自由的风气，同时也延续了对自由精神的追求，这具体表现在学生跨学科学习的自由上。斯坦福大学致力于向师生"提供非凡的探索、协作和挑战自我的自由"①，使他们在学术自由的环境中学习与创造知识，② 从而不受学科界限的束缚，作出突破传统学科壁垒的大胆设想和有益探索。

就课程选择而言，乔丹校长在建校之初就不为传统教育模式所束缚，为斯坦福大学制定了自由选修制度，规定各系必修课门数不超过学生学习计划的三分之一，其余课程均为选修课。此举大大超出了艾略特在哈佛大学推行选修制的力度，给予了学生更大的自由，"把为数更多的思想开放的人召唤到斯坦福来"③。当前，斯坦福大学的通识教育课程和任意选修课程的学分约占总学分的二分之一，而专业教育的课程学分只占一小半。④ 这无疑为学生的自由探索提供了机会与空间。与此同时，斯坦福大学还向学生提供大量与学者一起开展研究的机会，使他们在好奇心的驱动与学术自由的推动下开发新知识，并加深对自身和周围世界的理解。⑤

就专业选择而言，斯坦福大学的本科生在大二时可以依据自身学术兴趣与发展需要选择专业，也可以依专业满意度以及兴趣和需要的变化而更换专业。而在选择专业之前，斯坦福大学鼓励学生通过不断尝试明了自身的兴趣所在："有时，评估主修专业或辅修专业的一个好方法是'试穿'——申报而后将自己融入相关院系，看看它是否合适。如果你后来意识到另一个领域更适合你，你当然可以换专业。"⑥ 同时，斯坦福大学还允许学生通过"个性化设计专业"（Individually Designed Majors，

---

① Stanford University, "Admission", https://www.stanford.edu/.
② Stanford University, "Excellence in teaching and research", https://www.stanford.edu/about/a-purposeful-university/.
③ 别敦荣、张征：《斯坦福大学的教育理念及其启示》，《国家教育行政学院学报》2011年第4期。
④ 别敦荣、张征：《斯坦福大学的教育理念及其启示》，《国家教育行政学院学报》2011年第4期。
⑤ Stanford University, "Excellence in teaching and research", https://www.stanford.edu/about/a-purposeful-university/.
⑥ Stanford University, "Undergraduate Studies", https://majors.stanford.edu/.

IDM）制度自主设计主修培养计划，从而实现对某一跨学科领域的学习与探究。这一制度允许学生对已有专业是否匹配自身需求进行思考，进而做出突破学科壁垒、寻找新的专业的自由探索，而这又进一步促进了一批新的跨学科专业的产生。

当然，向学生提供学习自由的背后是对学生个性的高度尊重。例如，斯坦福大学法学院对其教育理念进行了明确阐释："我们的教育方法明显以学生为中心，由未来毕业生的需求和抱负决定，并可根据每个学生的具体情况进行定制。"[①] 由此我们似乎可以发现，斯坦福大学努力在为学生提供自由发展的空间、创造个性化发展的可能，而其之所以能成为世界一流大学，并不在于它的建筑风格别具一格等外在原因，而在于其人才培养理念能够吸引优秀的人到此求学，去做他们想做与擅长做的事情，这才是一所大学在人才培养上最大的魅力所在。

第二节 跨学科人才培养的目标理念

跨学科人才培养的目标是对人才应具备何种素养的价值主张的集中反映及具体要求，也是跨学科人才培养活动得以发生的基本依据和人才培养制度安排的基本原则。[②] 跨学科人才培养目标的科学性一定程度上决定了跨学科人才培养的质量，同时也决定了衡量和检验跨学科人才培养质量标准的合理性。从教育总体和跨学科专业两个角度看，斯坦福大学跨学科人才培养的目标分别表现为培养跨学科的综合型与全球型人才，以及具有跨学科素养的专业人才，下文据此对跨学科人才培养的目标理念进行分析。

一 跨学科的综合型与全球型人才

前文已述，斯坦福大学致力于培养有用的人，而这种"有用"并非仅仅对于学生自身而言。确切地说，斯坦福大学将自身定位为一个发现、

---

① Stanford University, "About SLS", https://law.stanford.edu/about/#slsnav-sls-distinctions.
② 眭依凡：《素质教育：高校人才培养体系的重构》，《中国高等教育》2010 年第 9 期。

创造和创新的场所，致力于通过发现和应用知识，来改善全世界人民的健康和福祉。① 在 2022 年开学典礼上，校长马克·泰西尔-拉维尼（Marc Tessier-Lavigne）就对学生指出："斯坦福不仅仅是让你们利用自己的才能和技能让自己变得更好，它还让你们用这些才能和技能为建设一个更美好的世界服务。"②

从以上论述可以明显看出，斯坦福大学所培养的"有用的人"亦不限于对美国本土的"有用"，而是面向世界的"有用"，这也是美国研究型大学致力于培养世界领导者目标的体现："我们的使命是通过培养学生的领导力来为世界作出贡献"③；"斯坦福大学的学生通过思考和实践来创造和应用知识，为在瞬息万变的世界中发挥领导作用做好准备"④。而每个学院甚至每个专业或项目都有此"雄心"，例如工学院拥有 9 个系以及 80 多个实验室、中心、研究所和项目，专注于寻求重要全球问题的解决方案，并培养能够利用工程原理、技术和系统的力量使世界变得更美好的领导者；⑤ 商学院的使命则是创造深化对管理理解的理念，并用这些理念去培养有创新性、原则和洞察力的、能够改变世界的领导者。⑥

斯坦福大学深刻认识到"当今世界日益多样化，相互联系日益紧密"⑦，而当今世界所面临的社会问题一方面往往是超越国界的，⑧ 另一方面是复杂的："世界上大的社会问题是复杂的、多方面的和顽固的。"⑨ 这就决定了斯坦福大学所培养的全球型人才需要具备跨学科的、综合性的素养。在 2022 年开学典礼上，拉维尼校长就明确指出："我们的世界……

---

① Stanford University, "Welcome to Stanford", https://facts.stanford.edu/welcome/.
② 马克·泰西尔-拉维尼：《以一种开放和自由的方式，探索自己与未来》，2022 年 9 月 28 日，https://www.sohu.com/a/588583410_100150764。
③ Stanford University, "A Purposeful University", https://www.stanford.edu/about/.
④ Stanford University, "About Standford", https://www.stanford.edu/academics/.
⑤ Stanford University, "Stanford's Schools and Programs", https://facts.stanford.edu/academics/.
⑥ Stanford University, "Stanford Business", https://www.gsb.stanford.edu/.
⑦ Stanford University, "Diversity Statement", https://ideal.stanford.edu/about-ideal/diversity-statement.
⑧ Stanford University, "Diversity Statement", https://ideal.stanford.edu/about-ideal/diversity-statement.
⑨ Stanford University, "Stanford Impact Labs: Executive Summary", https://impact.stanford.edu/publication/stanford-impact-labs-executive-summary.

面临着许多挑战——从气候变化到慢性和新出现的疾病，到地缘政治紧张和错误信息，等等。"① 这些复杂性问题的解决对跨学科知识、技能与思维提出了迫切要求，例如"工程师乃至未来社会的任何事业都会超越学科、专业"，"所以我们的青年要在语言、社会科学、书写以及技术方面接受广泛的教育以为此做好准备"②。因此，斯坦福大学"不仅要培养有用的人，而且还要致力于为当今世界性挑战寻求解决方法，为复杂世界培养领导者"③。这也自然使培养跨学科的综合型与全球型人才成为斯坦福大学本科教育的重要目标。正如汉尼斯校长所说："未来高等教育的趋势将注重跨学科的综合型和全球型人才，他们既懂得独立思考，又敢于挑战权威，既善于合作，又勇于冒险创业、改变世界。"④

为了培养能够解决全球复杂性问题、具有大格局和大视野的全球型人才，斯坦福大学一方面设置了 40 个跨学科项目⑤："这些跨学科的教育项目反映出当今社会需要从多个学科中汲取思想来解决复杂的问题，比如地球面临的问题。"⑥ 另一方面，斯坦福大学并没有将培养跨学科的综合型与全球型人才仅仅视为这些跨学科项目的目标，而是将跨学科、综合性作为全体学生的必备素养和整个大学的培养目标。这一点不管是大学层面还是院系和专业层面都是如此。就大学层面而言，斯坦福大学强调开放、共享与多样性，在其使命描述中明确提出"为学生提供接触伟大思想、跨越概念和学科界限，并成为拥抱思想和经验多样性的全球公民的机会"⑦。就院系层面而言，多个学院都强调自身的研究与学习是无边界的。其中，人文与科学学院是斯坦福大学基础研究和应用研究的

---

① 马克·泰西尔-拉维尼：《斯坦福大学校长开学演讲：以一种开放和自由的方式，探索自己与未来》，2022 年 9 月 28 日，https://www.sohu.com/a/588583410_100150764。
② 徐木兴、刘朝马：《斯坦福大学发展规划理念分析》，《高等农业教育》2007 年第 4 期。
③ 别敦荣、张征：《斯坦福大学的教育理念及其启示》，《国家教育行政学院学报》2011 年第 4 期。
④ Stanford University, "Stanford Interdisciplinary", https://interdisciplinary.stanford.edu/.
⑤ Stanford University, "Interdisciplinary Programs", https://www.stanford.edu/list/interdisc/.
⑥ Stanford University, "History", https://sustainability.stanford.edu/history.
⑦ Stanford University, "A Purposeful University", https://www.stanford.edu/about/a-purposeful-university/.

发源地，在这里师生跨学科进行自由、开放和批判性的研究。① 商学院相信无限可能的精神，强调自身是一个一切皆有可能的场所。在这里，不同的想法和观点不仅被接受，而且被鼓励和拥抱。因此，通过挑战传统思维，接受不同的想法并合作改变世界，知识的界限不断被突破，超出想象。② 而在专业设置上，斯坦福大学许多专业以解决复杂现实问题为导向或是多种学科交叉发展的产物，③ 同时又保持着对学科发展和社会变革的前瞻性和敏感度，专业口径较为宽泛。例如其工程教育以学科基础宽泛而闻名，强调工程师必须在语言、书写、人文和社会科学以及技术方面接受广泛的教育，斯坦福大学也成为世界上少数能够将工学和人文社会科学有机融合，并培养出专业能力扎实、学科视野宽广的工程师的大学。④

二 具有跨学科素养的专业人才

专业是人才培养的基本单元，一所高校的人才培养理念必然在专业上有所体现。而具体到专业上，其人才培养理念主要就体现为对该专业培养什么样的人、这样的人需要具备哪些素质、为什么需要具备这些素质等系列问题的认识。从斯坦福大学的传统专业与跨学科专业来看，其在人才培养目标上都表现出培养具有跨学科素养的专业人才的理念。跨学科素养是一种包含知识、技能、观点和思维方式等多方面内容的综合素养，这在斯坦福大学跨学科专业的培养目标上表现得尤为明显。

一是多学科的知识。斯坦福大学认识到，对于复杂问题，依靠单一学科知识往往无法解决，例如城市的动态和复杂性挑战了传统的学科界限，因此"城市研究"（Urban Studies）项目具有跨学科性质，借鉴了社

---

① Stanford University, "Stanford's Schools and Programs", https://facts.stanford.edu/academics/.
② Stanford University, "Stanford Graduate School of Business", https://www.gsb.stanford.edu/experience/about.
③ 陈新阳、张静华、阎光才：《支撑研究型大学本科人才培养的学科结构特征——以美国四所研究型大学为例》，《现代大学教育》2018 年第 3 期。
④ 王晓辉：《斯坦福大学本科人才培养模式的主要特点》，2018 年 7 月 10 日，https://lgwindow.sdut.edu.cn/info/1015/18582.htm。

会科学、人文学科、工程和教育领域的知识。① 总体来看，跨学科专业往往非常重视学生多学科知识的掌握。例如，"国际关系"（International Relations）项目希望每一位学生都能具备分析国际安全、国际政治经济发展、国际历史以及民主化等问题所必需的特定知识，为学生在政府、非政府组织和商业领域从事相关职业，或者继续攻读法律、商业、经济学、政治学等学科的硕博士学位打下坚实基础；② "地球系统"（Earth Systems）项目致力于使学生掌握解决世界上最紧迫的社会环境问题所需的科学、经济学和政策领域知识，能够以系统、跨学科的方式处理和解决问题；③ "犹太研究"（Jewish Studies）项目汇集历史、文学、宗教、教育等广泛的学科，对犹太人在其整个历史中的思想和经历进行探究。④

二是多学科的视角。对某一事物、现象或问题的全面认识，必然需要系统思维、多元视角，而使学生掌握分析问题的多学科视角与多学科思维随之成为斯坦福大学跨学科专业的培养目标。例如，"人类生物学"（Human Biology）项目的使命是为学生提供一条跨学科的路径，使他们从生物学、行为学、社会学和文化的角度理解人类。⑤ 再如，"美国研究"项目的核心要求之所以包括历史和制度、文学、文化和艺术、比较种族和民族4门课程，就在于不同学科可以从不同视角研究和解释美国生活。⑥

三是多学科或跨学科的方法。对于问题解决而言，具备多学科的知识与视角是不够的，还需要掌握解决某一复杂问题的具体方法。这种方法可能是多学科的，例如"公共政策"（Public Policy）作为一个跨学科项目，将经济学、政治学、哲学、心理学和法律的理论及分析工具与现

---

① School of Humanities and Sciences, "Urban Studies", https://urbanstudies.stanford.edu/.
② Stanford University, "Program in International Relations", https://internationalrelations.stanford.edu/degrees/about-major.
③ Stanford University, "Earth Systems Program", https://earthsystems.stanford.edu/academics-admissions/why-study-earth-systems.
④ School of Humanities and Sciences, "The Undergraduate Minor in Jewish Studies", https://jewishstudies.stanford.edu/academics/undergraduate-program.
⑤ Stanford University, "Stanford University Bulletin", https://bulletin.stanford.edu/programs/HUMBI-BA.
⑥ Stanford University, "AMSTU-BA program", https://bulletin.stanford.edu/programs/AMSTU-BA.

实世界的政策应用联系起来。① 也可能是跨学科的，例如"数学与计算科学"（Mathematical and Computational Science）项目则致力于运用分析和定量思维来解决科学、工业和社会中的问题。学生在数学、计算机科学、概率、统计学等方面打下坚实基础后，一部分将探索推理和计算思维如何在金融、生物学、市场营销、工程等领域发挥作用。② 而"生物物理学"（Biophysics）项目作为一个跨学科的、跨部门的培养项目，主要基于物理和化学原理来理解生物功能。③

四是跨学科解决实际问题的能力。跨学科人才培养最根本的目的在于使学生利用以上素养去解决现实中的复杂问题，因此斯坦福大学的跨学科专业非常强调学生在相应的实践领域要有跨学科解决实际问题的能力。例如，斯坦福大学的"埃米特环境与资源"（Emmett Environment and Resources）跨学科项目通过跨越物理和自然科学、工程、社会科学和人文科学、法律和政策、医学和商业等学科，为解决清洁能源、气候变化、粮食安全、水质和水量、土地保护、人类健康和卫生、可持续城市、海洋健康和生物多样性丧失等紧迫的全球问题提供新的见解和新的解决方案，帮助解决世界上最重大的环境问题和应对资源可持续性挑战。④ 再如，"国际政策"（International Policy）项目"旨在利用硅谷中心这所伟大大学的资源，培养能够解决当今最具挑战性的国际问题的领导者"⑤。

需要注意的是，斯坦福大学重视专业教育，但没有使教育过度专业化。因此，其对跨学科专业的学生亦非只强调跨学科素养的培养。相反，它是以前文所提的综合性和一般性为基础的。例如，作为一个跨学科项目，"城市研究"旨在培养学生对城市本质及其对世界影响的理解，但

---

① School of Humanities and Sciences, "Public Policy Program", https://publicpolicy.stanford.edu/.

② School of Humanities and Sciences, "Mathematical and Computational Science", https://mcs.stanford.edu/.

③ Stanford University, "Biophysics Program", https://med.stanford.edu/biophysics.html.

④ Doerr School of Sustainability, "Drive solutions for a sustainable future", https://eiper.stanford.edu/.

⑤ Stanford University, "The Ford Dorsey Master's in International Policy", https://fsi.stanford.edu/masters-degree.

亦致力于培养学生成为批判性的思考者、积极参与的公民，以及能帮助城市变得更好的有见识的领导者。① 进一步而言，无论是传统专业还是跨学科专业，斯坦福大学都是出于培养完整的人以及素质结构合理的专业人才的角度来设定培养目标的。例如，斯坦福大学工学院旨在培养工程师，他们不仅技术卓越，而且具有创造力、文化意识和创业技能，这些技能来自与文科、商科、医学和其他学科的接触。② 再如，斯坦福大学认为法学不是一个自给自足的学科，而需要与其他学科紧密联系在一起，因为"你若不懂历史，就不可能懂宪法；你若不懂政治学，就不可能懂行政法；你若不懂经济学，就不可能懂自然资源法或反垄断法"。因此，法学院与历史、政治学、工商等学科广泛设立了联合学位计划。③ 由此也可以看出，每个学院并非站在本学院、本学科的立场上看待人才培养问题，这也使得斯坦福大学的教育呈现出明显的跨学科特征。

第三节　跨学科人才培养的路径理念

跨学科人才培养的路径理念是对如何组织与实施跨学科人才培养的一系列认识。根据对斯坦福大学相关资料的搜集、整理与分析，斯坦福大学跨学科人才培养理念从学校层面而言，主要表现为以跨学科协作促进创新发现与人才培养，从学生层面而言，主要表现为广泛探索与深度参与。

一　以跨学科协作促进创新发现与人才培养

斯坦福大学高度强调协作。斯坦福大学认为："协作文化推动了我们对世界、健康和智力生活等关键领域的创新发现。"④ 由此可见，在斯坦福大学的理念里，创新并非偶然，创新产生的机会需要通过协作创造，

---

① Stanford University, "Stanford University Bulletin", https://bulletin.stanford.edu/programs/URBST-BA.
② Stanford University, "Stanford's Schools and Programs", https://facts.stanford.edu/academics/.
③ 王晓辉：《斯坦福大学本科人才培养模式的主要特点》，2018年7月10日，https://lgwindow.sdut.edu.cn/info/1015/18582.htm。
④ Stanford University, "Stanford Interdisciplinary", https://interdisciplinary.stanford.edu/.

因此其鼓励大家在协作中发现不合理和未被满足的需求。在这种理念之下，协作成为斯坦福大学的鲜明文化。例如，斯坦福大学法学院认为，在紧密联系的社区中，合作和公开交流思想对生活和学习至关重要。①人文与科学学院认为，开放的文化促进创造与创新，因此非常注重跨部门界限的协作、跨学科学习和研究。②

协作涉及多主体、多方面，而跨学科协作就是其中的一种重要形式。斯坦福大学尤其重视开拓创新精神的培养，正如汉尼斯校长所言："我们最有特点的、区别于很多大学的就是拥有开拓创新的精神，这种精神培养了有远见的预言者、坚定的探索者和无畏的执行者，不断地寻求和探索新的方向及新的理念。"③ 而跨学科正是其开拓创新的重要手段："新的想法和创新的研究出现在学科的交叉点上。"④ 在对自身发展经验的分析中，斯坦福大学认为，鼓励和培育创新、跨学科合作是全校的传统⑤："斯坦福大学通过跨学科合作的文化脱颖而出，这种文化推动了对世界至关重要的发现和创新。"⑥ 法学院更是表示，"创新"和"跨学科"方法不是其写在宣传册上的流行语，而是其致力于开拓新领域的激励原则。⑦ 前副教务长安·阿文（Ann Arvin）亦表示："我们在多学科的交叉支点上寻找创新思维与创新研究的生长点。"⑧ 可以说，跨学科是斯坦福大学协作文化的核心，渗透在人才培养工作的方方面面。根据现有资料，为了在人才培养上促进跨学科协作，斯坦福大学主要采取了以下两种路径。

---

① Stanford University, "About SLS", https://law.stanford.edu/about/#slsnav-sls-distinctions.
② Stanford University, "School of Humanities and Science", https://humsci.stanford.edu/prospective-students.
③ 童蕊、李新亮：《我国综合性大学开展创新创业教育的发展策略分析——以斯坦福大学和特文特大学为例》，《煤炭高等教育》2018年第3期。
④ Stanford University, "Research", https://www.stanford.edu/research/.
⑤ Stanford University, "Joint Degree and Cooperative Programs", https://law.stanford.edu/education/degrees/joint-degrees-within-stanford-university/#slsnav-established-joint-degrees.
⑥ Stanford University, "Excellence in teaching and research", https://www.stanford.edu/about/a-purposeful-university/.
⑦ Stanford University, "Stanford's Seven Schools", https://law.stanford.edu/.
⑧ Stanford University, "Q&A with Ann Arvin", https://interdisciplinary.stanford.edu/qa-ann-arvin.

一是为跨学科协同育人提供综合性平台。斯坦福大学之所以建设多个学科，重要原因就在于发挥多学科的协同育人作用。以研究生教育为例，其高度协作的知识分子社区不仅可以使研究生有机会与广泛的教师群体一起学习，而且研究生从事的学习、研究通常超越部门和学科界限，他们可以在跨学院的跨学科或联合学位项目中学习。① 除了校级层面，学院层面亦是如此。例如，人文与科学学院是斯坦福大学最大也最具综合性的学院，其包含了哲学、宗教、政治、经济、历史、艺术、社会学、人类学、心理学、数学、物理等 30 多个专业，负责斯坦福大学 80% 的本科教育与学位授予工作。这种综合性学院有利于不同学科专业间的交流和融合，为拓宽专业基础、培养复合型人才提供了平台。② 再以商学院为例，其学生可以利用法律、工程、医学、教育、地球科学以及人文和科学等世界一流学院的所有资源。③

二是为学生提供跨学科学习、研究与交往的机会。第七任校长理查德·莱曼（Richard Lyman）曾谈道："如果认为各种复杂和充满错综关系的问题，在传统学科互不合作、各自为政的状态下会得到解决，那就太天真了。大学要为解决这样的问题开辟多种学科交叉训练的途径。"④ 而跨学科学习与研究就是以多学科合作的方式对学生进行解决复杂问题训练的具体方式。前文已述，斯坦福大学设置了 40 个跨学科项目。这些学术项目跨越传统界限，欢迎来自多个领域的学生。⑤ 此外，斯坦福大学还为本科生和研究生提供了很多机会参与跨越传统学科的研究项目，学生因此有机会与资深教授、知名学者进行密切合作，⑥ 接受跨越学科

---

① Stanford University, "Graduate Education", https://facts.stanford.edu/academics/graduate/.
② 王晓辉：《斯坦福大学本科人才培养模式的主要特点》，2018 年 7 月 10 日，https://lgwindow.sdut.edu.cn/info/1015/18582.htm。
③ Stanford University, "Learning at Stanford GSB", https://www.gsb.stanford.edu/experience/learning.
④ 别敦荣、张征：《斯坦福大学的教育理念及其启示》，《国家教育行政学院学报》2011 年第 4 期。
⑤ Stanford University, "Networking & Learning", https://vpge.stanford.edu/interdisciplinary-learning/networking-learning.
⑥ 王晓辉：《斯坦福大学本科人才培养模式的主要特点》，2018 年 7 月 10 日，https://lgwindow.sdut.edu.cn/info/1015/18582.htm。

边界思考与解决问题的锻炼。教育学院的施瓦兹·丹（Schwartz Dan）教授认为，斯坦福的师生之所以在跨学科的交流中善于创新，是因为"大学提供了这样一个环境，师生可以在协作中共同冒险。他们去研究或开创一个项目，主要是因为认为这个项目重要，之前没人做过"①。而从交往来看，斯坦福大学的教师们有着与校内同事和学生互动以及跨学科工作的悠久传统。②进一步而言，斯坦福大学鼓励教师之间、学生之间、师生之间的交往以及他们与外界的交往，跨学科合作已经成为全校的共识与习惯，激励人们跨越边界进行学习与探究。

二 广泛探索与深度参与

"优异与广博相结合"是斯坦福大学人才培养模式的内在特征。③在2022年开学典礼上，拉维尼校长鼓励学生用两种重要的方式为未来做准备，即广泛探索与深度参与。④拉维尼认为，大学是广泛探索兴趣的最佳时机："事实上，你可能再也没有机会像大学时代那样，以一种无拘无束方式去追求自己的想法了。因此，我敦促你们多修一些课程：从中世纪文学到国际关系，从天体物理学到艺术史，从生物机械工程到可持续城市。"⑤

斯坦福大学之所以强调广泛探索，一方面在于使学生在这个过程中了解自己、明确自身的兴趣所在，另一方面在于增强学生的适应性。拉维尼校长认为："探索是为一个充满不确定性的未来做好准备的最好方式，而我们只知道一件事——未来将充满变化。事实上，世界正发生着极其迅速的变化。在大学里接触不同的思维方式和不同的研究领域将帮助你发展不断吸收新信息的能力，并在你的一生中适应新思想。过去的

---

① 刘爱生：《世界一流大学人才培养、教师发展与院长职责——斯坦福大学教育学院院长施瓦兹·单访谈录》，《高校教育管理》2016年第4期。
② Stanford University, "Research and Innovation", https://facts.stanford.edu/research/.
③ 高宗泽、蔡亭亭：《斯坦福大学的人才培养模式及其特点》，《外国教育研究》2009年第3期。
④ 马克·泰西尔-拉维尼：《斯坦福大学校长开学演讲：以一种开放和自由的方式，探索自己与未来》，2022年9月28日，https://www.sohu.com/a/588583410_100150764。
⑤ 马克·泰西尔-拉维尼：《斯坦福大学校长开学演讲：以一种开放和自由的方式，探索自己与未来》，2022年9月28日，https://www.sohu.com/a/588583410_100150764。

几年向我们展示了事情是如何在瞬间发生变化的。我们永远不知道会发生什么,我们都需要知道如何适应。探索将教会你敏捷、开放,并为你一生的学习做好准备。""为不确定的未来做准备的最好方法是广泛探索,并尽可能多地学习你感兴趣的一切。它将帮助你们不仅在斯坦福取得成功,而且在你们的一生中取得成功。"①

因此,斯坦福大学并没有将学生限制在一个固定的领域,而是向学生提供广泛探索的机会:"斯坦福大学提供广泛的学习选择,允许学生自由探索他们的智力兴趣和个人爱好。"②"无论你进入哪个领域,斯坦福都为你提供了找到自己道路的机会——这样你既可以实现个人价值,也可以为你自己的社区或更广阔的世界作出贡献。"③ 其典型实践为其通识教育要求(见前文)。通识教育是一种多维度的知识体系,斯坦福大学广泛而丰富的通识课程有助于学生扩大知识面、建立不同学科知识之间的相互联系,有利于他们形成知识的整体观。同时,拉维尼校长还建议学生家长给孩子空间去探索和寻找他们自己的道路——去改变和成长。

除了鼓励学生广泛探索,斯坦福大学还强调学生跨学科学习的深度参与。没有深度的跨学科学习是没有质量的,这无疑不是斯坦福大学想要的。为此,斯坦福大学一方面规定就读跨学科专业的学生必须围绕专业确定一个主题或重点进行深度学习。例如,"地球系统"本科专业的学生在完成广度学习后,必须从生物学、能源、环境经济与政策、土地系统、可持续粮食和农业、海洋学与气候 6 个重点领域选择 1 个完成进一步的深度学习。④ 另一方面,通过设置专业核心课程、提供具有挑战度的跨学科课程与跨学科研究机会,保证学生对某一主题的深入探究。例如,斯坦福大学各个跨学科研究中心是学生学习的重要场所,学生可通过申请自己感兴趣的实验室参与合作研究。通过将教师与学生聚集在

---

① 马克·泰西尔-拉维尼:《斯坦福大学校长开学演讲:以一种开放和自由的方式,探索自己与未来》,2022 年 9 月 28 日,https://www.sohu.com/a/588583410_100150764。

② Stanford University,"Facts",https://facts.stanford.edu/academics/.

③ 马克·泰西尔-拉维尼:《斯坦福大学校长开学演讲:以一种开放和自由的方式,探索自己与未来》,2022 年 9 月 28 日,https://www.sohu.com/a/588583410_100150764。

④ Stanford University,"Stanford University Bulletin",https://bulletin.stanford.edu/programs/EASYS-BS.

一起，在正式场合或非正式场合的讨论中接触不同问题、不同思维方式、不同工作方式，学生经历解决复杂问题的实际训练。①

与此同时，斯坦福大学还注意广度与深度的均衡。就本科教育总体而言，斯坦福大学给学生创造了丰富的学习经验，这种经验一方面包括广泛的人文艺术基础，另一方面还包括深入的学科领域专业知识。② 然而，在本科教育总时长有限的条件下，广度与深度必然面临一定的矛盾和冲突。为此，斯坦福大学一方面通过多元化的课程体系保证知识的广度，另一方面又通过注重课程的难度与挑战度等保证学习的深度，而两者最终体现在斯坦福大学所授予的学位对应的标准与规格上。具体而言，斯坦福大学提供的文学士、理学士以及文理学士三个本科学位，每一个都注重通过探索获得的知识广度与通过专业化获得的知识深度之间的平衡。③

---

① 王梅、李梦秀：《斯坦福大学工程学院的跨学科教育及启示》，《教育评论》2018年第4期。
② Stanford University, "Academics", https://www.stanford.edu/.
③ Stanford University, "Undergraduate Studies", https://facts.stanford.edu/academics/undergraduate/.

第四章

北京大学跨学科人才培养理念

作为"国家培养高素质、创造性人才的摇篮、科学研究的前沿和知识创新的重要基地"以及"国际交流的重要桥梁和窗口",北大的跨学科人才培养实践走在国内高校的前列:一是层次全覆盖,涵盖了本科、硕士和博士三个阶段;二是模式多样,跨院系选课、辅修/双学位、跨学科项目与跨学科专业[①]一应俱全;三是自由创生,学生不论志趣如何,都能在北大利用多样化的学习机会找到适合自己的个性化成才路径;四是受益面广,如在课程层面,2016 年教学改革之后北大开放了全校性跨院系自由选课,而在双学位方面,2017 年超过 1/3 的本科生修读了双学位;[②] 五是成效显著,近年来北大在各个交叉学科平台上共计有 587 人获得博士学位,233 人获得硕士学位。[③] 这种典型的实践背后除了体制、机制的有力支撑以外,跨学科人才培养理念的树立亦是重要原因。

第一节 跨学科人才培养理念孕育的条件

于北大而言,跨学科人才培养是基于一定思想基础所产生的行动自

[①] 截至 2022 年 2 月,北大设置了中国学、数据科学、整合生命科学和纳米科学与技术 4 个交叉学科;开设了整合科学、外国语言与外国历史等 10 余个跨学科专业,设计了古典语文学、思想与社会、严复班、图灵班等多个跨学科项目。参见郝平《优化建设学科布局 促进学科交叉融合》,2022 年 2 月 15 日,http://edu.people.com.cn/n1/2022/0215/c1006-323524 02. html。

[②] 吴星潼、王钰琳:《在北大,每个人都"跨学科"》,2017 年 11 月 6 日,http://www.dean.pku.edu.cn/web/news_details.php? id=12。

[③] 郝平:《优化建设学科布局 促进学科交叉融合》,2022 年 2 月 15 日,http://edu.people.com.cn/n1/2022/0215/c1006-32352402. html。

觉。其中,"思想自由,兼容并包"的办学理念提供了文化土壤,而北大对跨学科人才培养的专门研究又提供了理论上的指导。

一 "思想自由,兼容并包"的文化土壤

"思想自由,兼容并包"的办学理念自老校长蔡元培先生任职时期开始孕育并延续至今,其背后对于多样的包容和支持与跨学科人才培养的多样性和选择性理念内核相一致,因此为北大跨学科人才培养理念与实践的生成创造了自由、包容的学术环境。在这种文化土壤之下,跨学科人才培养理念与实践的孕育是自然而然的。

蔡元培上任前的北大受封建思想的钳制,官僚主义气息浓厚、学术氛围极差。[①] 蔡元培批评道:"此种思想之钳制,积数千年,至今日学校校长犹存此风。其是也,全校是之;非也,全校非之。"[②] 为了转变北大的风气,蔡元培以德国大学为参照,提出了"兼容并包"的办学方针。在这一方针引领下,北大改革教师聘任制度,广纳不同学派的贤才,同时还提倡学生可以根据兴趣选择课程,不同专业可以互相旁听。蔡元培曾说:"就学生方面来说,如果进入一所各科只开设与其他学科完全分开的、只有本科专业课程的大学,那对他的教育将是不利的。"[③] 可见,"思想自由,兼容并包"不仅强调容纳不同学科、不同学派的存在,而且倡导各种学术思想之间的相互借鉴与交流,体现出其"通博"的人才观念。

2007年北大专门设立了元培学院,以蔡元培的名字命名,坚持贯彻"加强基础,促进交叉,尊重选择,卓越教学"的方针,打造了自由选择专业与课程、特色跨学科专业、通识教育基础课、弹性学习年限等系列特色。[④] 元培学院还实行住宿书院制,设有一系列方便学生交流与生活的功能区,"为选修不同方向的元培人提供了更多交流的机会,更有

[①] 武智:《蔡元培兼容并包办学理念的历史溯源、践行逻辑及时代价值》,《教育评论》2020年第10期。
[②] 高平叔编:《蔡元培教育论著选》,人民教育出版社2017年版,第103页。
[③] 高平叔编:《蔡元培教育论著选》,人民教育出版社2017年版,第519页。
[④] 北京大学元培学院:《学院简介》,2021年5月20日,https://yuanpei.pku.edu.cn/xygk/xyjj/index.htm。

利于思想的碰撞与融合"①。这一系列改革无不表现出为学生提供更多自由选择的空间、促进学生自由而多样化成长的特性。

二 跨学科人才培养的专门研究

虽然跨学科人才培养已经得到了政府及教育主管部门与部分高校的重视，但是，由于我国高校长期以来实施的是专业教育模式，缺乏跨学科人才培养的经验，为此北大校院以及学者分别从组织和个体两个层面对跨学科人才培养的基础理论、实践方式与域外经验进行了较为系统的研究，为北大跨学科人才培养实践提供了一定的理论指导。

就学校和院系层面而言，2002 年，北大针对辅修和双学位教学及管理工作进行专题研究，提交了"提高我校辅修和双学位专业教育质量的研究报告"，同时完成了《美国高校辅修制度述评》等多篇研究文章。②经过几年理论研究与实践探索，2006 年北大教务部和各院系在辅修/双学位教育领域不仅"发表了多篇研究性文章"，而且"逐步在辅修/双学位教育目标、教学计划、教学组织、财务管理、证书发放等方面形成了自己的制度"③。

就北大学者层面而言，相关研究主要分为三类：一是跨学科人才培养的理论研究，此类研究不仅对北大有指导意义，也对我国高校跨学科人才培养做出了理论贡献。典型成果为卢晓东的《本科专业划分的逻辑与跨学科专业类的建立》，该文主张以学科标准（又分单一学科、跨学科和问题中心三类）、职业标准和学生标准对本科专业进行分类，指出以单一学科为划分标准是不够的。④ 二是对本校跨学科人才培养实践进行的研究，其直接建基或服务于北大自身的实践。其中，黄俊平等人重

---

① 高平叔编:《蔡元培教育论著选》,人民教育出版社 2017 年版,第 179 页。
② 卢晓东、宋鑫、王卫、董南燕:《大学本科培养跨学科知识复合型人才的作法与相关问题探讨——北京大学的个案》,《当代教育论坛》2003 年第 10 期。
③ 北京大学教务部:《本科教学改革系列报道之十二:完善辅修/双学位教育管理制度,促进跨学科知识复合型人才成长》,2006 年 12 月 26 日,http://news.pku.edu.cn/xwzh/129-111330.htm。
④ 卢晓东:《本科专业划分的逻辑与跨学科专业类的建立》,《中国大学教学》2010 年第 9 期。

点研究了北大在交叉学科人才培养方面作出的探索与面临的问题并提出了相关建议;① 孙华对元培博雅计划的基本导向、基本路径和未来发展进行了研究。② 三是跨学科人才培养实践的比较或国别研究,这一类研究为北大提供了域外经验。其中,卢晓东对中美大学本科专业设置进行了比较,得出两者在专业类型与学位授予、跨学科专业及个人专业、专业设置权限等方面存在不同,认为应渐进下放专业设置权以增强高校自主办学的能力和活力。③ 范瑞泉与杨凌春 2014 年赴澳大利亚 10 所大学进行了考察学习,并在此基础上从学科与院系设置等 5 个方面提出了推动学科交叉融合、提升科技创新能力的建议。④

第二节　跨学科人才培养的目标理念

从掌握的资料看,跨学科人才培养理念已成为北大共识,从校长到教师群体都看到了跨学科在人才培养、科学研究与学科发展等方面的关键作用,也因此注重向学生强调跨学科学习的重要性。就目标而言,北大前期表现为培养"厚基础、宽口径、高素质"的复合型人才,新时期则表现为"为国家和民族培养出能够引领未来的人才"。当然,后者并非对前者的否定,而是对前者的继承、包容与超越。

一　"厚基础、宽口径、高素质"的复合型人才

前文已述,自蔡元培实施改革以来,北大就具有"思想自由,兼容并包"的思想传统。除此之外,蔡元培还倡导"普通教育"的宗旨,希望学生"养成健全的人格"。对于当时的大学教育内容,他批判传统教育"过分重视人文科学,特别是文学、考据学等","只注重个

---

① 黄俊平、陈秋媛、瞿毅臻:《交叉学科人才培养模式的探索与实践——以北京大学为例》,《学位与研究生教育》2017 年第 5 期。
② 孙华:《北京大学元培博雅教育计划人才培养理念及路径》,《中国大学教学》2015 年第 12 期。
③ 卢晓东:《中美大学本科专业设置比较》,《比较教育研究》2001 年第 2 期。
④ 范瑞泉、杨凌春:《推动学科交叉融合　提升高校创新能力——赴澳大利亚大学考察启示》,《中国高校科技》2017 年第 Z1 期。

人修养的尽善尽美,重视培养个人的文学才能,而不注重于科学方面的教育"①。因此,在主持北大期间,他不仅在学科建设上要求文理沟通,而且在人才培养上改年级制为学分制,从而为文理科学生相互选修课程提供了方便,②亦为学生个性的发展创造了条件。

改革开放以后,伴随着对过度专业教育的反思以及社会和科技发展需求的回应,北大不断深化教学改革指导思想,更加注重素质结构更加全面、合理的人的培养,学校的教学改革指导思想也在与时俱进地不断深化:20世纪八九十年代,北大实行"加强基础,淡化专业,因材施教,分流培养"的教育方针,以适应和满足国家由计划经济向市场经济转型对优秀人才的多样化需求。1981年,提出了"加强基础,扩大知识面,减少必修课,增加选修课,以利因材施教"的原则;1988年,进一步明确了"加强基础,淡化专业,因材施教,分流培养"的教学改革十六字方针;1993年,强调了终身教育、学生是学习的主体等观念,并做出了面向21世纪进行课程体系、教学内容改革的部署;1999年,突出了全面提高学生素质、实践能力和创新精神的培养目标。③

时代对复合型创新人才的需求加快了高校培养跨学科人才的步伐。④2003年,北大推出《北京大学本科生选修辅修/双学位专业管理办法》,提出"为适应我国社会主义现代化建设发展的需要,加速培养'厚基础、宽口径、高素质'、富有创新精神和实践能力的复合型人才"这一目标。为了培养这样的人才,北大顺应时代要求,积极推动本科教学改革,通过素质教育通选课、跨院系选课、双学位等多种制度与形式为复合型人才的培养创造条件,其中作为跨学科培养复合型人才主要形式的辅修与双学位已经成为北大本科教育的重要组成部分,而多学科的知识背景也成为北大本科毕业生的重要特点之一。⑤

---

① 高平叔编:《蔡元培教育论集》,湖南教育出版社1987年版,第207页。
② 陈汝平:《蔡元培北大改革启示》,《重庆教育学院学报》2004年第4期。
③ 张宁:《砥砺奋进,一路芳华——北大七十年教育教学探索之路》,2019年10月7日,https://www.thepaper.cn/newsDetail_forward_4613945。
④ 郝平:《优化建设学科布局 促进学科交叉融合》,2022年2月15日,http://edu.people.com.cn/n1/2022/0215/c1006-32352402.html。
⑤ 北京大学:《辅修、双学位》,2023年2月7日,https://www.gotopku.cn/programa/page/573.html。

进入 21 世纪以后，"厚基础、宽口径、高素质"的复合型人才培养目标基本上为历届校长所继承和秉持，他们对这种培养目标与跨学科的培养手段之间的关系认识也更加清晰。例如，在 2014 年新生开学典礼上，王恩哥校长在强调"北大提倡博雅教育"这一特质的基础上，不仅对学习的目标进行了强调，"希望同学们不要囿于一隅，处理好'专'与'博'的关系，抓住可以利用的时间广泛涉猎，研习古今中外的经典。未来几年是大家打基础的阶段，既是打学问的基础，也是打人生的基础，这个基础要宽一点、厚一点、深一点才好"，而且对实现这种路径的方法进行了指导，其中就专门提到跨学科的路径："近年来，学校专门开设了'才斋讲堂'，邀请各学科的名师大家举办讲座，就是希望帮助同学们打开视野，促进学科之间的交叉研究。"① 可以说，北大所采取的诸多跨学科人才培养手段都是指向"厚基础、宽口径、高素质"复合型人才的培养。

二 "为国家和民族培养能够引领未来的人才"

进入 21 世纪以后，北大的人才培养目标突出表现为"为国家和民族培养出能够引领未来的人才"。长期以来，北大引领社会之风尚，挺立时代之潮头。北大"追求世界最高水准的教育"，致力于"培养以天下为己任，具有健康体魄与健全人格、独立思考与创新精神、实践能力与全球视野的卓越人才"②。这一在《北京大学章程》中明确的人才培养思想侧重于横向的"全球"层面，后续在纵向的时间维度得到了拓展，即要培养不仅能够适应未来的需要，而且是能够"引领未来的人"。在2015 年北大全校中层干部大会上，时任校长林建华指出，在中国高等教育发展的新时期，北大要为国家和民族培养能够引领未来的人，要引领中国高等教育发展方向，要引领思想理论和科学技术方向，以及解决中国和人类面临的重大问题。③ 2016 年，北大在本科教育综合改革中重点

---

① 王恩哥：《守正笃实 久久为功——北大校长王恩哥在 2014 年新生开学典礼上的讲话》，2014 年 9 月 12 日，https://news.pku.edu.cn/xwzh/129-284838.htm。
② 北京大学：《北京大学章程》，2015 年 4 月 28 日，https://news.pku.edu.cn/ztrd/bjdxzcsszhggwbtj/4944-288465.htm。
③ 马瑶：《北京大学召开 2015 年全校中层干部大会》，2015 年 3 月 30 日，http://www.sce.pku.edu.cn/xwzx/xyrd/205999.html。

提出，要充分发挥综合性研究型大学的优势，为国家和民族培养出能够引领未来的人才。① 2017年，时任校长林建华在开学典礼上再次强调北大致力于将学生培养成为"能够引领未来的人"②。

作为我国顶尖高校，北大深刻认识到当今科技发展的跨学科趋势以及跨学科研究与育人对未来科技及经济社会发展的重要意义："以往，学科越分越细，学科内的知识逐渐丰富。但实际上，这个世界不是按照学科分的，它是综合的。未来的世界复杂多变，很多新的学术发现和突破恰恰发生在学科交错的边界。"③ "未来有很多不确定性，碰到的问题更多是一些复杂的、综合的、全球性和经常变化的，常常不是某个单一学科专业或者一个人能够解决的。"④ 特别是当今世界正经历百年未有之大变局，这更是给高等教育带来了前所未有的挑战。对此，北大提出要"进一步优化学科布局，紧密围绕人类面临的重大问题开展重大科研攻关，重塑'后疫情时代'大学的格局、使命与担当"⑤。

尽管从现有掌握的资料看，北大对何谓"引领未来的人才"及其具备的素质结构没有进行系统的阐述，但亦认识到此类人才需要具备的重要素质在于跨学科素质。例如，在2017年北大新闻网推出的北大五年人才培养回顾中，北大将引领未来的人划分为三大类型：重基础、跨学科的人，创新型、复合型的人，有理想、有情怀的人。⑥ 尽管这种划分不够严谨，但可以明显看出其中浓厚的跨学科意味。再如，郝平校长在2020年开学典礼上指出"未来充满着未知"，对新生提出要立足于解决气候变化、自然灾害、重大疾病、病毒传播等人类发展共同面临的重大问题进行学习与探

---

① 北京大学：《信息公开》，2020年5月11日，http://www.dean.pku.edu.cn/web/openinfo.php。
② 林建华：《倾听学问的声音——林建华校长在北京大学2017年开学典礼上的讲话》，2017年9月8日，https://news.pku.edu.cn/xwzh/129-299125.htm。
③ 吴星潼、王钰琳：《在北大，每个人都"跨学科"》，2017年11月6日，http://www.dean.pku.edu.cn/web/news_details.php?id=12。
④ 高松：《培养引领未来的人》，2017年5月6日，https://news.pku.edu.cn/ztrd/119znxq/5237-297716.htm。
⑤ 郝平：《优化建设学科布局 促进学科交叉融合》，2022年2月15日，http://edu.people.com.cn/n1/2022/0215/c1006-32352402.html。
⑥ 王紫微：《培养引领未来的人——人才培养素描》，2017年10月13日，https://news.pku.edu.cn/ztrd/%E7%A0%A5%E7%A0%BAfjkbd/5296-299469.htm。

索。他还以谢晓亮院士的求学与研究经历①告诫新生,"要拓展跨学科视野,建立更加多元的知识储备,为创造更多'从0到1'的突破打好根基"②。

为了"培养引领未来的人才",北大致力于不断创设推动学生跨学科学习的条件和氛围③,并采取了多种路径,其中一个思路就是"构建北大多样化、多模式、个性化的立体教育体系"④。北大"希望通过这些举措,鼓励院系间更多合作与融合,包括课程开放和共享,以及协同建设一些跨学科的新专业方向或者课程模块。给学生更多选择和流动的自由,引导激发同学们主动学习,并由此促进和激发院系、教师的积极性、主动性和创造性"⑤。而在北大教务部2022年发布的近五年北大本科教育改革发展回顾中,更是"把跨学科教育视为面向未来创造性人才培养的关键"⑥。为了"拆除跨学科教育的壁垒",北大倡导"打开边界",鼓励和支持各学部、各院系充分利用现有学科和教学资源建立跨学科专业和项目,为学生提供多样化的跨学科学习选择。⑦ 由此可以看出,北大一方面注重"为国家和民族培养能够引领未来的人才",并将跨学科素质作为此类人才的重要标准,另一方面又注重通过跨学科的手段来培养此类人才。

---

① 郝平原话为:"两年前,生物物理化学家、哈佛大学终身教授谢晓亮院士全职回到北大。他的研究领域非常广泛,涉及物理、化学、生命科学等,在新冠抗体的研究上也作出了重要贡献。他回顾求学之路时特别提到,当年他在北大化学系读书的时候,就广泛涉猎,旁听了物理、数学等很多院系的课程,这为他后来的研究工作奠定了坚实的基础。"
② 郝平:《德才均备 学以成人——郝平校长在北京大学2020年开学典礼上的讲话》,2020年9月20日,https://news.pku.edu.cn/xwzh/41067fb7b8c640c99325dbd0c8b73640.htm。
③ 吴星潼、王钰琳:《在北大,每个人都"跨学科"》,2017年11月6日,http://www.dean.pku.edu.cn/web/news_details.php?id=12。
④ 高松:《培养引领未来的人》,2017年5月6日,https://news.pku.edu.cn/ztrd/119znxq/5237-297716.htm。
⑤ 高松:《培养引领未来的人》,2017年5月6日,https://news.pku.edu.cn/ztrd/119znxq/5237-297716.htm。
⑥ 北京大学教务部:《扎根大地,面向未来——近五年北京大学本科教育改革发展回顾》,2022年7月18日,https://news.pku.edu.cn/xwzh/2667c8b7b77d42b2a8f13cd1600291d8.htm。
⑦ 北京大学教务部:《扎根大地,面向未来——近五年北京大学本科教育改革发展回顾》,2022年7月18日,https://news.pku.edu.cn/xwzh/2667c8b7b77d42b2a8f13cd1600291d8.htm。

第三节 跨学科人才培养的路径理念

北大的本科教育改革理念为"加强基础,促进交叉,尊重选择,卓越教学"①,这一理念尽管针对本科教育整体而言,但其中前三点都有深刻的跨学科意涵,当然它们更偏向于方法论而非具体的路径。按照这三个理念推进跨学科人才培养是完全适用的,而北大丰富多样的跨学科人才培养形式②都是在这些理念基础上建构起来的。

一 加强基础

前文已述,北大致力于培养"厚基础、宽口径、高素质"的复合型人才。跨学科人才培养模式是涉及两个或两个以上学科或领域的人才培养模式样态,无论是培养内容还是培养手段都超越了单一学科的范畴。而要培养素质结构跨学科化的人才,也必须通过加强基础来完成。为此,北大采取的一项重要措施在于加强通识课程建设:"为落实《北京大学本科教育综合改革指导意见》,坚持'加强基础、促进交叉、尊重选择、卓越教学'的改革思路,完善'通识教育与专业教育相结合'的本科教育体系,北京大学将继续深化通识教育改革,规划建构通识教育课程体系,进一步加强通识课程建设。"③ 而从美国研究型大学的实践看,通过通识教育加强学生的基础、扩展学生的知识面亦是本科教育改革的重要举措以及跨学科人才培养的重要手段。④

在《北京大学关于加强通识课程建设的意见》这一文件中,北大对通识教育的目标进行了具体阐述:"北京大学通识教育以'人的培养'

---

① 张宁:《砥砺奋进,一路芳华——北大七十年教育教学探索之路》,2019年10月7日,https://www.thepaper.cn/newsDetail_forward_4613945。

② 从综合化程度由低到高而言,这些路径与方式分别包括跨院系选课、辅修与双学位、跨学科项目与跨学科专业等。参见吴星潼、王钰琳《在北大,每个人都"跨学科"》,2017年11月6日,http://www.dean.pku.edu.cn/web/news_details.php?id=12。

③ 北京大学:《北京大学关于加强通识课程建设的意见》,2021年7月12日,http://www.dean.pku.edu.cn/web/rules_info.php?id=38。

④ 张晓报:《独立与组合:美国研究型大学跨学科人才培养的基本模式》,《外国教育研究》2017年第3期。

为理念,以'立德树人'为根本,以学生的人格塑造与素质养成为主要目标。塑造学生的世界观、价值观和人生观,深化对人类文明传统的理解和中华民族伟大复兴历史使命的认识。通过对自我、社会、国家和世界的认识与理解,使学生认识自身存在价值并自觉承担社会责任。同时关注学生的科学素养、人文精神与国际视野,提升思考批判、交流合作与开拓创新的能力,为实现北京大学'培养引领未来的人'的本科教育目标发挥必不可少的作用。"

而在实现这一目标的路径上,北大将通识教育课程①、专业课程以及课外教育等途径整合利用,其中通识教育课程(以下简称通识课程)包含通识教育核心课和通选课两类课程。在这两类通识课程中,最能体现加强基础理念的是通选课(全称为"本科生素质教育通选课")。其设立于 2000 年,旨在打破学科和专业壁垒,把单科化的专才教育转变为整体化的通识教育,②目的在于通过一套拓宽基础、强化素质、培养通识的跨学科教学体系,引导学生从本科教育最基本的领域中获得广泛的知识,让学生了解不同学术领域的研究方法及主要思路,从而为能力和经验各异的大学生提供日后长远学习和发展所必需的方法和眼界。③由此可见,通选课侧重于引导学生更加广泛地涉猎不同的学科领域,学习不同学科的思想和方法,从而拓宽知识面,为适应社会对高素质人才的需要打下基础,同时也为学生进行广泛的尝试和探索,并在此基础上明确学术志向提供机会。

二 促进交叉

优化建设学科布局、促进学科交叉融合是北大近些年在学科发展、

---

① 根据《北京大学本科生选课手册》(2021 年 6 月),该校本科生课程体系包括公共基础课程、专业必修课程、选修课程三部分。其中,公共基础课程包括政治、军事理论、体育、计算机、大学英语、通识教育课程等公共必修课程,而通识教育课程(简称通识课程)包含通识教育核心课和通选课两类课程。参见北京大学教务部《北京大学本科生选课手册(2021 年 6 月)》,2022 年 4 月 19 日,http://www.dean.pku.edu.cn/userfiles/upload/download/202109011056005945.pdf。

② 北京大学:《通选课》,2022 年 12 月 30 日,http://www.dean.pku.edu.cn/web/student_info.php?id=5。

③ 北京大学教务部:《北京大学本科生选课手册(2021 年 6 月)》,2022 年 4 月 19 日,http://www.dean.pku.edu.cn/userfiles/upload/download/202109011056005945.pdf。

组织建设、人才培养与科学研究等方面的重要思路。① 在学科发展上，北大认识到当前"新一轮科技革命和产业变革突飞猛进，科学研究范式的转变也在加速演进，学科交叉融合已经成为学科发展的必然趋势"②，因此注重利用学科交叉的方式促进学科发展。对此，郝平校长提出"把推动学科创新、学科交叉与融合作为学科建设发展的重要战略支点"③。

在人才培养上，北大力求打造"完善的交叉学科人才培养体系"④。为此，北大在辅修、双学位之外，设置了更具融合性的跨学科项目与跨学科专业，比如"思想与社会"项目融合北大人文学科和社会学科的优势，涵盖了社会学、哲学、政治学等方向的课程；为了用更新、更专业的技术去保护中国众多的文物，文物保护技术专业（化学基础方向）应运而生。⑤ 相较而言，跨学科专业比跨学科项目更加正式，要求也更高。北大规定，跨学科项目在试行四年、具备相应的运行机制和建设条件且评估合格后，可以申请增设为本科跨学科专业。⑥

然而，跨学科项目与跨学科专业的数量在一定时间内总是有限的，大量学科之间的联系还需要不断挖掘，大量学科与学科之间的空白地带亦需要探索。对此，北大有充分的认识："跨学科教育绝不局限为几个跨学科专业，更多的，是尚未成形的多元碰撞。"⑦ 因此，"北大更致力于提供跨学科学习的土壤。未知的方向无法提前设计，而也许就在学生

---

① 郝平：《优化建设学科布局 促进学科交叉融合》，2022年2月15日，http://edu.people.com.cn/n1/2022/0215/c1006-32352402.html。
② 郝平：《优化建设学科布局 促进学科交叉融合》，2022年2月15日，http://edu.people.com.cn/n1/2022/0215/c1006-32352402.html。
③ 郝平：《优化建设学科布局 促进学科交叉融合》，2022年2月15日，http://edu.people.com.cn/n1/2022/0215/c1006-32352402.html。
④ 郝平：《优化建设学科布局 促进学科交叉融合》，2022年2月15日，http://edu.people.com.cn/n1/2022/0215/c1006-32352402.html。
⑤ 吴星潼、王钰琳：《在北大，每个人都"跨学科"》，2017年11月6日，http://www.dean.pku.edu.cn/web/news_details.php?id=12。
⑥ 北京大学教务部：《北京大学本科教育项目（含交叉学科）设置管理规定》，2017年12月21日，http://www.dean.pku.edu.cn/web/rules_info.php?id=72。
⑦ 吴星潼、王钰琳：《在北大，每个人都"跨学科"》，2017年11月6日，http://www.dean.pku.edu.cn/web/news_details.php?id=12。

跨院系选课中，某些学科的碰撞就会产生出新的方向"①。也就是说，北大利用其综合性大学的资源优势，通过"促进交叉"来生成跨学科的研究、教育与学习方式乃至新的交叉学科："跨学科教育通过充分发挥北大文理工医多学科汇聚的优势，尊重教育和学术规律，让人才在学科的碰撞中激发灵感，释放才华，创造新知。"②

由此可见，"促进交叉"落实的一个关键在于"尊重选择"。就学生而言，其学术兴趣与发展需要是个性化、多样化的，因此其跨学科学习选择无疑也是个性化、多样化的。对此，北大亦有深刻的认识："不同层次、不同类别的跨学科学习将长期存在。这意味着多样的选择。多样化最终就是个性化。"③ 在这种情况下，与其提供固定的跨学科学习选择，不如尊重学生的选择。唯有如此，学生们才可以"由自身的学习和兴趣出发，让学科之间自由地交融"④。这就需要给学生提供充分的自由、足够的空间，让个性化、多样化的跨学科学习选择在这个过程中生成。

三 尊重选择

所谓尊重选择，是高校不把其提供的教育尤其是高度统一的教育强加给学生，这实际是对新中国成立以后我国仿照苏联建立起来的专业教育模式的反思，以及在这种模式下学生学术兴趣与发展需要被遮蔽所做的回应。时至今日，我国很多高校在人才培养上依旧是高度统一的，学习内容缺乏弹性，学生可以选择的余地非常小。作为中国高等教育改革的"深圳特区"⑤，北大一方面高度尊重学生的选择，致力于通过制度设计，使学生"不论志趣如何，都能在北大里找到自己的成才路径，构建

---

① 吴星潼、王钰琳：《在北大，每个人都"跨学科"》，2017年11月6日，http://www.dean.pku.edu.cn/web/news_details.php?id=12。
② 北京大学教务部：《扎根大地，面向未来——近五年北京大学本科教育改革发展回顾》，2022年7月18日，https://news.pku.edu.cn/xwzh/2667c8b7b77d42b2a8f13cd1600291d8.htm。
③ 吴星潼、王钰琳：《在北大，每个人都"跨学科"》，2017年11月6日，http://www.dean.pku.edu.cn/web/news_details.php?id=12。
④ 吴星潼、王钰琳：《在北大，每个人都"跨学科"》，2017年11月6日，http://www.dean.pku.edu.cn/web/news_details.php?id=12。
⑤ 王紫微：《培养引领未来的人——人才培养素描》，2017年10月13日，https://news.pku.edu.cn/ztrd/%E7%A0%A5%E7%A0%BAfjkbd/5296-299469.htm。

自己的知识体系"①。2017 年,林建华校长就在开学典礼上指出"学部内自由转专业、全校自由选课和跨学科的培养计划"为学生"追随好奇心""探索自然和人类自身奥秘"提供了"广阔的选择空间"②。这一点正符合跨学科人才培养"鼓励人们跨出学科边界进行探索,在这个过程中寻找自己的学术兴趣"③的特质。另一方面,利用其综合性大学的资源优势,为学生提供丰富的跨学科学习选择,从而在现实层面满足学生多样化的跨学科学习需求,促进学生跨学科探索、个性化发展。在 2016 年制定的《北京大学本科教育综合改革指导意见》中,北大明确提出要"尊重学生个性化发展的需求,为学生提供丰富优质的教学资源以及多样化的成长途径"④。

在课程选择上,北大为学生提供了广阔的空间。这突出表现在对通识课程的修读规定上。自 2020 级学生起,北大对通识课程的总学分要求为 12 个学分,其中至少修读一门通识核心课,且在"人类文明及其传统""现代社会及其问题""艺术与人文"以及"数学、自然与技术"四个课程系列中分别至少修读 2 个学分。⑤ 其中,通选课只对学生提出在每个基本领域选修的学分要求,至于选什么课,由学生在制度规定和教师指导下自主选修。⑥ 2016 年本科教学改革后,北大"各院系本科必修和限选课程在教学资源许可的前提下向全校所有本科生开放"⑦,这无疑有助于学生在未确定专业之前借此广泛接触和了解他们考虑的学术领域,而且也可以在

---

① 吴星潼、王钰琳:《在北大,每个人都"跨学科"》,2017 年 11 月 6 日,http://www.dean.pku.edu.cn/web/news_details.php?id=12。
② 林建华:《倾听学问的声音——林建华校长在北京大学 2017 年开学典礼上的讲话》,2017 年 9 月 8 日,https://news.pku.edu.cn/xwzh/129-299125.htm。
③ 张晓报:《美国研究型大学跨学科人才培养模式研究》,湖南师范大学出版社 2018 年版,第 210 页。
④ 北京大学:《北京大学本科教育综合改革指导意见》,2016 年 4 月 5 日,http://www.dean.pku.edu.cn/web/rules_info.php?id=75。
⑤ 北京大学教务部:《北京大学本科生选课手册(2021 年 6 月)》,2022 年 4 月 19 日,http://www.dean.pku.edu.cn/userfiles/upload/download/202109011056005945.pdf。
⑥ 北京大学教务部:《北大本科生选课手册(2019 年 12 月)》,2021 年 7 月 2 日,http://www.dean.pku.edu.cn/userfiles/upload/download/202103311619185983.pdf。
⑦ 北京大学教务部:《北大本科生选课手册(2019 年 12 月)》,2021 年 7 月 2 日,http://www.dean.pku.edu.cn/userfiles/upload/download/202103311619185983.pdf。

确定专业之后利用这种机会探索辅修、双学位等第二兴趣领域。

在专业选择上，北大通过大类招生、推迟选专业、新生教育与导师制等制度向学生提供了解北大的学科与专业、探索和发现自身学术兴趣和发展需要的机会，避免了一开始就将志趣不明的学生束缚在某一较窄的专业方向的问题。具体而言，北大实行大类招生和推迟选专业制度，本科生在完成前两年基础课后，在院系和学科大类内选择合适的专业方向。① 同时，北大规定"院系要进一步落实本科新生导师制度，并通过开设新生研讨课程、新生训练营、著名学者上课和讲座等多种形式为新生提供全方位的新生教育和学业规划指导"②，从而使学生在对北大的学科专业设置、培养目标以及自己的志趣和能力有所了解后选择专业，而在这个过程中，对多个学科的接触与探索将是自然而然的。此外，北大又努力"突破（以）原有院系为基础的专业教育模式，进一步开放院系优质教学资源，建设高质量、多层次的跨学科本科教育项目，鼓励学生构建个性化的知识体系和能力素质结构"③。

---

① 北京大学教务部：《本科教学概览》，2018年4月20日，http://www.dean.pku.edu.cn/web/about.php。
② 北京大学：《北京大学本科教育综合改革指导意见》，2016年4月5日，http://www.dean.pku.edu.cn/web/rules_info.php?id=75。
③ 北京大学：《北京大学本科教育综合改革指导意见》，2016年4月5日，http://www.dean.pku.edu.cn/web/rules_info.php?id=75。

第三篇 跨学科人才培养模式

第五章

跨学科人才培养的基本模式

模式是对某一事物或现象的简约化描述或表述，需要研究者对该事物或现象的现实充分了解之后进行提炼与概括。对美国研究型大学的研究发现，其丰富多样的跨学科人才培养形式主要借助于课程、专业和学位三个要素，而三要素的组织方式又包括独立与组合两种，这三个要素与两种组织方式就构成了美国研究型大学跨学科人才培养的基本模式。根据对国内外大学的考察，该模式不仅具有普遍性，而且具有包含性，对概括当今高等教育实践中纷繁复杂的跨学科人才培养形式具有较强的解释力。

第一节 跨学科人才培养模式的构成

根据对美国研究型大学的研究，其跨学科人才培养模式主要由教育教学要素及其组织方式两方面构成，前者涉及跨学科人才培养的具体载体，后者涉及该载体跨学科属性的形成方式。

一 美国7所研究型大学跨学科人才培养的具体形式

由于模式是"人们对某种或某组事物的存在或运动形式进行抽象分析后作出的理论概括"[1]，所以提炼和概括模式的一个基础性工作就是要对某种事物的存在或运动形式有一个全面的了解。对跨学科人才培养来说，就是要了解现实中究竟有哪些实践形式，然后在此基础上寻找规律、提炼维

---

[1] 刘思炜、樊杰、董海：《我国专业学位研究生教育创新人才培养模式研究》，东北大学出版社2012年版，第8—9页。

度,并对其进行理论上的概括。从随机选取的美国 7 所研究型大学官方主页的资料看,它们在跨学科人才培养方面主要有以下这些形式(见表 5-1)。

表 5-1 美国 7 所研究型大学跨学科人才培养的具体形式(分学校)

大学	主页栏目	具体形式
麻省理工学院	教育——课程目录(2012—2013)——跨学科	跨学科本科生项目和辅修专业
		跨学科研究生项目
		跨学科研究和学习
普林斯顿大学	学术——学系和项目——跨学科项目	本科生项目
		联合学位项目
		面向哲学博士的专业与证书项目
宾夕法尼亚大学	学术——跨学科项目	双学位
		协同双学位
		大学辅修专业
密歇根大学	学术——研究生学习——学习项目——跨学科学术项目	双学位项目
		证书项目
杜克大学	学术——资源——跨学科研究(学习)——教育	焦点项目
		证书
		主修专业和学位
		其他机会
加州大学伯克利分校	学术——学系和项目——文理学院——主修专业列表——跨学科学习(研究)	美国研究、亚洲研究、认知科学、发展研究、跨学科研究(跨学科研究领域主修专业)、拉丁美洲研究、法律研究、媒体研究(原为"大众传媒")、中东研究、和平与冲突研究、政治经济学、宗教研究
伊利诺伊大学香槟分校	文理学院——学生——项目——跨学科学习(研究)	跨学科主修专业
		跨学科辅修专业

资料来源:根据各大学官方主页资料整理。

二 跨学科人才培养所借助的教育教学要素

高校人才培养工作建立在多种教育教学要素基础之上,跨学科人才培养也不例外。具体来说,高校教育教学要素主要包括人才培养目标、学科专业、课程与教学内容、教学技术与方法以及教学环境与条件等方面。① 其中，目标是人才培养的出发点和归宿，也对其他教育教学要素提出了相应的要求；学科专业是高校培养高级专门人才的基础平台；课程是实现人才培养目标的手段；教学是人才培养的基本和主要途径；教学环境和条件是高校人才培养的物质基础。从表5-1可以明显发现，七所大学的跨学科人才培养形式主要涉及课程、专业和学位三个要素，如在课程方面有跨学科科目与跨学科研究活动，在专业方面有跨学科主修、个人主修、跨学科辅修和跨学科证书项目，在学位方面有联合学位、双学位和协同双学位，等等。

表5-2　美国七所研究型大学跨学科人才培养的具体形式（分要素）

教育教学要素	具体形式	大学
课程	跨学科研究与学习	麻省理工学院
	焦点项目	杜克大学
	其他机会	杜克大学
主修专业/项目	跨学科本科生项目	麻省理工学院
	本科生项目	普林斯顿大学
	跨学科研究生项目	麻省理工学院
	主修专业	杜克大学、伊利诺伊大学香槟分校
	跨学科研究（学习）	加州大学伯克利分校
	跨学科研究领域主修专业	加州大学伯克利分校
辅修专业/证书项目	跨学科本科生辅修专业	麻省理工学院、宾夕法尼亚大学、伊利诺伊大学香槟分校
	面向哲学博士的证书项目	普林斯顿大学
	证书项目	密歇根大学、杜克大学
学位	联合学位项目	普林斯顿大学
	双学位	普林斯顿大学、宾夕法尼亚大学、密歇根大学
	协同双学位	宾夕法尼亚大学

资料来源：同表5-1。

---

① 别敦荣：《论高等学校人才培养模式及其改革》，《中国大学教学》2011年第11期。

三 跨学科人才培养的独立与组合组织方式

观察发现，以上基于课程、专业和学位等要素构建的跨学科人才培养形式还存在组织方式上的差别，特别是对专业和学位而言尤为明显：一种组织方式是构建跨学科人才培养形式的某种要素本身就是跨学科的，如麻省理工学院"本科生科研机会项目"（UROP）中的跨学科研究活动从其性质来看就属于跨学科课程，再如杜克大学的跨学科主修专业和加州大学伯克利分校的个人主修专业——"跨学科研究领域主修专业"（Interdisciplinary Studies Field Major）从其性质来看属于跨学科专业。对这种狭义的跨学科人才培养形式，可概括为"独立模式"。另一种组织方式是构建跨学科人才培养形式的某种要素本身并非跨学科的，而是通过某种要素的跨学科组合达到了这一效果，如康奈尔大学"并发学位"（Concurrent Degree）项目由文理学院的一个主修专业和其他学院的另一个主修专业组成，完成该项目的学生最终可获得两个名称不同的学位。这可以视为广义的跨学科人才培养形式，相应地可将其概括为"组合模式"。

从表5-2还可以发现，美国研究型大学的跨学科人才培养形式从课程和专业看多属于独立模式，从学位看多属于组合模式。那课程和专业能为组合模式（即课程或专业的跨学科组合）吗？学位能为独立模式（即某个学位本身的跨学科）吗？研究发现，这两者都是可行的：从理论看，无论是某种要素本身还是该要素的跨学科组合，只要其涉及两个或以上的学科或领域即符合跨学科的定义，就可以视为跨学科的人才培养形式；从现实看，课程或专业的跨学科组合以及独立的跨学科学位都是存在的，比如在课程方面，有课程结构或体系的跨学科；在专业方面，有将分属两个不同学科的专业予以组合的双主修、主辅修等形式；在学位方面，有独立的"文理学士学位"（Bachelor of Arts and Science）和"通识学士学位"（Bachelor in General Studies，BGS）等形式。由此可见，无论是独立模式还是组合模式，对课程、专业和学位三个要素都是适用的。[①] 如此一来，以上三个教育教学要素和两种组织方式就构成了美国

[①] 事实上，独立模式与组合模式不仅适用于以上三个要素，而且适用于教学和指导方式，只不过它无法像课程、专业和学位这三个要素做那么截然的划分。

第五章 跨学科人才培养的基本模式

研究型大学的跨学科人才培养模式（见表 5-3）。

表 5-3　　　美国研究型大学的跨学科人才培养模式

组织方式 \ 教育教学要素	课程	专业	学位
独立	跨学科教学科目、跨学科研究活动	跨学科专业、个人专业	文理学士学位、通识学士学位
组合	课程结构或体系的跨学科	双主修、主辅修	双学位、联合学位

注：表中所呈现的具体形式仅为举例，并没有穷尽所有的跨学科人才培养形式。

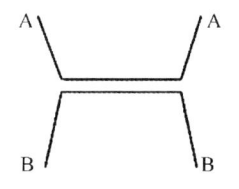

```
A       A
 \     /
  -----
  -----
 /     \
B       B
```
多学科：一起解决共同的问题，工作完成后，没有改变地分开。

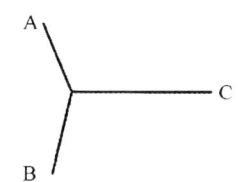

```
A       
 \     
  --- C
 /     
B       
```
跨学科：一起解决共同的问题，相互作用可以形成一个新的研究领域或学科。

图 5-1　多学科与跨学科的差别

关于独立与组合两种模式的差别，美国学者艾伦·雷普克（Allen F. Repko）曾就跨学科与多学科研究做了一个形象的比喻——混合果汁与水果拼盘。混合果汁以预期的味道、外观等最终结果为目的来选取水果，而水果的混合改变了每种水果的成分并形成了新的东西。而水果拼盘中的每种水果代表一门学科，它们紧紧相邻，味道、外观却彼此独立。进一步而言，多学科是将不同学科并置来寻求问题的解决之道，每个学科就共同关心的问题自说自话，每门学科的特有要素仍然保留其本来特征。而跨学科不同于多学科，它是以解决复杂问题为目标，有意识地整合不同学科的资料、概念、理论和方法（见图 5-1）。① 两者最根本的差别即在于整合，正如美国国家科学院所指出的，"真正的跨学科，不仅仅是将两门学科粘在一起创造一个新产品，而是思想和方法的整合、综合。"②

第二节　跨学科人才培养的独立模式

跨学科人才培养的独立模式与前文所说的综合式的（integrative）跨学科类型相对应，其下的具体形式包括跨学科课程、跨学科专业和跨学科学位，这些形式具有更高的学科融合与整合度。

一　跨学科课程

概而言之，目前日常所使用的乃至在学术论文中出现的"跨学科课程"实际上包括两层含义：其一为狭义，即相对于传统的学科课程而言，在性质上属于跨学科的课程；其二为广义，即学生修习多个学科特别是其主修专业之外的课程，从而使课程结构或体系呈现跨学科的特点。③ 例如，密歇根大学不仅有"艺术、科学与技术"等大量的跨学科课程，而且通过分布必修式（Area Distribution）的通识教育要求等方式实现了课程体系的跨学科。

作为狭义的跨学科课程，它是两门及以上学科进行概念、方法、理论等层面的互动，从而整合不同学科见解，以培养学生跨学科思维与解决复杂问题能力为目的的课程。④ 具体而言，它具有如下特点。

首先，跨学科课程的主题往往没有明确的学科指向或者超越了单一

---

① 郝莉、冯晓云、宋爱玲、李君：《新工科背景下跨学科课程建设的思考与实践》，《高等工程教育研究》2020 年第 2 期。
② 王志丰：《论新工科的跨学科品性及其跨学科课程设计》，《山东高等教育》2021 年第 1 期。
③ 张晓报：《独立与组合：美国研究型大学跨学科人才培养的基本模式》，《外国教育研究》2017 年第 3 期。
④ 文雯、王嵩迪：《知识视角下大学跨学科课程演进及其特点》，《中国大学教学》2022 年第 4 期。

学科的范畴，无法为单一学科所界定。从后文可知，跨学科课程的组织形式有广域形式、融合形式与问题形式三种，特别是其中的问题形式，往往以一个复杂问题进行组织，而这些复杂问题的有效研究与解决往往需要多个学科的参与。

其次，在内容上，跨学科课程不仅涉及两个或两个以上学科或领域的知识，而且强调不同学科或领域知识的整合。跨学科课程中所涉及的不同学科的知识要进行跨越学科边界的主动作用，如概念的互动、重构，批判性分析或创建新共识，而非仅在方法层面进行简单搬用或在认识论层面上并置，① 这也是跨学科课程与课程的跨学科组合两种形式的本质差别。

最后，在教学方式上，跨学科课程通常至少由两个来自不同院系或专门领域的教师协同教学（当然也不排除一个教师担任一门跨学科课程教学的情况）。因为跨学科课程一般在主题和内容上涉及多个学科或研究领域，而一般教师又多只擅长某个学科或领域，所以协同教学成为弥补单个学科教师知识能力和学术视野不足②的重要手段。以密歇根大学为例，2003 学年该校共开设了 14800 门课程（不包括独立研究和学位论文研究），其中有 442 门课程是通过协同教学来完成的，占 3% 左右。在这 442 门课程中，有 32% 属于跨学科协同教学课程。③

二 跨学科专业

跨学科专业，从字面上可理解为涉及两个或两个以上学科或领域的专业。这种涉及首先表现在主题上，如麻省理工学院跨学科主修专业之一的"美国研究"就是一个跨学科的研究领域，再如能源根本上是一个多学科的话题，因为世界能源体系的转变要求结合来自工程与技术、自然与社会科学、政策等众多领域的知识④。其次表现在课程体系上。"与

---

① 文雯、王嵩迪：《知识视角下大学跨学科课程演进及其特点》，《中国大学教学》2022 年第 4 期。
② 沈庶英：《基于跨学科模式的聚合课程研究——兼谈商务汉语聚合课程建设》，《教育研究》2018 年第 1 期。
③ 刘海燕：《跨学科协同教学——密歇根大学本科教学改革的新动向》，《高等工程教育研究》2007 年第 5 期。
④ MIT, "Interdisciplinary Undergraduate Programs & Minors", http://web.mit.edu/catalog/inter.under.html.

跨学科课程不同的是，项目（即专业——引者注）的跨学科性不一定体现在每门具体课程上，而是主要反映在项目的课程体系设置上。也就是说，一个项目把多个科系开设的与该项目领域相关的课程（及训练）资源组合起来，构成一个跨科系的课程体系。这个体系看似松散，实则形成了以项目核心课程为主导、其他学科课程交叉环绕的课程设置模式。"① 比如，加州大学伯克利分校主修"认知科学"的学生需要吸收来自哲学、心理学、语言学、计算机科学和神经科学等很多学科的方法论与视角。② 在学科分布上，所有学生都必须在以下 6 个领域分别完成 1 门课程，此外还需在这些领域当中的任意一个领域再完成 1 门额外的课程：认知神经科学；认知心理学；计算模型（Computational Modeling）；语言学；哲学；社会、文化与认知。③

从专业类型看，跨学科专业主要包括跨学科主修专业和跨学科辅修专业两类。跨学科主修专业（interdisciplinary major）相对于学科主修专业（disciplinary major）或学系主修专业（departmental major）而言，两者共同构成了主修专业的全部。与后者不同的是，跨学科主修专业所针对的是一个跨学科的主题或领域，培养的是能胜任该跨学科主题或领域工作的人才，而这又决定了其课程结构较之传统的学科或学系主修专业更为跨学科。根据制定主体的不同，跨学科主修专业又可以分为两种类型：一是由学校和院系制定的、现成的跨学科主修专业；二是在现有的学科或学系主修专业和跨学科主修专业无法满足学生的兴趣和需要时，由学生在指导教师的协助下，在学校已经公布的专业之外自主设计的主修专业——个人主修专业，比如加州大学伯克利分校④和伊利诺伊大学⑤

---

① 王义娜：《人文学科的跨学科教育模式——对美国高校的考察分析》，《北京航空航天大学学报》（社会科学版）2010 年第 6 期。
② College of Letters & Science, "Cognitive Science", http://ls-advise.berkeley.edu/major/cogsci.html.
③ UC Berkeley, "General Catalog Description", http://general-catalog.berkeley.edu/catalog/gcc_view_req?p_dept_cd=COG+SCI.
④ College of Letters & Science, "Interdisciplinary Studies Field Major", http://ls-advise.berkeley.edu/major/isf.html.
⑤ University of Illinois, "Majors", http://provost.illinois.edu/ProgramsOfStudy/2013/fall/programs/undergrad/majors.html.

明确将个人主修专业作为跨学科人才培养的一种重要形式。

从辅修的角度而言,参与跨学科学习主要有两种方式:一是辅修与主修专业不同的、属于其他学科的专业,即跨学科进行辅修(minor interdisciplinarily);二是直接选择跨学科的辅修专业(interdisciplinary minor)。前者是通过组合的方式达到跨学科的结果,后者本身即是跨学科的,也是辅修专业的重要组成部分。从性质和目标来说,跨学科辅修专业同样针对的是一个跨学科的主题或领域,也培养学生在该主题或领域的专门知识与能力,但它所要求的课程数量远比跨学科主修专业要少,因此在广度与深度上也相对不足。

三 跨学科学位

跨学科学位是指在性质上为跨学科的学位。一般来说,学位都有一定的学科归属,比如美国的学士学位通常分为学术型和专业型两种,其中属于学术型的一般有文学士(Bachelor of Arts)和理学士(Bachelor of Science)。除了学术型学位,在一些专业学院还设有多样化的专业学位,如应用科学学士(Bachelor of Applied Science)、教育学学士(Bachelor of Education)、经济学学士(Bachelor of Economics),等等。[①] 不管是哪一类学位或者哪一个具体的学位,一般都能从其名称中看出一定的学科属性,然而跨学科学位则不然:其一,很难从称呼上看出其学科指向,比如密歇根大学的"通识学士学位"(Bachelor in General Studies, BGS),其定语并不是传统的"Arts"和"Science"两大科学领域,也不是"Education"和"Economics"等具体学科,而是"General[②] Studies";其二,名称中同时结合了两个或两个以上的科学领域或具体学科,比如卡内基梅隆大学提供的"BXA"跨学院学位项目(Intercollege Degree Program)就是联合了艺术与人文或科学等其他领域的学士学位。

现在有不少学者提到"跨学科学位"这个概念,但所指的往往是

[①] 郭玉贵:《美国和苏联学位制度比较研究——兼论中国学位制度》,复旦大学出版社1991年版,第62—63页。

[②] 在这个语境中,"general"的语义为"not limited to a particular subject, use or activity",即非专门的、一般性的、普通的。参见[英]韦迈尔编《牛津高阶英汉双解词典》(第六版·缩印本),石孝殊等译,商务印书馆2005年版,第727页。

"可以获得一定学位的'专业'主体"①,而非学生最终获得的跨学科性质的学位,这实际上把跨学科专业和跨学科学位混淆了。那么,究竟存不存在一种跨学科性质的学位?通过对美国若干所研究型大学的考察,这样的学位是存在的,前文所提及的密歇根大学的"BGS"和卡内基梅隆大学的"BXA"就是其中两例。

"BGS"创建于1968年,是密歇根大学提供的一类非传统学位,也是该校明确称为"跨学科学位"(interdisciplinary degree)的学位,主要面对的是拥有跨学科兴趣的学生。"BGS"允许学生在一个可进行个性化设计的学位项目中追求自己的兴趣,而不受学系要求的限制。与传统学位不同的是,"BGS"不需要以某个主修专业为基础,而是从多个学科、院系选择课程来组织知识、技能与经验。②

"BXA"是卡内基梅隆大学提供的由艺术与其他领域整合而成的一类跨学科学位,其中字母"B"即"Bachelor","A"即"Arts",而"X"则指的是其他的领域。目前,该项目共有"人文与艺术学士学位"(Bachelor of Humanities and Arts,BHA)、"科学与艺术学士学位"(Bachelor of Science and Arts,BSA)以及"计算机科学与艺术学士学位"(Bachelor of Computer Science and Arts,BCSA)三个子项目。从属性或结构来看,不同于传统的双主修,BSA是一个整合的学位,它联合了艺术与自然科学或数学,允许学生同时发展、培养他们的兴趣。而且,"BSA项目不是两个兴趣的总和","学生不是发展一个兴趣,之后再发展另一个,而是发展一个联合它们的策略,这种策略将产生一些新的东西并且最终给予我们新的知识形式"③。也就是说,BSA不同于双主修那样是两个专业松散的联合,而是在内在上联合它们。BHA和BCSA亦是如此。从组织载体看,每一个学位项目都由某两个学院合作提供,也结合了这两个学院的优势和长处,比如BHA项目相比艺术学士学位(Bachelor of

---

① 叶取源、刘少雪:《架设人文教育与科学教育的桥梁——美国大学跨学科项目案例介绍和分析》,《中国大学教学》2002年第9期。
② 张晓报:《密歇根大学的跨学科学位及启示》,《山东高等教育》2016年第3期。
③ Mellon College of Science, "Carnegie Mellon's Bachelor of Science and Arts Program Celebrates 10th Anniversary", http://www.cmu.edu/mcs/news/pressreleases/2009/1116-bsa-10thanniversary.html.

Fine Arts),可以使学生更为广泛地接触到人文科学,较之于文学士或理学士又可以使学生更为广泛地接触到艺术,① 而该项目所面对的正是同时对两个学院的优势学科和专业感兴趣的学生。

第三节 跨学科人才培养的组合模式

跨学科人才培养的组合模式与前文所说的添加式的(additive)跨学科类型相对应,其下的具体形式包括课程的跨学科组合、专业的跨学科组合和学位的跨学科组合,这些形式的学科融合度与整合度尽管有限,但不失跨学科育人价值。

一 课程的跨学科组合

课程的跨学科组合即前文所言的广义的跨学科课程。狭义的跨学科课程与它之间的差别可用"物理化学"(physical chemistry)以及"物理"(physics)和"化学"(chemistry)进行说明:前者作为"一门从物理学角度分析物质体系化学行为的原理、规律和方法的学科"② 可以视为一门跨学科课程,而如果学生修读的众多课程中同时包含"物理"和"化学"两个学科的课程,那就是课程的跨学科组合。这种关于跨学科课程的两种解读也得到其他研究者的证实,比如王义娜通过对美国4所高校人文学科的考察发现,其跨学科教育模式在课程上主要表现为单一课程模式和项目课程体系模式,其跨学科性分别主要反映在课程内容的多学科设计和课程体系的跨学科建设上。③

事实上,目前很多研究者和管理者所使用的"跨学科课程"实际就为"其他学科"课程或"多学科"课程之意,所强调的是通过课程的跨学科(多学科)组合达到学生知识结构跨学科(多学科)的目的,而非一门门课程在属性上的跨学科。比如,有研究者认为广义的跨学科课程

---

① School of Art, "BXA", http://www.cmu.edu/art/programs/bxa/.
② 维基百科:《物理化学》,2014年9月24日,http://zh.wikipedia.org/wiki/物理化学。
③ 王义娜:《人文学科的跨学科教育模式——对美国高校的考察分析》,《北京航空航天大学学报》(社会科学版)2010年第6期。

包括文理工相互渗透和综合科目课程,其中文理工相互渗透的基本做法是让修习某一学科领域的学生选修其他学科领域的课程,旨在使学生有较为宽广的视野和较宽厚的基础。① 另外一位研究者在论文中所提到的"跨学科课程"也属于这种情况:"我国博士研究生教育……要在培养方案、教学计划中制定相关制度,强制性地要求学生选修适当学分的跨学科课程,让博士生在打好专业基础的同时,尽可能多地涉猎其他领域的知识。"②

1977年,"卡内基教学促进基金会"将美国大学课程分为三种类型,即通识教育课程(general education)、专业课程(major requirements)和自由选修课程(electives)。③ 时至今日,美国很多高校的课程类型仍然表现出这样的特点,比如宾夕法尼亚大学目前就是这样的划分,其通识教育课程包括基本方法(Foundational Approaches)与知识领域(Sectors of Knowledge)两个部分,专业课程数量为12—17门,选修课程则可使学生选择感兴趣的课程、辅修专业和双主修专业等。④ 据此,可将课程的跨学科组合细分为通识课程的跨学科组合、专业课程的跨学科组合以及自由选修课程的跨学科组合。

二 专业的跨学科组合

跨学科人才培养模式可以分为独立模式和组合模式,这一点在专业上表现得最为明显:除了跨学科专业,跨学科组合专业实际上也是跨学科人才培养的重要方式。因为获得毕业文凭和学位至少要完成一个主修专业,所以这种组合主要是通过修习某个主修专业,再辅之以其他学科或领域的另一个主修专业或辅修专业来实现的。从目的来看,它们都旨在满足学生多样化的学术兴趣和发展需要;从作用来看,第二主

---

① 潘懋元、王伟廉主编:《高等教育学》,福建教育出版社2007年版,第142页。
② 包水梅、谢冉:《中美学术型博士研究生课程修读之比较研究》,《江苏高教》2012年第5期。
③ Carnegie Foundation for the Advancement of Teaching, *Missions of the college curriculum: a contemporary review with suggestions*, San Francisco: Jossey-Bass, 1977, p. 7.
④ College of Arts and Sciences, "Curriculum and Requirements", http://www.college.upenn.edu/prospective/curriculum-and-requirements.

修专业、辅修专业等都是一种拓展、深化学生主修专业或领域的制度和形式。从要求来看，它们都是大学为学生提供的非强制性的学习机会和选择。

双主修制（double major system）亦称"双科制"。这种教学制度允许学生在校期间同时选择两个专门领域（专业）作为主修。[①] 与导向两个不同学位（如文学士与理学士、理学士与美术学士）的双学位制度不同，双主修通常导向一个相同的学位，但很多大学都明确要求学生所选择的第二主修专业必须与第一主修专业的领域不同。实际上在此规则之下，学生的选择余地还是很大的，因为导向同一学位的主修专业有很多。因为要同时完成两个主修专业的要求，所以双主修对学生而言学习负担较重，同时也会限制学生进一步探索其他学术领域的时间，所以美国一些研究型大学建议学生慎重选择，比如康奈尔大学就提醒学生在 8 个学期之内完成两个主修专业意味着将会失去文理学位（the Arts & Sciences degree）本身所提供的探索广泛兴趣的自由度。[②]

主辅修是美国高校较为常见的跨学科学习形式，一来这种形式相对于双主修而言所要完成的要求没有那么多（辅修课程或学分数通常约为主修课程或学分数的一半[③]），因此难度也相对低一些；二来美国高校都提供了很多辅修专业供学生选择，一些高校的辅修专业数量甚至超过了主修专业。在选择范围上，有些大学明确规定主修和辅修不得属于同一学科领域。这种要求就迫使学生跨学科进行辅修。前文也已强调过，除了本身性质为跨学科的辅修专业，学科型的辅修专业自身是无法达成跨学科的效果的。有研究者将主辅修视为跨学科专业，[④] 但实际上主辅修本身并不是一个独立的跨学科专业，而是利用两个专业的组合进行跨学科学习的一种制度和形式。

[①] 教育大辞典编纂委员会编：《教育大辞典》（第 3 卷），上海教育出版社 1991 年版，第 19 页。
[②] College of Arts & Sciences, "Double Majors", http://as.cornell.edu/academics/major-minor/double-major.cfm.
[③] 教育大辞典编纂委员会编：《教育大辞典》（第 3 卷），上海教育出版社 1991 年版，第 19 页。
[④] 王天红：《美国研究型大学跨学科教育研究》，硕士学位论文，北京师范大学，2007 年。

三 学位的跨学科组合

与基于专业的组合相似，美国研究型大学也存在基于学位组合的跨学科人才培养形式。不同的是，学位自身一般并不是进行人才培养的基本单位，而是学生最终获得的结果。按照学生最终获得的学位数量、时间、课程体系的结构化程度等标准，学位的跨学科组合包括双学位、协同双学位、联合学位和第二学位等类型，这里重点介绍双学位和第二学位。

双学位（dual/double degree）与单一学位（a single degree）相对应，是最为常见的学位组合形式。需要注意的是，不同的学校对此有不同的称呼，比如康奈尔大学称为"并发学位"（Concurrent Degree），加州大学伯克利分校称为"同步学位"（Simultaneous Degrees）。尽管名称不同，但它们都有共同的含义，即学生在攻读一个主修专业、预计获得一个学士学位的同时攻读另一个主修专业，并且获得另一个学士学位。除此之外，卡内基梅隆大学的"多个本科学位"（Multiple undergraduate degrees）机会亦可以使学生获得一个以上的本科学位，这种"获得"同样需要以主修专业为基础，但在修读时间上涵盖了同步（simultaneous）与连续（sequential）两种方式。[①] 就两个主修专业而言，前者是取得毕业文凭、获得学士学位的必要要求（但具体选择什么主修专业则是学生的自我选择），可称为"基本的主修专业"（primary major），而后者则是学生出于个人的学术兴趣或未来的发展需要所做的额外选择，可称为"附加的主修专业"（additional major）。

第二学位（second degree）一般指已在某个大学获得一个学位的毕业生再次入学攻读第二个学位。它与双学位的不同在于，双学位是学生在读期间同步取得的，而第二学位不是同步获取的，它需要再次申请，从层次看属于大学本科后教育。因为一些大学对学生攻读第二学位有学科范围的限制，比如密歇根大学规定第二学位的申请者必须攻读一个与第一个学士学位显著不同的学术项目，即两个学士学位应是不同的，如

---

① Dietrich College of Humanities and Social Sciences, " Multiple Undergraduate Degrees", http://www.cmu.edu/hss/advisory-center/images/multipledegree.pdf.

不能是两个文学士学位或两个理学士学位,① 这也就对第二学位的跨学科属性做出了明确的规定,所以亦可将其视为跨学科人才培养的一种形式,而且从这种限制可以看出,第二学位是跨学科、高层次专门人才培养的重要途径与手段。

---

① College of LSA, "Second Degree", http://www.lsa.umich.edu/students/academicsrequirements/lsadegreesrequirements/seconddegree.

第六章

跨学科课程

跨学科课程是基于课程要素、独立组织方式的跨学科人才培养形式。伴随着现代大学越来越重视以跨学科的方式组织课程,① 跨学科课程逐渐成为一种重要的课程形态。基于目前掌握的资料,本书主要从跨学科课程的目标、组织形式和教学方式三个方面进行论述。

第一节　跨学科课程的目标

课程目标是指课程本身要实现的具体目标和意图,是确定课程内容和教学方法的基础。跨学科课程的目标以跨学科人才培养目标为出发点,而跨学科课程目标的实现又是跨学科人才培养目标实现的重要根基。从美国研究型大学等高校的实际情况看,跨学科课程的目标主要集中为以下几个方面。

一　掌握具有一定广度的多学科知识

中外高校在课程设置上往往都存在过度专业化的问题。这种过度专业化意味着课程涉及的学科过于集中,导致课程的纵向深度可能有所保证,但横向宽度却有所不足。例如,墨尔本大学课程设置一度集中在学生所攻读的本专业上,就连选修课的设置也没有突破所学专业的学科范围。②

---

① 雷洪德、高强:《MIT 跨学科培养本科生的理念基础、支撑条件与主要途径》,《中国高教研究》2016 年第 11 期。
② 王建梁、岳书杰:《跨学科理念之下墨尔本模式课程改革的影响及启示》,《江苏高教》2010 年第 2 期。

而我国高校在这个方面的问题则更为凸显："与西方国家大学相比，我国的大学教育仍然存在着过于专业化的倾向，体现在大学课程体系上，强调知识传授和专业深度训练，缺乏对学生进行全面知识视野、跨学科思维习惯和创新意识的培养。"①

对此，一般有两种主要的处理方式。一种是使课程体系的结构多学科化，即设置多个学科的课程，这在通识课程的安排上表现得最为明显。二是设置若干门跨学科课程。跨学科课程从内容上强调知识的异质性，②从形式上通常围绕涉及多个学科的知识或没有清晰学科边界的问题和事件来组织课程。③因此，通过在修读跨学科课程过程中进行一定的跨学科阅读、跨学科研究、跨学科思考等活动，学生可以自然而然地掌握和运用具有一定广度的多学科知识。

在所了解到的美国研究型大学之中，麻省理工学院的案例较为典型。麻省理工学院坚信知识广度是知识深度的重要条件，其课程设计宁可牺牲学科深度，也要保证学科知识的基础性以及解决问题的灵活性。做出这种设计，是基于一种基本的假设：最优秀的学生不是在某一特定领域掌握精深知识，而是基础牢固、善于同他人共同工作、善于学习新事物并形成新能力的学生。④因此，除了推进课程体系的多学科，麻省理工学院还设置了大量的跨学科课程（含教学科目与各类活动）来培养学生的综合素养、提高学生的创新能力。例如，其"妇女与性别研究导论"课程利用文学、历史、经济学、心理学、哲学、政治学、人类学、媒体研究和艺术等多个学科，来审视性与性别。该课程采用学生汇报与时事分析的方式，旨在提高对女性当代和历史经验的认识，以及性和性别与种族、阶级、国籍和其他社会身份相互作用的方式。同时，该课程还向

---

① 郭德红、杨丹：《关于协同开发和设置大学跨学科课程的思考》，《北京教育（高教）》2014年第10期。

② 李爱彬、梅静：《博士生跨学科课程实施：内在逻辑、现实困境与突破路径》，《研究生教育研究》2020年第3期。

③ 郭德红、李论：《美国大学跨学科课程的开发及启示》，《北京教育（高教）》2015年第9期。

④ 雷洪德、高强：《MIT跨学科培养本科生的理念基础、支撑条件与主要途径》，《中国高教研究》2016年第11期。

学生介绍最近关于性别的学术研究及其对传统学科的影响。①

二 养成超越学科界限的整体思维

西方大学进行跨学科课程研究、开发、设置和教学，深受整体知识观的影响。所谓整体知识观，即认为全部知识是相互关联的，并且可以整合为一个统一的知识体系。20世纪80—90年代，欧内斯特·博耶、克拉克·克尔、德里克·博克等一些富有远见的高等教育专家，针对大学教育过于职业化、缺乏综合性等问题，积极倡导在大学教育中树立和贯彻整体知识观的教育思想，目的就是使大学教育内容尽可能系统和连贯，从而形成一个知识整体，帮助学生构建起完整的知识体系，能以全面的观点认识世界和解决问题。②西方学界认为，跨学科课程可以使学生形成独特的、跨越学科界限的知识视野和思维习惯，树立整体知识观。③

比较而言，大类培养、第二学位、主辅修等形式是将多个学科的知识、技能传授给学生，严格说只能视为多个学科的修读。而狭义的跨学科人才培养所涉学科（领域）深度关联，最关键的特点是突破学科（领域）边界。它以解决复杂问题为主要目标，有意识地整合不同学科的资料、概念、理论和方法。④而学生通过跨学科课程学习，可以体验不同学科之间的内在联系，以全面的观点考虑重要事件、现象和思想，⑤全面认识世界、解决问题，⑥并在这个过程中理解综合的力量、克服所学知识碎片化的问题。

---

① MIT, "Women's and Gender Studies（WGS）", http://catalog.mit.edu/subjects/wgs/.
② 郭德红、杨丹：《关于协同开发和设置大学跨学科课程的思考》，《北京教育（高教）》2014年第10期。
③ 郭德红、杨丹：《关于协同开发和设置大学跨学科课程的思考》，《北京教育（高教）》2014年第10期。
④ 王志丰：《论新工科的跨学科品性及其跨学科课程设计》，《山东高等教育》2021年第1期。
⑤ 郭德红、杨丹：《关于协同开发和设置大学跨学科课程的思考》，《北京教育（高教）》2014年第10期。
⑥ 郭德红：《美国研究型大学跨学科课程开发的经验与启示》，《中国高校科技》2017年第5期。

第六章 跨学科课程

它一方面表现为在进入到专门领域之前对科学或该领域所在的学科有一个整体性的认识。最典型的案例莫过于普林斯顿大学的"综合科学"（Integrated science）课程。该课程是普林斯顿大学路易斯-西格勒综合基因组学研究所（Lewis-Sigler Institute for Integrative Genomics）对于本科教育阶段跨学科课程设置的一个新尝试，其面向有志于选择科学或工程专业的学生，尤其是那些对桥接生物和物理科学之间的传统壁垒感兴趣的学生。该课程建立在这样的预期上：未来大部分最重要的科学发现尽管要基于传统学科，但将位于跨越两个或以上传统学科的领域，而任何发展中的研究者需要在多个领域打好基础，这样才能够在今天科学家们面临的最重要的问题方面开展工作。① 而"综合科学"课程的一个优点就在于，它可以使学生在进入一个主修专业之前探索到科学的全部范围。也就是说，不管主修什么，"综合科学"课程都可在专业化之前为他们提供广泛的准备。②

另一方面表现为进入专业领域之后，通过跨学科课程的设置使其从多个学科的视角看待该领域，并解决该专业领域内的问题。"世界是多样的，认识世界的视角是多维的。面对同一课程，每个学科都各有长处和局限。"③ 而跨学科就是有意识地去参与并整合多个学术领域和多种学习方法来研究某个核心问题或项目。④ 例如，麻省理工学院遵循大工程观的理念和 ABET 工程人才评估标准，在全校范围内设置了大量的跨学科课程供学生选择，以使学生能够从价值、伦理、生态、人文的角度来思考工程中的专业问题，进而对社会中与工程相关的各个方面有更加深刻的理解，培养学生的工程综合素养并在将来能够服务于社会。⑤ 再如，

---

① Lewis-Sigler Institute for Integrative Genomics, "What Is Integrated Science?" http://www.princeton.edu/integratedscience/.

② Lewis-Sigler Institute for Integrative Genomics, "What Advantages Does Integrated Science Provide?" http://www.princeton.edu/integratedscience/advantages/.

③ 沈庶英：《基于跨学科模式的聚合课程研究——兼谈商务汉语聚合课程建设》，《教育研究》2018 年第 1 期。

④ 沈庶英：《基于跨学科模式的聚合课程研究——兼谈商务汉语聚合课程建设》，《教育研究》2018 年第 1 期。

⑤ 周慧颖、郄海霞：《世界一流大学工程教育跨学科课程建设的经验与启示——以麻省理工学院为例》，《黑龙江高教研究》2014 年第 2 期。

美国鲍登学院的"非洲研究"专业是以非洲人和非洲裔美国人为研究对象的跨学科专业，其专业导论课围绕黑人女性、非洲政治思想、非洲文学传统、非洲宗教等与非洲研究相关的不同主题，使学生从不同角度、多个层次深入理解核心概念和方法及概念间的关系。①

三 习得解决复杂问题的创新能力

前文已述，当今社会面临很多复杂性问题，这些问题是单一学科无法解决的，因此回应当代社会的复杂性是美国研究型大学跨学科人才培养的重要动因，培养学生解决复杂问题的能力也成为美国研究型大学跨学科人才培养的重要目标。课程是实现教育目标的主要手段和媒介，设置跨学科课程也随之成为培养学生解决复杂问题的能力的必要手段："将多学科知识融入富有挑战性、趣味性、情境性的问题之中，有利于激发学生的内在学习动机，打破单一学科过度专业化对学生身心发展的桎梏，帮助他们用跨学科的思维，全面认识并灵活解决真实世界中的复杂问题。"②

究其机理而言，是因为跨学科课程强调知识整合，要求学生从不同的视角看待事物，有助于学生形成对特定现象更全面的、全新的认识，以及鉴别、比较、联系、综合等解决复杂问题的能力。③ 例如，能源是经济社会发展的基础和动力源泉。随着社会的发展，能源供给与需求的矛盾日益突出，能源问题成为全球面临的共同问题和关系各国经济社会发展的全局性、战略性问题。然而，能源问题本身是复杂的，背后涉及国家的科学技术、发展阶段、消费习惯、生态环境、外交军事等各个方面。为解决能源问题，全球一批高校开设了相关专业与课程对其进行研究。其中，杜克大学"全球能源：过去、现在和未来"课程介绍了与能源相关的广泛主题，它研究人类从古至今的能源利用和发电历史，现代热学的发展，以及不同能源和技术对社会、经济和军事的影响。同时，

---

① 蒋盛楠：《美国跨学科本科课程探析及启示》，《北京教育（高教）》2015年第6期。
② 雷洪德、高强：《MIT跨学科培养本科生的理念基础、支撑条件与主要途径》，《中国高教研究》2016年第11期。
③ 文雯、王嵩迪：《知识视角下大学跨学科课程演进及其特点》，《中国大学教学》2022年第4期。

该课程还讨论目前最先进的现代能源系统、正在使用的可再生能源和不可再生能源，并通过提出一系列新颖、有前景的清洁、可负担能源的方式，探讨实现未来更美好能源的可能材料和技术。作为一个跨学科的课程集群，它致力于应用工程学、材料科学和社会科学（包括经济学和历史学）等多学科的路径和方法来解决能源问题。①

不仅如此，跨学科课程经常以复杂问题为组织形式，其教学与学习方式往往以研究的方式开展，对于拓展思维、激发创造潜能、提升创新能力具有重要作用。例如，麻省理工学院为学生创新能力的培养提供了重要的跨学科平台，即 D-Lab（Development through Dialogue, Design & Dissemination）。D-Lab 是麻省理工学院的一个跨学科计划，旨在通过跨学科合作为学生提供实地考察的机会和经验，并为考察所在社区提供先进技术来促进其可持续发展。除了提供能源、教育、健康、信息和通信技术等 16 个不同的跨学科课程外，D-Lab 还通过村级培训（Village-Level Training）、社区创新中心（Community Innovation Centers）、国际发展设计峰会（International Development Design Summit）三种方式来培养学生的创新力。②

第二节　跨学科课程的组织形式

"学科"与"课程"的概念均具多重复杂性，而二者在"知识"这一本质层面上密切相连。学科代表了一种知识的分类体系，课程来源于学科，是从学科知识中选择一部分"最有价值的知识"组成教学内容。③跨学科课程的组织形式就与其内容中的知识如何选择高度相关。跨学科课程的本质是知识整合。④根据知识整合程度的差别，跨学科课程亦有

---

① Duke University, "Global Energy: Past, Present, and Future", https://focus.duke.edu/clusters-courses/global-energy-past-present-and-future.
② 周慧颖、郄海霞：《世界一流大学工程教育跨学科课程建设的经验与启示——以麻省理工学院为例》，《黑龙江高教研究》2014 年第 2 期。
③ 文雯、王嵩迪：《知识视角下大学跨学科课程演进及其特点》，《中国大学教学》2022 年第 4 期。
④ 李爱彬、梅静：《博士生跨学科课程实施：内在逻辑、现实困境与突破路径》，《研究生教育研究》2020 年第 3 期。

不同的知识组织形式：广域形式、融合形式与问题形式，分别对应广域课程、融合课程和核心课程三种跨学科课程形态。① 作为课程综合化的手段，它们日益引起教育界的重视，成为当前高校组织课程的重要趋势。需要说明的是，跨学科课程的组织形式并不限于这三种，比如还可以按照历史、地域进行组织。

一 广域形式

广域形式是指将不同学科的内容组成一个广阔的学术领域，以此形式组织的广域课程自成开放性体系，容纳多学科的知识，至少涉及两个领域的知识和不同的认知方式，强调文、理、工的相互交叉和渗透，②常见的为普通科学或综合科学、自然科学与社会科学课程。例如，麻省理工学院在本科阶段开设普通科学课程，旨在使学生对构成科学和工程学基础的哲学问题有更深入的理解。③ 普林斯顿大学亦开设了"综合科学"课程，该课程以数学这一科学通用语言为基础，以整合的方式吸收了物理、化学、生物以及计算机科学等多学科的核心内容，覆盖了各学科的相关知识领域。④ 再如北大开设了"社会科学的经典与前沿"课程，它以马克思主义为指导，向学生传授各学科的基本理论和方法，用经典文献解读前沿问题，又以前沿问题诠释经典文献，以推进通识教育课程建设，服务北大"培养引领未来的人才"这一核心使命。⑤

广域课程常被用来综合基础课中的各门学科，也可用来加强专业基础课中各门学科间的联系。例如，美国高校非常注重导论课的建设，而在导论课中又有跨学科导论课。后者是通识教育课程中整合不同学科基

---

① 潘懋元、王伟廉主编：《高等教育学》，福建教育出版社2007年版，第142、167、170页；王伟廉：《高校课程综合化的途径与方法》，《高等教育研究》1990年第1期。
② 郭德红、杨丹：《关于协同开发和设置大学跨学科课程的思考》，《北京教育（高教）》2014年第10期。
③ 潘懋元、王伟廉主编：《高等教育学》，福建教育出版社2007年版，第142、167、170页；王伟廉：《高校课程综合化的途径与方法》，《高等教育研究》1990年第1期。
④ 郭德红：《美国研究型大学跨学科课程开发的经验与启示》，《中国高校科技》2017年第5期。
⑤ 北京大学社会科学学部办公室：《围绕核心使命，打造特色课程——〈社会科学的经典与前沿〉课程纪实》，2023年2月1日，http://fss.pku.edu.cn/xbdt/jxdt/43916.htm。

础知识，使学生了解和整合范围较大的学科领域的知识，掌握某一学科领域的共同研究方法的课程，通常包括自然科学类、人文社会科学类和文理综合类。在美国研究型大学中，普林斯顿大学为有意向选择自然科学类专业的学生开设了整合生物、化学和物理学科的跨学科导论课；哈佛大学开设了整合化学和生物两门学科的"生命科学"课程，第一学期涵盖化学、分子生物学和细胞生物学的基础知识，第二学期通过基因、基因组、概率和生物进化等主题开展教学。①

广域课程虽然综合几门学科，但并未形成新的学科，而且所涉及的领域比较广泛。② 这种形式虽然涉及两个或以上学科，但并没有打破学科自身的边界。这也使得有学者认为，学科概念杂糅和简单叠加会使得课程知识关联性弱、渗透性差。③ 此外，广域课程需要在学科的深度和广度两个方面找到平衡，然而课时有限不可避免会对课程学习的深度和精度造成影响。④ 尽管如此，这种松散的联合体依然有助于学生在一门课程中广泛涉猎多个学科的基本知识，增加多学科互动与作用、建立不同学科横向联系的可能，这是单独修读相关学科的课程所达不到的效果。

二 融合形式

融合形式是指将那些有内在联系的不同学科内容融合，以此形式组织的融合课程往往以一个新的学科或领域名称出现，例如将物理学与地理学的某些分支学科融合为"地球科学"，将数学与社会学融合为"计量社会学"⑤。它与广域课程的相同之处在于，两者都涉及两门或几门学科；不同之处在于，"融合课程并非原先的几门传统学科的拼盘或混合，而是打破或超越了被融合的各学科的固有逻辑，形成了一个新的

---

① 蒋盛楠：《美国跨学科本科课程探析及启示》，《北京教育（高教）》2015年第6期。
② 潘懋元、王伟廉主编：《高等教育学》，福建教育出版社2007年版，第142、167、170页；王伟廉：《高校课程综合化的途径与方法》，《高等教育研究》1990年第1期。
③ 李爱彬、梅静：《博士生跨学科课程实施：内在逻辑、现实困境与突破路径》，《研究生教育研究》2020年第3期。
④ 索清辉：《高等教育跨学科复合课程设置实证研究》，《中国大学教学》2013年第9期。
⑤ 潘懋元、王伟廉主编：《高等教育学》，福建教育出版社2007年版，第142、167、170页；王伟廉：《高校课程综合化的途径与方法》，《高等教育研究》1990年第1期。

有机体"①。

　　进一步而言，跨学科课程不仅强调知识的异质性，而且强调知识的协同性。② 这一点在融合形式与融合课程上表现得尤为明显：尽管涉及的学科范围相对较窄，但其对所涉学科的整合程度更高，以此组织的融合课程"不是学科知识的机械相加，而是跨学科知识的深度融合，是多学科知识相互关联、相互影响、相互作用的突变"③。这也要求高校在组织融合课程时，要注意不能为了融合而融合，需注意"学科之间要具有内在关联性，课程所蕴含的知识可以相互融合"④。

　　融合课程往往建基于通过学科间的不断交叉所产生的交叉学科之上，因此高校要有意识地从发展较为成熟的交叉学科之中精心组织内容、建设融合课程体系。与此同时，在融合课程实施过程中的教学、学习和研究又会对其所依托的交叉学科的发展产生进一步的推动作用。为此，在交叉学科尚不成熟之时，高校亦可以利用设置融合课程的手段进一步促进相关领域的研究与思考、丰富知识积累，实现课程与学科建设的齐头并进。需要注意的是，成熟的交叉学科数量是有限的，如果故步自封、单纯依靠这一路径，融合课程的生成与发展会大大受到影响。所以，高校在建设融合课程时，应同时注重以上两种路径，利用融合形式背后的"融合"思想，充分发掘学科之间的联系，开辟新的跨学科领域，建设新的融合课程。

三　问题形式

　　问题形式直接以问题尤其是社会中碰到的实际生产、生活问题为经纬来组织和设计课程，⑤ 例如和平问题、能源问题、环境问题、城市问

---

　　① 北京市基础教育课程教材改革实验工作领导小组、北京教育科学研究院基础教育课程教材发展研究小组：《实践与创新》，首都师范大学出版社 2015 年版，第 439 页。
　　② 李爱彬、梅静：《博士生跨学科课程实施：内在逻辑、现实困境与突破路径》，《研究生教育研究》2020 年第 3 期。
　　③ 沈庶英：《基于跨学科模式的聚合课程研究——兼谈商务汉语聚合课程建设》，《教育研究》2018 年第 1 期。
　　④ 沈庶英：《基于跨学科模式的聚合课程研究——兼谈商务汉语聚合课程建设》，《教育研究》2018 年第 1 期。
　　⑤ 潘懋元、王伟廉主编：《高等教育学》，福建教育出版社 2007 年版，第 142、167、170 页；王伟廉：《高校课程综合化的途径与方法》，《高等教育研究》1990 年第 1 期。

题等，以此组织起来的课程为核心课程①或问题中心课程。一般在这种课程之中，教师围绕问题提供相关信息，学生围绕问题收集资料、展开研究，② 这也使得问题课程具有很强的探究性。

跨学科课程从形式上强调内容的生成性，③ 这在问题组织形式上表现得尤为明显，因为现实问题往往没有现成的答案，需要师生通过研究去探求，而为了解决问题或充分讨论某一主题，相关学科知识会被充分调动，从而在解决问题的过程中发挥各自的作用并相互联系。④ 很明显，这些知识并不局限在某一学科，多学科、多角度展开学习是这类课程最重要的特点之一。⑤ 因此，相比以上两种形式，问题形式完全打破了学科之间的界限，⑥ 它也因此被认为是跨学科课程中综合程度最高的组织形式。⑦ 由于这种特质，问题课程也随之更能够培养学生对知识的整合与运用能力。

内容的开放性与生成性也使学生在此类课程中的主体性得到了充分的发挥。核心课程通过引入真实的问题情境，强调学生探究学习，"使学生从传统的在课堂上单纯地接受转变到主动地探究，这无疑对提高学生创新精神和探究能力有十分重要的意义"⑧。当然，这不是说广域形式、融合形式就不注重内容的开放性与生成性以及学生学习的主体性，它们亦可以在课程中设置一定的问题并发动学生探究，但远没有直接以

---

① 核心课程实际上有两种含义：一是指所有学生都必须修习的课程，类似于必修课；另一个是指以问题为中心的课程组织形式。这里所指的是第二种含义。参见王伟廉《高校课程综合化的途径与方法》，《高等教育研究》1990 年第 1 期。
② 陈玉琨、沈玉顺、代蕊华、戚业国：《课程改革与课程评价》，教育科学出版社 2001 年版，第 79—80 页。
③ 李爱彬、梅静：《博士生跨学科课程实施：内在逻辑、现实困境与突破路径》，《研究生教育研究》2020 年第 3 期。
④ 陈翠荣、李冰倩：《密歇根大学跨学科培养研究生的理念基础、实现途径及面临的挑战》，《外国教育研究》2018 年第 8 期。
⑤ 陈玉琨、沈玉顺、代蕊华、戚业国：《课程改革与课程评价》，教育科学出版社 2001 年版，第 79—80 页。
⑥ 潘懋元、王伟廉主编：《高等教育学》，福建教育出版社 2007 年版，第 142、167、170 页；王伟廉：《高校课程综合化的途径与方法》，《高等教育研究》1990 年第 1 期。
⑦ 刘彩祥：《泰勒课程理论启示：让教师看见课程》，山西人民出版社 2020 年版，第 75 页。
⑧ 陈玉琨、沈玉顺、代蕊华、戚业国：《课程改革与课程评价》，教育科学出版社 2001 年版，第 79—80 页。

问题作为课程主题的问题形式对学生的主体性要求更高。实际上，问题课程亦是基于问题的学习（problem-based learning，简称PBL）这一教学模式在课程上的重要体现，该模式强调把学习放到复杂的、有意义的问题情境中，通过让学生解决现实世界中的问题，来探究问题背后隐含的概念和原理，并发展自主学习的能力。① 因此，无论从课程设置的出发点还是课程学习过程而言，学生的主体性在问题形式与问题课程中都更为凸显。

第三节 跨学科课程的教学方式

课程实施指把课程计划付诸实践的过程，是达到课程预期目标的基本途径。作为课程实施的核心环节和基本途径，教学在跨学科课程实施过程中也因此显得至关重要。由于涉及的主题与内容超越了单一学科范畴，跨学科课程对教师的教学提出了重要挑战。根据对美国研究型大学的考察，跨学科课程的教学主要有单个教师独立授课、多学科教师共同授课两种方式。

一 单个教师独立授课

所谓单个教师独立授课，就是一个教师独立进行跨学科课程的教学任务。欧内斯特·博耶曾提出"多维学术观"，即探究的学术、整合的学术、应用的学术、教学的学术四位一体学术观，② 而跨学科教学就是教师多种学术能力的综合体现。单个教师独立授课适用于那些对某一跨学科领域有深入研究，或同时对跨学科课程所涉及的学科皆有扎实积累的教师。例如，北大"中国历史地理"课程是面向全校学生的通选课，这门课从政区变化与地方行政制度、交通道路与军事地理、河湖水系变化与环境、气候波动与人类活动、农业生产与区域开发、城市发展与空间结构等不同的角度切入，讲述中国历史时期重大政治、军事、经济活

---

① 刘宝存:《美国研究型大学基于问题的学习模式》,《中国高教研究》2004年第10期。
② 魏宏聚:《厄内斯特·博耶"教学学术"思想的内涵与启示》,《全球教育展望》2009年第9期。

动的空间基础,以及人类活动与环境的互动关系,帮助学生认识中国历史、认识中国国情。① 作为一门跨学科课程,该课程就是由北大城市与环境学院历史地理研究中心韩茂莉教授主讲的。

单个教师独立授课的优点在于,其可以对课程的内容进行一体化设计,对课程所涉及的跨学科主题进行一体化思考。在跨学科课程实施过程中,授课教师可依托真实的跨学科课题或跨学科主题,设计一系列真实具体的研究任务,并组织学生分小组学习,促使他们在交流互动过程中主动探索其他学科知识与本学科的结合点,从而建构跨学科的知识体系。②

独立进行跨学科课程的教学对教师的知识与能力提出了全新的要求,尤其对其知识结构要求甚高。然而,在专业教育与分科治学的背景下,高校教师一般都要经过严格的学科精细化、专业化培养,而对其他学科知识涉猎不广。在这种学科规训下,他们擅于窄而深的学术研究,跨学科研究能力培养不足。③ 这就可能导致教师在从事跨学科课程教学时,可能在自己不擅长的领域中进行教学。因此,要促进教师独立进行跨学科授课,高校就要通过推进教师培训、跨学科研究等方式,拓展教师的知识体系,增强教师的跨学科整合能力,提高教师解决复杂问题的能力,④ 进而提升教师的跨学科教学能力。

二 多学科教师共同授课

由于单个教师的知识结构与研究领域往往仅限于某一学科,所以对于跨学科课程,高校通常通过组建教师团队协同授课的方式来开展教学。⑤ 从国外高校的情况看,来自不同学科的教师共同担任一门跨学科

---

① 韩茂莉:《中国历史地理》,2017年2月20日,https://www.sohu.com/a/126781655_391286。

② 李爱彬、梅静:《博士生跨学科课程实施:内在逻辑、现实困境与突破路径》,《研究生教育研究》2020年第3期。

③ 王志丰:《论新工科的跨学科品性及其跨学科课程设计》,《山东高等教育》2021年第1期。

④ 王志丰:《论新工科的跨学科品性及其跨学科课程设计》,《山东高等教育》2021年第1期。

⑤ 李爱彬、梅静:《博士生跨学科课程实施:内在逻辑、现实困境与突破路径》,《研究生教育研究》2020年第3期。

课程教学的现象比较常见,如哈佛大学"伦理、生物科学和人性的未来"课程由著名哲学家桑德尔和著名生物学家格拉斯·梅尔顿共同主持,前者负责伦理,后者负责科学。[①] 再如美国加州大学洛杉矶分校"人类生物学"跨学科课程由来自艺术、人类学、生物学、法学、医学和哲学的教师任教,重点是探讨进化原理、遗传学、社会文化特性、语言及创造性表达,界定人类生活的特性与意义。[②] 从授课时间上,多位教师共同授课又分同步与连续两种类型,前者即两个或两个以上教师同时组织教学,而后者则是将整个教学过程根据教学内容划分为多个阶段,教师分别负责一部分。

多学科教师共同授课的优点在于,可以克服个体学科知识与研究能力不足的问题。例如,杜克大学"跨文化探究"类跨学科课程是在全球化背景下,培养学生认识不同的、变化的政治经济模式、文化群体、社会问题和冲突,以及相互之间是以什么样的方式加以协商并达成一致的课程。它由来自科学、医学、政治、经济、美学和法律等院系的教师,以比较或分析的视角对文化的动态、文化的相互作用和不同的文化群体进行研究,力图培养学生跨越时间或者空间,在国界之内或者国界之外识别文化和文化差异的技能。该类课程鼓励学生对文化特性和多样性、全球化和权力等问题进行批判性和有责任的研究,以使学生从多种视角来评价复杂和棘手的问题,从而探索日益加深的全球化所带来的影响。[③] 这往往是单个教师受制于素质结构所无法做到的。

然而,多学科教师共同授课对教师之间的协同要求较高。跨学科课程"是教师的知识和方法的凝聚,是不同学科背景的优秀教师聚集起来进行课程开发,而不是集中起来上大课"[④]。从现实来看,组织不力的共同授课往往流于各自为政,多学科的相互作用不充分,沦为学科课程的

---

① 杨潇:《公正先生》,2013年10月20日,http://www.nfpeople.com/story_view.php?id=4921。

② 郭德红、杨丹:《关于协同开发和设置大学跨学科课程的思考》,《北京教育(高教)》2014年第10期。

③ 郭德红:《美国研究型大学跨学科课程开发的经验与启示》,《中国高校科技》2017年第5期。

④ 沈庶英:《基于跨学科模式的聚合课程研究——兼谈商务汉语聚合课程建设》,《教育研究》2018年第1期。

"合集"。因此，授课教师团队充分的互动交流是跨学科课程协同教学的关键，其中最重要的在于通过讨论，对跨学科课程的教学目标有整体性的构想，对教学内容要有基于教学目标的一体化设计。作为教师个体，要明确自身授课内容在整个教学内容中的位置，以及与其他部分的相互关系。唯有如此，才能保证多学科教师协同进行跨学科课程教学的系统性与整体性。

第七章

跨学科专业

跨学科专业是基于专业、独立组织方式的跨学科人才培养形式。伴随着交叉学科或领域的兴起、学生对跨学科学习的兴趣、现实问题的复杂性与挑战性、社会对跨学科人才的需求等现实，跨学科专业逐渐成为国内外高校专业的重要类型。广义的跨学科专业包括跨学科主修专业、跨学科辅修专业和跨学科证书项目，其中跨学科主修专业是主体。基于目前掌握的资料，本书将从设置背景、培养目标和课程特性等方面对美国研究型大学本科层次的跨学科主修专业（以下简称"跨学科专业"）进行专门分析。

第一节 跨学科专业的设置背景

伴随着多方面的现实需求，美国研究型大学不仅从跨学科的视角重新定义自身的属性，而且致力于从课程及教学、专业和学位等维度组织与实施跨学科人才培养。其中，跨学科专业的设置同时遵循了学科逻辑、学生逻辑、问题逻辑和社会逻辑，是多维逻辑综合作用的产物。

一 交叉学科或领域的兴起

跨学科专业生成的一个重要背景是新兴交叉学科或领域的兴起。1998 年，博耶委员会指出："在 20 世纪的前几十年里，研究被传统的学科划分界限所束缚。这些学科由早期的几代科学家确定，人类学家和历史学家几乎不会冒险进入对方的领域，化学家和物理学家也很少会这样做。但是，第二次世界大战以来，融合多个领域的新的系与项目不断出现，已经反复证明了学科界限的渗透性。"① 随着科技和社会的持续发展，很多交叉学科或领域也在美国研究型大学中不断涌现。如麻省理工学院的"美国研究"是一个跨学科的研究领域；而"能源"从根本上来说也是一个多学科的话题；② 宾夕法尼亚大学的"传播"与历史、心理学、社会学、人类学、政治科学、法律和经济等很多学科相交叉；③ 伊利诺伊大学香槟分校的"中世纪文明"同时跨越了多个地理区域和学科。④ 为了传承和进一步发展，这些交叉学科或领域需要在大学中以某种形式建立制度化的存在，而专业作为基本的教育单位或组织形式无疑成为一种很好的选择。在这种背景下，跨学科专业也随之成为一种适应学科或领域跨界与交融、交叉学科或领域兴起的新型专业模式。

二　学生对跨学科学习的兴趣

学生是高校作为高等教育机构存在的根本依据，而每个学生都是独特的个体，具有不同的学习兴趣。就专业而言，有些学生可能对集中于某个学科的专业感兴趣，有些学生则对涉及两个或两个以上学科或领域的专业感兴趣。美国研究型大学非常尊重并通过积极的制度设计满足学生的个性化学术兴趣与发展需要，跨学科专业就是其中一项满足学生跨学科学习兴趣的制度。具体来说，学生的跨学科学习兴趣及相应的跨学科专业有如下情况：一是对应某个交叉学科或领域，如卡内基梅隆大学的"计算生物学"项目是为对生物学和计算机科学的交叉感兴趣的学生设计的，"音乐与技术"项目面向那些想将音乐技术作为一门职业进行追求的学生；⑤ 二

---

① 朱清时主编：《21世纪高等教育改革与发展——国外部分大学本科教育改革与课程设置》，高等教育出版社2002年版，第94页。

② 张晓报：《独立与组合：美国研究型大学跨学科人才培养的基本模式》，《外国教育研究》2017年第3期。

③ 张晓报：《美国研究型大学跨学科人才培养模式研究》，湖南师范大学出版社2018年版，第103页。

④ The Boyer Commission on Educating Undergraduates in the Research University, "Reinventing Undergraduate Education: A Blueprint for America's Research Universities", http://eric.ed.gov/?id=ED424840.

⑤ 张晓报：《美国研究型大学跨学科人才培养模式研究》，湖南师范大学出版社2018年版，第108页。

是涉及多个学科或领域，如宾夕法尼亚大学的"哲学、政治与经济"专业涵盖了三个学科；① 三是针对某个问题开展跨学科研究，如杜克大学的"环境科学与政策"专业是为那些对环境问题的跨学科研究感兴趣的学生设计的。②

三　现实问题的复杂与挑战性

回应当代社会的复杂性、培养学生解决复杂问题的能力是美国研究型大学设置跨学科专业的重要动因。例如，解决世界的环境问题不仅需要理解生态系统，而且需要理解作用于这些系统的文化、社会、经济和政治力量，在这种背景下，杜克大学创办了"环境科学与政策"专业。③ 再如暴力及其成因具有复杂性和多面性，所以加州大学伯克利分校创办了从跨学科视角进行分析的"和平与冲突研究"专业。④ 当然，回应现实问题的复杂性和挑战性，可以先进行单学科的人才培养，然后集合多个学科的专家共同攻关，但如何实现不同学科之间的沟通成为另一个需要解决的难题。为此，每个人应至少掌握其他学科的基本概念、理论、方法与技术，让对话成为可能，而这又对跨学科学习包括跨学科专业的设置提出了要求。

四　社会对跨学科人才的需求

针对现实问题的复杂性与挑战性，很多组织都在寻求接受过处理复杂问题的训练并具有这方面经验的毕业生，⑤ 社会对跨学科人才的需求随之成为美国研究型大学设置跨学科专业的另一个重要动因。如卡内基梅隆大学"计算金融学"项目的成立源于用人单位寻找在金融、数学、

---

① 张晓报：《美国研究型大学跨学科人才培养模式研究》，湖南师范大学出版社2018年版，第107页。
② Nicholas School of the Environment, "Bachelor of Arts in Environmental Sciences & Policy", http://nicholas.duke.edu/programs/bachelor-arts-environmental-sciences-policy.
③ Nicholas School of the Environment, "Bachelor of Arts in Environmental Sciences & Policy", http://nicholas.duke.edu/programs/bachelor-arts-environmental-sciences-policy.
④ 张晓报：《美国研究型大学跨学科人才培养模式研究》，湖南师范大学出版社2018年版，第103页。
⑤ Duke University, "About", http://bassconnections.duke.edu/content/about.

统计和编程等关键领域具备技能的本科生。① 从结果来说，主修跨学科专业的学生涉及的学科面较广，无论是就业还是进一步深造所能选择的范围都更加宽广。如宾夕法尼亚大学的"哲学、政治与经济"专业意在为学生从事公共政策与公共服务、咨询、新闻（报道政治与经济问题）、法律和国际事务等职业提供支持，同时它又可为学生进入任一参与学科的研究生学习打下良好的基础；② 加州大学伯克利分校"宗教研究"专业的毕业生多从事法律、新闻、医药、国际事务、咨询和宗教等职业，或进入历史学、社会学、人类学、国际政策以及宗教研究等研究生院继续深造。③ 但从前文来看，美国研究型大学往往鼓励学生基于自身的学术兴趣而非就业目的选择专业。

第二节 跨学科专业的培养目标

专业培养目标对人的发展起着定向和规范的作用，促进和引导学生朝着目标规定的角色发展。④ 根据对美国研究型大学的研究，作为与传统学科型专业不同的专业类型，跨学科专业在普通素质或通用能力之外，还特别强调跨学科素质的培养（见表7-1）。

一 多学科或多领域的知识结构

多学科的知识结构是跨学科素质的基础，无论是分析、解决复杂性问题的跨学科视角与方法，还是面对跨学科问题或跨学科实践领域的实际能力都需要以此为前提，因此美国研究型大学的跨学科专业往往注重学生多学科或多领域知识结构的培养，并通过设置跨学科的课程体系来实现这一目的。如麻省理工学院"计算机科学与分子生物学"旨在培养

---

① Carnegie Mellon University, "Computational Finance at Carnegie Mellon", http://www.math.cmu.edu/~bscf/.
② 张晓报：《美国研究型大学跨学科人才培养模式研究》，湖南师范大学出版社2018年版，第109页。
③ 张晓报：《美国研究型大学跨学科人才培养模式研究》，湖南师范大学出版社2018年版，第110页。
④ 周川：《"专业"散论》，《高等教育研究》1992年第1期。

一批全新的毕业生，他们具有独特的能力，能够应对计算和分子生物学领域的挑战和机遇。因为该专业重点在计算和分子生物学的新兴领域，所以专业课程除了数学、化学等相关学科的课程，重点涵盖了两大核心学科——计算机科学、生物科学。与此同时，为了保证知识结构的多学科化，一些跨学科专业设置了相应的修读规则，包括规定课程体系所覆盖的学科数量底线以及来自某一学科的课程数量上限。如康奈尔大学"美国研究"规定所有主修该专业的学生都必须选择12门课程且符合以下要求：其一，所聚焦的领域与课程的学科分布都要完成6门课程；其二，从任一学科选择的课程都不能超过6门；其三，聚焦领域所对应的课程至少要包含两个学科。[①] 在这种课程体系之下，复合型的知识结构、更为广泛的适应性也随之成为跨学科专业毕业生的显著特点与竞争优势。

表7-1 美国研究型大学若干跨学科专业的培养目标

序号	大学	跨学科专业	培养目标
1	麻省理工学院	全球研究与语言	核心使命是对国际文化和文化全球化进行前沿研究，培养学生成为能够在日益全球化和多元化的世界中生活和工作的全球公民。"全球研究与语言"提供了丰富的国际语言、文化、媒体和历史课程，可以提升学生的批判性思维技能、求知欲和跨文化理解
		计算机科学与分子生物学	培养一批全新的毕业生，他们具有独特的能力，能够应对计算和分子生物学交叉领域的挑战和机遇
2	宾夕法尼亚大学	哲学、政治与经济	为学生从事公共政策与公共服务、咨询、新闻（报道政治与经济问题）、法律和国际事务等职业提供支持，同时为学生进入任一参与学科的研究生阶段学习打下良好的基础
		健康与社会	旨在为学生提供在跨学科、全球化的现代卫生保健和决策领域工作所必需的技能

---

① 张晓报：《美国研究型大学跨学科人才培养模式研究》，湖南师范大学出版社2018年版，第107页。

第七章　跨学科专业

续表

序号	大学	跨学科专业	培养目标
3	康奈尔大学	美国研究	学生将针对美国过去和现在的主题、趋势和模式开展跨学科研究；学生将使用多种视角和方法，学习综合知识并发展进行严格、复杂分析所需的批判性思维技能
		化学与化学生物	学生将学习逻辑思维和创造性的问题解决方法，可以深入学习传统的课程或追求一个灵活的项目，研究范围包括无机化学、材料化学、有机化学、分析化学、物理化学以及化学生物学
4	密歇根大学	国际研究	为学生提供了跨学系学习一系列课程，从而将多种方法和概念结合起来解决全球性问题的机会。目标是让学生掌握在不同的分析单元和不同的学科方法之间转换的技能，以便他们理解、分析并最终解决当代问题
		生物化学	专门为对生物现象的化学基础感兴趣的学生开设，攻读该学位可使学生做好进入生物化学、化学生物学或生命科学中许多其他研究领域进行研究生学习的充分准备，同时也为打算从事生物技术和健康科学职业的学生提供极好的锻炼
5	杜克大学	中世纪与文艺复兴研究	旨在使学生全面了解塑造中世纪和文艺复兴时期的历史、文化和社会力量
		地球与海洋科学	为学生从事气候、能源、地质学、海洋学、水和自然资源方面的职业生涯做好铺垫
6	加州大学伯克利分校	政治经济学	旨在为学生提供广泛的文科背景，以及适合在公立或私立机构工作的智力技能；为有志于接受社会科学学科或专业学院研究生教育的学生提供出色的背景
		工程数学与统计	为工程学的理论分支学科以及数学学科的研究生教育提供广泛基础，同时使学生为从事特定的工业或商业领域的职业做准备
7	卡内基梅隆大学	行为经济学、政策与组织	学生将在经济学和心理学的结合方面得到独特的训练，并将具有扎实的定量方法基础。课程中的应用项目将教授学生如何收集原始数据，设计现场和实验室实验，分析数据，并制定干预措施以改善经济结果和决策。学生将有充分的条件进入广泛的职业领域和研究生学位项目
		计算生物学	提供一种强化的跨学科教育，使优秀的学生成为用计算方法识别和解决未来生物学问题的领导者

续表

序号	大学	跨学科专业	培养目标
8	伊利诺伊大学香槟分校	全球研究	旨在使学生掌握分析和解决当代世界问题所必需的知识、技能和价值,本专业培养的能力对于准备在国际事务、公共政策、商业、法律、金融、教育等多个领域工作或深造的学生来说至关重要
		计算机科学与化学	学生将开发计算机模型或模拟化学和生化过程,对大数据集进行统计分析,或对反应路径、分子相互作用或其他现象进行可视化分析,从而为从事一系列职业做好准备,包括帮助制造商设计更高效的生产工艺,帮助制药公司在药物发现中确定新化合物的特征,以及进行原子、分子和化学反应基本特性的研究

注:资料来源于各大学官方网站。

二 跨学科分析问题的视角与方法

科学是一个整体,事物属性的完整揭示需要多方面的视角。无论哪门科学或哪个学科,都只是对整体中分离出的局部现象进行研究。[①] 同时,复杂问题的解决、科学技术的发展也呼唤视角和方法的创新。然而,囿于学科型教育所培养的单学科知识与思维,这种创新往往受到视角和方法的局限。因此,美国研究型大学跨学科专业注重培养学生分析问题、解决问题的跨学科视角与方法。其一,这种视角和方法是多学科的,即从多个学科看待或解决某一现象或问题。如康奈尔大学"美国研究"提供一种关于美国多样性的跨学科学习,以及从流行文化、电影、文学、艺术、历史和政治方面解读反映在一切事物中的美国经验的多种方式;[②] 加州大学伯克利分校"媒体研究"利用社会科学和人文学科的一系列学科去理解当代大众传媒及其结构、历史、内容、后果和政策影响。[③] 其二,这种视角和方法是其他学科的,即跳出本学科的视域,从其他学科

---

① 顾海良:《"斯诺命题"与人文社会科学的跨学科研究》,《中国社会科学》2010年第6期。

② 张晓报:《美国研究型大学跨学科人才培养模式研究》,湖南师范大学出版社2018年版,第104页。

③ 张晓报:《美国研究型大学跨学科人才培养模式研究》,湖南师范大学出版社2018年版,第105页。

看待或解决某一学科的问题。如卡内基梅隆大学"计算生物学"的目的在于提供一种强化的跨学科教育,使优秀的学生成为用计算方法识别和解决未来生物学问题的领导者。其课程体系不仅包含多门作为目标学科的生物学课程,而且包括为使学生掌握"计算方法"而设置的"数学或统计核心课程""计算机科学核心课程"等作为工具学科的模块课程(见表7-2)。

表7-2　　　　卡内基梅隆大学"计算生物学"专业课程体系

课程类型	学分（分）	课程数量（门）
数学或统计核心课程	48—49	5
一般科学核心课程	22	2
生物学核心课程	36	4
计算机科学核心课程	50	5
计算生物学核心课程	45—51	5
专业选修课	45—60	/
通识教育	63	7
自由选修课	29—54	/

注："/"表示一些模块的课程的具体数量没有注明或无法判别。

资料来源：School of Computer Science,"Degree Requirements (students entering Fall 2018)",http://www.cbd.cmu.edu/education/bs-in-computational-biology/degree-requirements/。

三　应对跨学科问题或领域的实际能力

跨学科素质根本上体现为一个人面对跨学科问题或跨学科领域时的实际工作能力。从表7-1看,美国研究型大学对这种能力的培养可分为两种类型。一是注重培养学生从事跨学科工作的职业能力。如宾夕法尼亚大学"健康与社会"专业旨在为学生提供在跨学科、全球化的现代卫生保健和决策领域工作所需的技能。由此也可以看出,即使是研究型大学的跨学科专业,其人才培养类型也是多元的,而非仅培养学术型人才。二是学术与职业目标并重。研究型大学在强调培养职业能力的同时,还注重为学生进入更高层次的研究生阶段学习打基础。例如麻省理工学院"化学与生物学"专业提供了生物和化学方面的坚实基础,可使学生为日后进行生物化学、分子生物学和化学生物学的研究生阶段学习，以及从事制药和生物技术工业等涉及这两个学科应用的职业做好准备。① 此外，宾夕法尼亚大学"哲学、政治与经济"、密歇根大学"生物化学"、加州大学伯克利分校"工程数学与统计"、卡内基梅隆大学"行为经济学、政策与组织"以及伊利诺伊大学香槟分校"全球研究"等跨学科专业也都表现出这一特点。

第三节 跨学科专业的课程特性

从美国研究型大学跨学科专业的培养方案看，跨学科专业在课程上既表现出与传统学科型专业相似的特征，包括课程体系都由通识、专业和自由选修课程构成，学生都必须确定专业重点或聚焦领域，又表现出一定的特殊性，包括传统课程与跨学科实践训练并重、学生拥有从多个学科组织课程的任务与权利等方面。

一 由通识、专业和自由选修课程构成

跨学科专业的课程体系与学科型专业一样，由通识教育课程、专业课程和自由选修课程三部分构成。具体来说，美国本科教育的基础是通识教育，② 美国高校注重通过通识教育培养一种身心全面发展的理想人格，或发展一种丰富、健康的人性，并在此基础上实施专业教育。③ 尽管跨学科专业相对能使学生掌握更多学科的知识，但其与通识教育的广泛性还相差很远，与通识教育的非专业性、非职业性、非功利性亦有本质的差别。因此，通识教育课程成为跨学科专业课程体系的重要组成部分。专业课程是为保证学生对某一个领域有较为集中和深入的研究，从而在该领域具备一定的专长而设，为此美国研究型大学多规定跨学科专

---

① MIT, "Chemistry and Biology", http://catalog.mit.edu/interdisciplinary/undergraduate-programs/degrees/chemistry-biology/.
② 别敦荣：《美国大学教育观察》，《中国大学教学》2002年第12期。
③ 顾海良：《人文社会科学跨学科研究的路径及其实现条件》，《高校理论战线》2011年第1期。

业必须确定专业重点、中心或聚焦领域。自由选修课程为学生在通识教育课程和专业课程之外进一步跨学科组织课程提供了机会，从而可以更好地满足他们的个性化兴趣与需要。如麻省理工学院"计算机科学与分子生物学"由生物学系、电子工程与计算机科学系两系联合提供。该专业的课程体系（见表7-3、表7-4）与美国高校总体上的课程体系一致：除通识教育要求（即"学院一般要求"）外，还需完成168—174学分的专业课程（即"系部项目"，其中36学分也可用于满足通识教育要求）和48学分的非限制性选修课程。

表7-3　　麻省理工学院"计算机科学与分子生物学"通识教育课程体系（学院一般要求）

要求类型	课程数量（门）
科学要求	6
艺术、人文与社会科学要求	8
科学与技术限制性选修课	2
实验室要求	1
合计	17

资料来源：MIT, "Bachelor of Science in Computer Science and Molecular Biology", http://catalog.mit.edu/degree-charts/computer-science-molecular-biology-course-6-7/.

表7-4　　麻省理工学院"计算机科学与分子生物学"专业课程体系（系部项目）

要求类型	课程代码	课程名称	学分	备注
数学与导论 （2门课程）	6.00	计算机科学与程序设计导论	12	
	6.042［J］	计算机科学数学	12	
化学 （2门课程）	5.12	有机化学 I	12	
	5.60	热力学与动力学	12	二选一
	20.110［J］	生物分子系统热力学	12	
实验室导论 （1门课程）	6.129［J］	生物电路工程实验室	15—18	三选一
	7.02［J］	实验生物学与通信导论		
	20.109	生物工程实验室基础		

续表

要求类型	课程代码	课程名称	学分	备注
基础课程 （6门课程）	6.006	算法导论	12	合计3门计算机科学课程
	6.009	程序设计基础	12	
	6.046[J]	算法设计与分析	12	
	7.03	遗传学	12	合计3门生物科学课程
	7.05	普通生物化学	12	
	7.06	细胞生物学	12	
限制性选修课 （2门课程）	6.047	计算生物学：基因组、网络、进化	12	计算生物学，二选一
	6.802[J]	计算与系统生物学基础	12	
	/	从生物学限制性选修课中选择其一	12	生物学
高级本科生项目（1门课程）	6.UAR	本科高级研究讨论会	12	二选一
	6.UAT	口语交际	9—12	

资料来源：MIT, "Bachelor of Science in Computer Science and Molecular Biology", http://catalog.mit.edu/degree-charts/computer-science-molecular-biology-course-6-7/。

二 传统课程与跨学科实践训练并重

为了培养学生的跨学科素质，美国研究型大学除了借助于传统意义上的学科课程体系，还通过专门的教育教学活动给予学生专门的实践训练。从现有资料看，这种实践训练主要体现为跨学科研究。如果说通过通识教育和自由选修课程等途径，学生掌握了涵盖多个学科却互不相关的拼盘式知识，那么跨学科研究活动就是一种实现多学科知识运用、综合或整合的有效途径。同时，这个过程还能培养学生应用多学科的知识解决复杂问题的思维与能力，使学生可以从多个学科或领域去考虑问题，避免单一学科狭隘视野的局限。

因此，美国研究型大学将跨学科研究作为跨学科人才培养的重要方式和手段，将其运用到包括跨学科专业在内的人才培养过程当中。如麻省理工学院有专门的"跨学科研究和学习"机会，许多本科生通过"本科生科研机会项目"参与学校跨学科中心、实验室和项目的研究活动；

而密歇根大学亦有专门的"本科生跨学科研究经历项目"①。以密歇根大学"认知与实验经济学"项目为例，该项目主要是为了了解认知属性对经济行为的影响。② 因为认知经济学是利用认知科学的理论去分析经济行为，所以其必然要求学生在项目过程中掌握一定的认知科学和经济学知识，而"认知与实验经济学"项目重在探讨认知属性与经济行为之间的关系，尤其是前者对后者的影响，这就可以使学生将原先相互独立的认知科学与经济学联系起来。此外，因为该项目是从认知科学的角度去分析经济问题，所以也突破了单一经济学的视野，能够培养学生跨学科的思维方式。从项目说明中我们还发现，学生可以参与到实验设计、实施、数据分析等一系列过程当中，接受各种技能的训练，这也为学生今后从事跨学科研究活动奠定了一定的基础。

三　学生拥有从多个学科组织课程的任务与权利

如果课程集中于某一个学科，该专业就不能被称为跨学科专业，也无法培养学生多学科的知识结构，分析与解决问题的视角也会大大受到限制。因此，跨学科专业的跨学科属性和培养目标决定了学生要"从两个甚至多个知识领域中选择知识进行课程组合"③。比如"认知科学"本质上是一门由生物学、计算机科学、语言学、数学、神经科学、哲学和心理学结合而成的一门交叉科学。④ 为了保证学生掌握有助于认知科学学习的多领域知识，该专业规定学生要从心理学、计算、语言、哲学、神经科学和数学 6 个领域分别选择一门课程，从而达到 6 学分的广度要求。⑤ 再如加州大学伯克利分校"跨学科研究领域"专业规定主修领域必须是跨学科的，这意味着学生至少要在 3 个领域和学科中整合知识和

---

① 张晓报：《跨学科人才培养模式的划分框架及启示》，《江苏高教》2014 年第 3 期。
② 张晓报：《美国研究型大学跨学科人才培养模式研究》，湖南师范大学出版社 2018 年版，第 75 页。
③ 卢晓东：《本科专业划分的逻辑与跨学科专业类的建立》，《中国大学教学》2010 年第 9 期。
④ 张晓报：《美国研究型大学跨学科人才培养模式研究》，湖南师范大学出版社 2018 年版，第 106 页。
⑤ 张晓报：《美国研究型大学跨学科人才培养模式研究》，湖南师范大学出版社 2018 年版，第 106 页。

理论框架。① 此外，伊利诺伊大学香槟分校的"跨学科研究"专业分为3个研究方向，由于其中的"中世纪文明"是一个跨学科研究领域，所以学生需要选修历史与人类学、文学、艺术、哲学与宗教等领域多种多样的课程。②

另外，跨学科专业的跨学科属性决定了学生拥有从多个学科组织课程的权利与自由，比如宾夕法尼亚大学的"比较文学"专业是一个具有挑战性但又非常灵活的项目，允许学生从文理学院多个不同的学系修读课程。③ 再如康奈尔大学的"宗教研究"也是一个利用文理学院多个不同学系资源的跨学科专业。④ 这种权利和自由使得学生可以跨越学科和院系进行学习，整合多个学科的课程或以相关学科的课程去补充某一个作为核心学习内容的学科。例如密歇根大学指出现代科学日益跨学科，其跨学科物理学专业向学生提供了用互补领域的课程补充以物理学为核心的学习的自由度，⑤ 而跨学科化学专业则为学生在以化学为核心学习内容的同时补充相关领域的课程提供了自由度。⑥ 正是因为这种自由，学生的个性化需求得到了满足，交叉学科与领域也在这个过程中得以生成或进一步发展。

四 确定跨学科专业的重点或聚焦领域

尽管跨学科专业给予更高的课程选择自由度，但同时学生必须确定一个重点或聚焦领域，并在该领域完成一定数量的课程，以保证对某个跨学科主题达到较深入的研究。比如康奈尔大学规定主修"美国研究"

---

① 张晓报：《美国研究型大学跨学科人才培养模式研究》，湖南师范大学出版社2018年版，第106页。
② University of Illinois, "Interdisciplinary Studies Majors", http://provost.illinois.edu/programsofstudy/2014/fall/programs/undergrad/las/interdisc_studies.html.
③ 张晓报：《美国研究型大学跨学科人才培养模式研究》，湖南师范大学出版社2018年版，第107页。
④ 张晓报：《美国研究型大学跨学科人才培养模式研究》，湖南师范大学出版社2018年版，第107页。
⑤ 张晓报：《美国研究型大学跨学科人才培养模式研究》，湖南师范大学出版社2018年版，第104页。
⑥ 张晓报：《美国研究型大学跨学科人才培养模式研究》，湖南师范大学出版社2018年版，第104页。

第七章　跨学科专业

的学生必须与指导教师商量,确定一个聚焦领域并在该领域完成6门课程,可能的聚焦领域包括视觉研究、文化研究、种族与民族、法律与宪法研究、美国制度、阶级和社会结构与美国环境等。① 这与专业的本质相一致,即为学生提供在某个知识领域中深入学习与研究的经历,并授予相应的学位,是知识组织化的表现形式。② 如果课程体系庞杂而零散就难以聚焦,也就难以达到对某个知识领域深入学习的效果。在这一点上,传统的学科型专业与新兴的跨学科专业是一致的。

另外,确定专业重点并不意味着鼓励学生在该领域相对应的学科中选择过多的课程。相反,为了在保证课程结构跨学科的同时维持学科之间的平衡,同时也为了保证培养学生多学科或多领域的知识结构与分析、解决问题的跨学科视角和方法,一些大学还规定了来自某个学科的课程数量上限。比如,康奈尔大学"美国研究"专业考虑到美国的多元人口与文化,希望主修该专业的学生利用多种学科的材料和方法研究美国经验,因此规定从任一学科选择的课程不能超过6门。③ 再如,杜克大学"中世纪与文艺复兴研究"专业所要求的10门课程中的8门需要从历史、美术、语言和文学、哲学和宗教4个领域选修,而且分布方式须为以下两种情况中的一种:一是"3320",即分别在前两个领域选修3门课程,在第三个领域选修2门课程;二是"3311",即分别在前两个领域选修3门课程,并同时在后两个领域各选修1门课程。④

---

① 张晓报:《美国研究型大学跨学科人才培养模式研究》,湖南师范大学出版社2018年版,第107页。
② 陈霜叶、卢乃桂:《大学知识的组织化形式:大学本科专业及其设置的四个分析维度》,《北京大学教育评论》2006年第4期。
③ 张晓报:《美国研究型大学跨学科人才培养模式研究》,湖南师范大学出版社2018年版,第107页。
④ 张晓报:《美国研究型大学跨学科人才培养模式研究》,湖南师范大学出版社2018年版,第107页。

第四篇 跨学科人才培养机制

第八章

跨学科人才培养的机制解读

要建立健全跨学科人才培养机制，首先需要明晰其构成。但是，对于跨学科人才培养机制的构成，目前学界不仅认识并不统一，而且所提出的机制体系往往缺乏明确的逻辑依据，彼此之间关系不清甚至存在交叉重复的问题。因此，本书拟借助于对机制的词源分析，并参考管理机制的一般划分，以及对美国研究型大学跨学科人才培养机制的实践考察，明晰跨学科人才培养机制的构成，从而为优化跨学科人才培养机制提供参考。

第一节　机制与管理机制

鉴于机制一词的丰富含义以及研究者理解上的差异，笔者认为，要揭示跨学科人才培养机制的构成，一个可能的途径是追溯到机制一词的本来含义。同时，目前对机制的一种特定类型——管理机制的划分较为清晰，亦可以为研究跨学科人才培养机制的构成问题所借鉴。

一　机制的本来含义

机制的含义丰富，《现代汉语词典》对其有如下解释："①机器的构造和工作原理，如计算机的机制；②有机体的构造、功能和相互关系，如动脉硬化的机制；③指某些自然现象的物理、化学规律，如优选法中优化对象的机制。也叫机理；④泛指一个工作系统的组织或部分之间相互作用的过程和方式：市场机制、竞争机制。"[①] 其中，机器的构造和工

[①] 中国社科院语言研究所词典编辑室编：《现代汉语词典》，商务印书馆2002年版，第582页。

作原理为机制一词的本来含义,其他含义皆是该含义的引申或延伸。

从功能的角度而言,机器一般包含动力、传动、执行与控制四个基本的组成部分(见图8-1)。[①] 其中,动力部分是机器的动力来源;传动部分将动力部分的运动和动力传递给执行部分;执行部分又称工作部分,是完成机器预定功能的部分;控制部分又称操纵部分,用于控制机器的启动、停止、换向、运动速度等。[②]

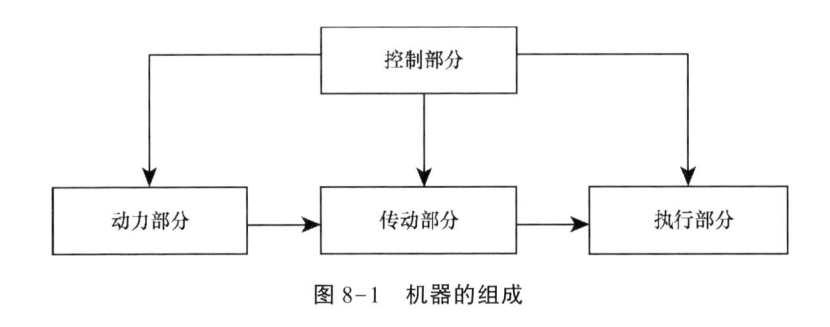

图 8-1 机器的组成

以汽车为例。控制部分有点火开关、离合器、加速踏板、变速器等;动力部分一般为发动机,有些混合动力汽车动力部分还包括电动机;传动部分由离合器、变速器、传动轴、主减速器、半轴等组成;执行部分为车轮。其中,点火开关控制发动机的启停;加速踏板控制发动机转速;离合器可以切断发动机和传动系统之间的动力传递;变速器控制输入输出轴转速,从而控制车速。简而言之,汽车的动力传递路线为:发动机传来的动力首先经由离合器传递给变速器,经变速器变速后通过传动轴传给驱动桥的主减速器,再经左右半轴传递给执行部分——车轮,从而实现汽车的行驶。再以车床为例,其控制部分为操纵杆,动力部分为机床内部的电动机,传动部分为皮带和齿轮,执行部分为车床主轴。通过操纵杆可以控制机床的启停以及机床主轴的转速,而来自电动机的动力经由皮带传动和齿轮传动后传递到执行机构——机床主轴,主轴带动工件转动,从而实现车刀对工件的切削作用。

---

① 王继焕主编:《机械设计基础》,华中科技大学出版社2008年版,第1—2页。
② 师素娟、林菁、杨晓兰主编:《机械设计基础》,华中科技大学出版社2008年版,第3页。

从机制的本来含义及其组成部分可以看出,机制存在的目的在于实现系统功能,一个系统较为理想的状态是其所有机制都能为系统功能的实现作出贡献。但对一个实际系统而言,也可能存在一些机制对系统功能的实现起反作用。可见,机制影响某一事物功能的发挥。没有相应的机制或者机制不完善,事物的功能就无法发挥或不能更好地发挥。为此,机制往往还具有系统性,即一个系统中同时存在多种机制,这些机制共同构成机制体系、作用于系统功能的实现。[①] 而一个系统应该建设哪些子机制,随之成为另一个重要的研究课题。

二 管理机制的三分法

机制引入管理领域后,形成了管理机制的概念。所谓管理机制,是指保证管理的协调活动或过程得以实现的科学的组织构成及其运行原理。它至少具有如下特点:(1)系统性。管理机制是一个完整的有机系统,具有保证其功能实现的结构与作用系统。(2)自动性。管理机制一经形成,就会按一定的规律、秩序,自发地、能动地诱导和决定企业的行为。(3)可调性。机制是由组织的基本结构决定的,只要改变组织的基本构成方式或结构,就会相应地改变管理机制的类型和作用效果。[②]

作为管理系统的组织构成及其运行原理,管理机制直接影响管理行为和管理效果。具体而言,管理者在管理中存在何种管理关系,采取何种管理行动,达到的管理效果如何,归根结底是由管理机制决定的。例如,在计划经济体制条件下,企业由国家直接管理和经营,形成了计划经济型的企业经营机制。此时,企业缺乏自主权,不能独立经营,干部"铁交椅",职工"大锅饭",管理落后,效益低下。在市场经济体制条件下,通过改革,企业转换经营机制,建立与市场经济相适应的新型企业经营机制:企业产权多元化,实行股东授权与监督,建立科学的法人治理结构,实行全员聘任制,按劳分配与多种分配形式相结合,使企业

---

① 李学栋、何海燕、李习彬:《管理机制的概念及设计理论研究》,《工业工程》1999年第4期。

② 孙晓红、闫涛编著:《管理学》,东北财经大学出版社2005年版,第16页。

真正成为市场主体，自主经营、自负盈亏、自我约束、自我发展。[①] 由此可见，管理机制决定管理的效果，建立科学有效的管理机制也因此显得尤为必要。

对于一般的管理系统，管理机制主要包括动力、运行和约束三个子机制（见图8-2）。其中，动力机制是为管理系统运行提供动力的机制，是管理系统动力的产生与运作机理，主要由利益驱动、政令推动和社会心理推动三个方面构成；运行机制是组织中最基本的管理机制，是管理机制的主体，主要指组织基本职能的活动方式、系统功能和运行原理。运行机制具有普遍性。任何组织，大到一个国家，小到一个企业、单位、部门，都有其特定的运行机制；约束机制是对管理系统行为进行修正的机制，其功能是保证管理系统正确运行，以实现管理目标。它是对管理系统行为进行限定与修正的功能及机理，主要包括权力约束、利益约束、责任约束和社会心理约束等。[②]

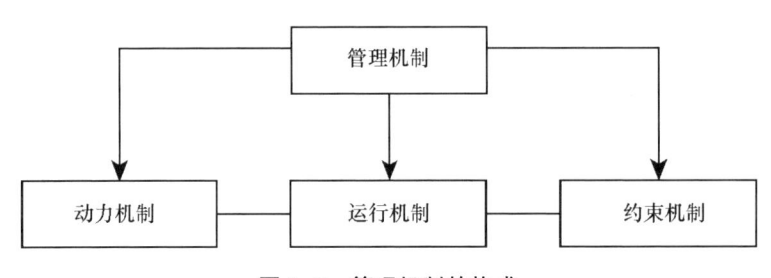

图8-2 管理机制的构成

三 机制与管理机制的对比

对比机器的组成与管理机制的划分，可以发现两者有很大的相似性：机器有动力部分作为动力源，管理系统有动力机制提供动力；机器有执行部分完成预定功能，管理系统有运行机制作为主体；机器有控制部分操纵机器，管理系统有约束机制保证系统正确运行。无论是机制还是管理机制，都是为了通过激发和约束机器或社会某一系统的行为，实现机

---

① 孙晓红、闫涛编著：《管理学》，东北财经大学出版社2005年版，第16—17页。
② 孙晓红、闫涛编著：《管理学》，东北财经大学出版社2005年版，第17页。

器或社会某一系统的预期功能而对内在构造和工作原理所做的安排。

进一步而言,任何社会系统的运行必然涉及以下三个问题:第一,系统得以运行的动力何在?第二,系统行为何以能够发动起来?第三,如何保证系统行为符合预定目标,以使系统沿着正确的方向前进?这相继涉及系统的激励、运行和约束问题,分别是动力机制、运行机制与约束机制所担负的职能。①

然而,机制具有一定的客观性,即机制无论是否为有意识设计的结果,也无论是否对系统功能有促进作用,只要系统存在,其作为系统结构与运行所表现出的特征是客观存在的。因此,使系统产生"好"的机制,同时避免"不好"的机制产生,是系统设计与机制设计的任务。②当前跨学科人才培养实践也处于已经客观存在的专业教育机制中,这种机制既有一定的积极作用,也有一定的阻碍作用。面对机制性质和影响的二重性,我们需要做的就是,建构更加系统、正向、有力的机制。

第二节 跨学科人才培养机制的构成

借鉴机制一词的本来含义和管理机制的一般划分,结合对美国研究型大学跨学科人才培养实践的考察,跨学科人才培养机制可划分为动力机制、运行机制与约束机制(见图8-3)。

一 跨学科人才培养的动力机制

系统的运行、组织成员的行为,都是在一定的动力机制作用下发生的。③ 作为向跨学科人才培养提供与传输动力的部分,跨学科人才培养的动力机制是调动、维持高校实施跨学科人才培养积极性的促动机制。它不仅需要有动力来源或输出,而且还要有动力的传递,两者缺一不可。因此,对于跨学科人才培养的动力机制,本书关注的重点在于跨学科人

---

① 张晓报:《大学的社会评价机制研究》,硕士学位论文,湖南大学,2011年。
② 李学栋、何海燕、李习彬:《管理机制的概念及设计理论研究》,《工业工程》1999年第4期。
③ 李朋编著:《管理学》(第2版),北京理工大学出版社2014年版,第24页。

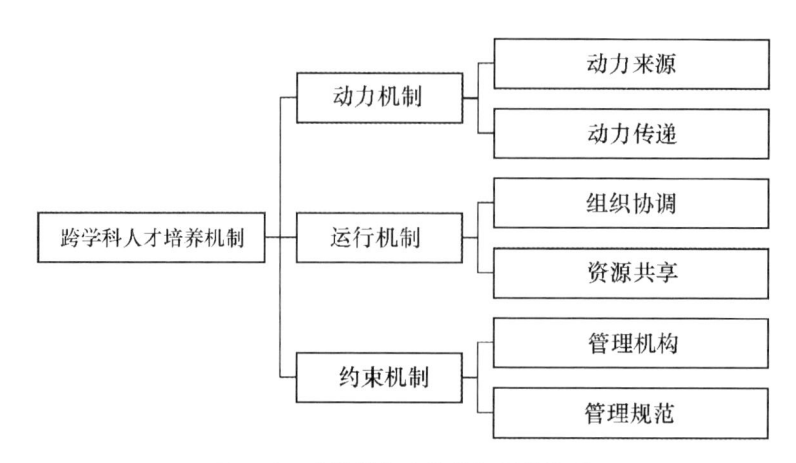

```
跨学科人才培养机制 ─┬─ 动力机制 ─┬─ 动力来源
                  │           └─ 动力传递
                  ├─ 运行机制 ─┬─ 组织协调
                  │           └─ 资源共享
                  └─ 约束机制 ─┬─ 管理机构
                              └─ 管理规范
```

图 8-3 跨学科人才培养机制的构成

才培养的动力来源及其作用的方式,即揭示哪些力量促动高校实施跨学科人才培养,以及这些力量是如何发挥作用的。

(一) 跨学科人才培养的动力来源

需求是行为的原动力:"任何事物均要在获得了一定的动力作用基础上,才能保持其持续和稳定的发展趋势,而这种动力的获得往往与此事物的社会需求密切相关。"[1] 随着时代的发展,社会、学生和学科等多元主体对跨学科人才培养的需求不断凸显。从美国一批顶尖的研究型大学看,其跨学科人才培养实践的原动力主要源于政府和社会的外部需求与学生和学科的内部需求:在政府和社会层面,现实问题的复杂性与挑战性要求高校培养掌握多学科工具、能够理解并解决这些问题的人才;在个体层面,学生多样化与个性化的学术兴趣与发展需要要求高校为他们的跨学科学习提供更加充分的机会;在学科发展层面,伴随着知识生产方式的变革,交叉学科或领域不断涌现,需要高校以制度化的形式对其进行保存与传承,并进一步发展。正是这些需求,推动了美国研究型大学人才培养模式的改革与转型。

从国内来看,这些需求实际上亦是存在的。根据学者陈小红对广东

---

[1] 庄宇:《城市设计的运作》,同济大学出版社 2004 年版,第 52 页。

省 5 个城市金融、科教、工业、服务业、医药、IT、建筑、房地产、农业及其他行业 100 家单位和 10 所全日制普通本科院校 2000 名在校大学生的调查，他们都认为非专业方面的知识与能力非常重要，其中市场需要具有综合能力和素质的人才，要求学生的知识面不能过窄，学理工的不能对人文方面一无所知，学文科的人也不应对理工一窍不通，而学生亦提出了增加辅修、双学位的意见和建议。[①] 然而在学科评估的导向之下，高校往往注重的是学科排名和学科考核，难以切实回应社会需求[②]和学生需求，导致人才培养模式改革的逻辑单一。

经济学理论认为，需求侧对供给侧有牵引作用，推动供给技术发展、供给要素升级，而供给侧对需求侧有激发作用，供给创造需求，供给水平和方式决定着需求的水平和方式。[③] 要推进跨学科人才培养，形成"需求引导供给、供给创造需求、供给与需求协同"的动力机制，[④] 高校作为跨学科人才培养的主体，首先需要走出单一的"供给侧"思维，站在"需求侧"的角度考虑人才培养模式改革问题。具体而言，就是重视动力机制中的动力来源一环，将经济社会发展的外部需求与学生多元发展的内部需求两种需求相结合，进而充分对接这两种需求，并将其作为跨学科人才培养的出发点。而当合理的"供给侧"形成以后，又可以对"需求侧"进行激发，以高水平的供给分别创造学生和社会对跨学科学习和跨学科人才的需求。

（二）跨学科人才培养的动力传递

动力传递是动力机制的重要一环，否则动力就无法充分转换为动能。因此，要推进跨学科人才培养，就需考虑如何使高校能够切实回应客观存在的多元主体需求。根据管理学的相关理论，动力机制主要由以下三个方面构成：（1）利益驱动。利益驱动是社会组织动力机制中最基本的

---

① 陈小红：《大学通识教育亟需加强——基于人才市场需求和大学生择业取向的调查》，《汕头大学学报》（人文社会科学版）2008 年第 2 期。

② 胡艳婷、郑宏：《教育部哲学社会科学重大攻关项目〈面向 2035 年的高校学科优化调整布局研究〉开题》，2023 年 3 月 28 日，https://ihe.xmu.edu.cn/_t2250/2023/0401/c16595a471604/page.htm。

③ 邬大光：《大学需关注"需求侧"》，《高等理科教育》2023 年第 2 期。

④ 邬大光：《大学需关注"需求侧"》，《高等理科教育》2023 年第 2 期。

力量，是由经济规律决定的。被管理者在物质利益的吸引下，选择有助于组织功能实现的行动，从而有效推动整个系统的运行。（2）政令推动。政令推动是由社会规律决定的。管理者凭借政府权威，强制性地要求被管理者采取有助于组织功能实现的行动，以此推动整个系统的运行。（3）社会心理推动。社会心理推动是由社会与心理规律决定的。被管理者在富有成效的精神或道德激励下，自觉、自愿地努力实现组织目标。① 由此可见，在一般系统中，利益、政令和社会心理三因素在推动指向组织功能实现的行动。

美国实施的是高度分权的高等教育管理体制，联邦政府主要负责宏观调控，州政府也不直接参与高校管理，高校具有很强的办学自主性。在这种情况下，美国研究型大学积极回应多元主体对跨学科人才培养的需求，并自觉将其作为跨学科人才培养实践的出发点，主要并不在于政令推动，而在于利益驱动和社会心理推动。前者表现为美国高校之间面临政府资助、生源等多方面的竞争，这迫使它们普遍具有很强的市场敏锐性和社会适应性，能根据市场变化及时对人才培养模式进行改革与调整，适时满足不同的社会需求。② 后者则表现为美国高校尤其是其本科教育以学生主体性的充分和自由发展为目的，③ 充分尊重学生的个性化学术兴趣与发展需要。最为典型的莫过于"个人专业"制度，其支持学生在校方提供的专业之外自主设计专业。④ 从其生成背景来看，实际是利益驱动和社会心理推动两种因素共同作用的结果。

当前，我国高等教育发展已经进入到"深水区"，其中跨学科人才培养模式改革无论在理论认识还是实践操作上都面临非常大的挑战，推进较为困难和缓慢。尽管当前跨学科已经成为国家政策和社会共识，高校据此也有所行动，但往往流于片面和表面，存在蹭热度、赶时髦的现象，例如将跨学科人才培养简单等同于辅修、双学位等专门形式，且自成体系⑤而没有与现有的人才培养体系相融合，跟风设置"前沿交叉学

---

① 李朋编著：《管理学》（第 2 版），北京理工大学出版社 2014 年版，第 24 页。
② 饶燕婷：《美国高校专业设置及调整机制研究》，《大学》（研究版）2018 年第 11 期。
③ 别敦荣：《论大学本科弹性教学》，《现代大学教育》2001 年第 5 期。
④ 张晓报：《美国研究型大学"个人专业"及启示》，《高教发展与评估》2020 年第 1 期。
⑤ 张晓报：《双学士学位、联合学士学位等概念定义》，《大学教育科学》2020 年第 2 期。

科学院（研究院）"等相关组织，而没有实际的教学与科研活动等。之所以改革较为艰难，一个重要原因就在于"改革动力不足"①。尽管很多高校已经认识到跨学科人才培养的重要性和迫切性，也意识到社会、学生和学科对跨学科人才培养的需求，然而受制于动力传递机制不完善，需求往往无法转换为全面而深刻的实践。因此，未来我们需要考虑的是，如何在动力传递上形成像学科评估那样强大的力量，使高校能够把客观存在的内外部需求切实转化为跨学科人才培养实践。

二 跨学科人才培养的运行机制

作为跨学科人才培养机制的主体，运行机制指促进跨学科人才培养具体功能实现的机构与制度，主要包括组织与协调机制、资源共享机制。研究跨学科人才培养的运行机制，就要揭示国内外典型高校为实施与推进跨学科人才培养对自身的学术组织进行了哪些调整与改革，是否建立了协调这些组织有效运行的机制；探究这些高校教育教学资源共享的程度，与打破按学科专业配置资源、实现全校资源跨学科共享的具体做法。

（一）跨学科人才培养的组织与协调机制

一是跨学科人才培养的组织机制。组织机制指高校为实施跨学科人才培养所建立的一套学术组织，其作用在于为跨学科人才培养提供组织载体。就组织机制而言，跨学科研究和学习的主要障碍是高校以学科为基础划分和设置系科的组织模式，这种组织模式使传统院系形成了既定的兴趣，而对跨学科研究和学习支持不足。② 为了走出跨学科人才培养的学科组织困境，积极创设跨学科院系和跨学科研究机构，③ 成为不少高校的战略选择。

相比于单科性学院，跨学科院系的学科构成往往更为多元，组织多学科资源、实施跨学科人才培养也随之更为便利，因此在一定程度上克服了传统学科与院系所面临的条件限制，具有了更为充分的跨学科人才

---

① 邬大光、陈祥祺：《高等教育"深水区"与大学转型发展》，《中国高教研究》2021年第12期。

② 朱清时主编：《21世纪高等教育改革与发展——国外部分大学本科教育改革与课程设置》，高等教育出版社2002年版，第95页。

③ 焦磊：《国外知名大学跨学科建制趋势探析》，《高等工程教育研究》2018年第3期。

培养实践空间。例如，牛津大学圣安东尼学院正是利用其国际关系、经济学、政治学、历史学和人类学的优势，进行了涉及非洲、欧洲、拉丁美洲的跨学科区域研究和教育，而不同学科背景的师生构建了学科融合的学术环境，有助于学生形成对跨学科学习的理解和兴趣，提升跨学科素养。① 值得注意的是，一批在名称上为单一学科的院系，在内在结构上亦是跨学科的。例如，斯坦福大学教育学院的教师来自社会科学、技术以及教育等多个学科。②

跨学科研究机构不仅致力于跨学科问题的研究，而且往往也承担一定的人才培养职能，并为跨学科培养学生提供研究实践的平台。例如，康奈尔大学目前有100多个跨学科研究机构，集中了来自大学各部门的教师和学生在纳米加工、生命科学、计算与信息科学、环境可持续性、人类发展、农业、空间研究、国际问题等广泛的学术和社会话题上从事科研、教学和社区服务工作。③ 再如，密歇根大学格拉哈姆可持续发展研究所（Graham Sustainability Institute），将来自不同学院和专业、积极关注可持续发展问题的老师和学生聚集起来，共同研究推进社会可持续发展的解决方案。该研究所为学生提供跨学科知识与技能发展的机会，每年支持100多名全日制学生（包括本科生和研究生）在国内外寻找跨学科的、可行的和有意义的可持续发展方案。④

二是跨学科人才培养的协调机制。跨学科人才培养的协调机制是指协调高校内部不同的学术机构共同组织与实施跨学科人才培养的机制，其作用在于协调这些机构之间的横向关系，推动它们在跨学科人才培养方面的合作，从而相互配合、高效协同地实现跨学科人才培养目标。

无论是跨学科课程与教学的实施、跨学科专业与学位的运行，还是

---

① 陈翠荣、杜美玲：《英国牛津大学跨学科培养研究生的理念、路径及趋势分析》，《黑龙江高教研究》2021年第2期。

② Stanford University, "Stanford Graduate School of Education", https://ed.stanford.edu/#main-section.

③ Cornell University, "Centers and Institutes", http://www.cornell.edu/academics/centers.cfm.

④ 陈翠荣、李冰倩：《密歇根大学跨学科培养研究生的理念基础、实现途径及面临的挑战》，《外国教育研究》2018年第8期。

跨学科组合课程、专业与学位，往往都需要多个学术机构的力量，这就要求不同机构进行协作，然而这种协作单纯依靠这些机构的自发和自觉远远不够。同时，尽管传统学科组织对跨学科人才培养有一定的阻滞作用，但消解学科组织困境并非意味着将传统的学科型院系全部改造为跨学科院系。从美国研究型大学的实践看，不同学科组织合作提供跨学科专业或者双主修、主辅修等跨学科修读选择是一种较为常见的现象。① 例如，宾夕法尼亚大学的"跨学院辅修专业"就是由文理学院与其他学院合作提供的，这些专业包括"城市教育"（文理学院与教育研究生院）、"认知科学"（文理学院与工学院）、"营养学"（文理学院与护理学院）、"景观研究"（文理学院与设计学院）、"精算数学"（文理学院与沃顿商学院）等。② 可见，学科组织对跨学科人才培养并非都是阻力，我们不能一强调跨学科人才培养、跨学科研究和跨学科组织，就全盘否定传统学科专业教育、研究与组织的意义。相反，学科组织对跨学科人才培养具有重要价值，如果得到合理利用，其可以成为跨学科人才培养的重要资源，而这些资源随之亦可以成为跨学科人才培养模式及其具体形式的重要组成部分。事实上，当前的跨学科人才培养和科学研究仍是以学科组织为主体、跨学科组织相配合的实践活动。③

因此，在校级层面建立统筹与协调机制，使不同学术机构在跨学科人才培养方面的合作从个体自觉走向校方的制度化行为无疑是必要的，而这亦是美国很多研究型大学所采取的现实举措。以斯坦福大学为例，其对学院与研究机构的管理主要依靠的是教务长与副教务长。④ 他们在全校范围内管理与协调本科教育、研究生教育和科研活动，斯坦福大学的跨学科人才培养实践就得益于他们的组织、协调与推动。例如，副教务长兼研究院长是斯坦福大学校级层面科研管理的统领，其不仅把握科

---

① 张晓报：《独立与组合：美国研究型大学跨学科人才培养的基本模式》，《外国教育研究》2017年第3期。

② University of Pennsylvania, "Inter-School Minors", https://admissions.upenn.edu/learning-at-penn/major-minors/inter-school-minors.

③ 张晓报：《美国研究型大学跨学科人才培养模式研究》，湖南师范大学出版社2018年版，第176页。

④ 王英杰：《在创新与传统之间——斯坦福大学的发展道路》，《北京大学教育评论》2004年第3期。

研活动的整体运行并对其进行指导，协调管理影响科研活动的内外部因素与涉及的人财物等各方面资源，①而且鼓励学科之间的课程开发、研究和互动。②再以新加坡南洋理工大学（NTU）为例，其发现跨学科课程的实施需要机构与平台的支持，虽然校内已有相关的部门，学校也与大量的企业保持良好的合作，但这些还不足以契合NTU2025战略想要实现的"创建和培育独特的、世界领先的学术和研究实体"的目标，于是NTU考虑到整合资源、推动跨学科合作、促进教育改革等多种需求，设立了教学创新、研究和卓越研究所（简称InsPIRE）。NTU设立InsPIRE这一校级协调机构，旨在利用整个大学教研人员的优势与专业知识，去探索与跨学科课程相匹配的教学内容、方法和技术，并在教学、技术、研究和奖学金之间建立更强大的协同作用，从而促进卓越的教学并优化学生的学习。③

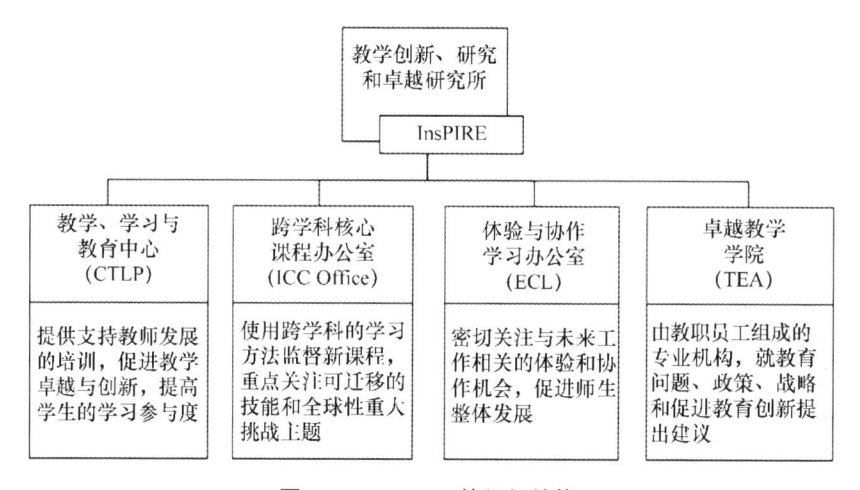

```
              教学创新、研究
              和卓越研究所
                InsPIRE
    ┌───────────┬───────────┬───────────┐
 教学、学习与   跨学科核心   体验与协作   卓越教学
  教育中心    课程办公室   学习办公室     学院
  (CTLP)    (ICC Office)   (ECL)      (TEA)

 提供支持教师发展  使用跨学科的学习  密切关注与未来工  由教职员工组成的
 的培训，促进教学  方法监督新课程，  作相关的体验和协  专业机构，就教育
 卓越与创新，提高  重点关注可迁移的  作机会，促进师生  问题、政策、战略
 学生的学习参与度  技能和全球性重大  整体发展         和促进教育创新提
                  挑战主题                         出建议
```

图8-4 InsPIRE的组织结构

资料来源：唐舟赢、陈武元：《重塑学习：新加坡南洋理工大学跨学科课程的新探索》，《高等理科教育》2022年第3期。

---

① 穆瑞燕：《美国研究型大学科研管理机制探析——以斯坦福大学为例》，《中国高校科技》2017年第12期。

② Stanford University, "Centers & Institutes", https://www.gsb.stanford.edu/experience/about/centers-institutes.

③ 唐舟赢、陈武元：《重塑学习：新加坡南洋理工大学跨学科课程的新探索》，《高等理科教育》2022年第3期。

(二) 跨学科人才培养的资源共享机制

跨学科人才培养的资源共享机制主要表现为实现课程、师资、设施与设备等教育教学资源在不同学科、院系和专业之间共享的相关制度与方式。跨学科人才培养因为涉及两个或两个以上学科或领域的交叉与融合，所以其运转需要其他学科的资源提供支持，而单个院系的资源往往又是单一的。"不论是高校内部的组织之间，还是高校和企业之间，它们各自拥有的资源都不相同，可通过重组、合作的形式实现资源流动与补充，从而保持更长久的竞争力。"① 换言之，面对资源的稀缺性、异质性，要形成持续的资源补充与集合，就需要进行组织间的资源整合、互补、协调与共享，② 打破传统的资源配置方式、建构资源的跨学科共享机制也因此显得尤为必要。

一是课程共享机制。课程共享机制是资源共享机制的重要组成部分，其作用在于实现课程在不同学科、院系和专业之间的共享，从而为跨学科人才培养所需的多学科课程提供保障。作为实现教育目的的主要手段和媒介，课程可以作为独立的跨学科人才培养形式，同时它又是组成跨学科专业、双主修等跨学科人才培养形式的重要基础。前者表现为跨学科课程，而后者则没有学科课程与跨学科课程之分。在一定时期内，跨学科人才培养形式在数量上是有限的，然而课程是丰富的。当课程可以灵活组织的时候，跨学科人才培养实践就有了丰富多样的生成可能。

课程的灵活组织对课程共享机制提出了要求。从学生的角度而言，只有课程资源共享了，他们才有机会选修其他学科或院系的课程，跨学科学习才能成为现实，否则就容易被限制在狭窄的学科和专业之内。从高校和院系的角度而言，如果跨学科人才培养，尤其是独立模式及其之下的具体形式在课程上单纯依靠某一学科或院系自身的力量，除非类似于美国研究型大学文理学院这样庞大的学院，其他学科结构单一、师资力量薄弱的院系根本无法支撑。背后的原因就在于，如果"不能在校级

---

① 唐舟嬴、陈武元：《重塑学习：新加坡南洋理工大学跨学科课程的新探索》，《高等理科教育》2022年第3期。
② 唐舟嬴、陈武元：《重塑学习：新加坡南洋理工大学跨学科课程的新探索》，《高等理科教育》2022年第3期。

层面实现资源共享,或者说不能在多种学科中实现共享"①,单一学科或院系的课程远远不够。可见,课程资源在高校整个学科及其组织体系中充分共享是跨学科人才培养的重要基础,这也决定了院系要跳出单纯依靠自身力量实施跨学科人才培养,尤其是独立模式及其之下的具体形式的做法。

  从美国研究型大学的经验看,它们一方面强调课程共享理念,如普林斯顿大学的学术资源面向全体学生开放,并不因学生在某一个专业或者院系而限制:"讲座、课程和实验室是共有的,所以不管本科生的主修领域是什么,他们都可以获得一份共享的学术经历"②;另一方面也在实践层面较好地落实了这一理念,其主要做法在于打破课程类型之间的界限:"必修与选修并没有天然的界限,一门课程对某一专业学生的知识结构而言可能是必要的,但对于另一专业学生的知识结构而言,又是可选择的"③,所以学生选修课程的空间较大。例如,密歇根大学的学生可以自由地从该校文理学院的各个学系以及其他学院组织课程,进行个人主修项目或通识学士学位的设计。④ 课程资源开放与共享为美国研究型大学灵活组织课程、实施跨学科人才培养创造了有利条件,这也是为什么以学科为基础分设系科未能成为美国研究型大学跨学科人才培养主要制约因素的原因所在。

  二是教师共享机制。教师共享机制是资源共享机制的另一个组成部分,其作用在于实现师资在不同学科、院系和专业之间的共享,从而为跨学科人才培养所需的多学科师资提供保障。之所以强调多学科师资,是因为"跨学科的教与学给师生带来了一定的挑战,学生需要在教师的帮助与指导下成功构建自己的跨学科知识体系和技能图谱,但这无法仅依靠个别教师或学院的力量"⑤ 实现。因此,跨学科人才培养需要多个

---

① 袁建胜、温新红:《厦大副校长邬大光:本科教育需要更深入更全面的改革》,《科学时报》2008年8月19日第8版。
② 张晓报:《独立与组合:美国研究型大学跨学科人才培养的基本模式》,《外国教育研究》2017年第3期。
③ 袁建胜、温新红:《厦大副校长邬大光:本科教育需要更深入更全面的改革》,《科学时报》2008年8月19日第8版。
④ College of LSA, "Majors & Minors", http://www.lsa.umich.edu/students/academicsrequirements/majorsminors.
⑤ 唐舟赢、陈武元:《重塑学习:新加坡南洋理工大学跨学科课程的新探索》,《高等理科教育》2022年第3期。

学科的教师协同育人。从域外经验看,宾夕法尼亚大学法学院的教师超过一半为法学院与该校其他学院联合聘任或属于其他学院,① 而华盛顿大学的"环境"作为跨学科项目,为使师生从多个视角探究复杂的环境问题,亦从多个学科吸收了大量的教师。②

实现多学科教师协同育人,要求高校"不将学科组织成员固定在某一学科或专业范围内"③,允许教师在不同院系间流动。如果按照学科与专业配置师资而互不共享,教师的隶属关系与工作范围往往就局限在院系之内,跨学科课程以及跨学科教学与指导根本无法实施。而现实是,高校尤其是大学往往集聚了来自科学各个分支的大量教师,这些教师完全可以从潜在的跨学科人才培养力量成为现实的巨大助力。可以说,作为教学与科研职能的具体履行者,教师能否广泛参与跨学科人才培养实践,直接影响到后者能否顺利实施、顺畅运行、不断发展。为此,美国很多研究型大学采用了校内两个学术单位共同聘任教师的"联合聘任制"或"双聘制"。这种方式既节约人力成本,又可以迅速扩充跨学科学术队伍,目前已成为美国研究型大学促进跨学科研究和教学的重要策略。④

典型高校为密歇根大学。2004年9月,在总结多年联合聘用经验的基础上,密歇根大学发布了《密歇根大学联合聘任教师指导规范》,提出了指导不同学术单位联合聘任教师的9条原则,对联合聘任教师的聘任、考核、晋升、留任、解聘、争议处理等事项都作了明确规定,并要求不同聘任单位和聘任教师在共同协商的基础上就工作职责划分、工作任务、考核评价等事项签署正式的书面"备忘录"。至此,密歇根大学建立起了较为规范和完善的联合聘任制度。2007年11月,科尔曼校长宣布启动并实施"跨学科教师行动计划",专门斥资3000万美元,计划

---

① 张晓报:《美国研究型大学跨学科人才培养模式研究》,湖南师范大学出版社2018年版,第177页。
② University of Washington, "Program on the Environment", http://www.washington.edu/students/gencat/academic/envir.html.
③ 邹晓东:《研究型大学学科组织创新研究》,博士学位论文,浙江大学,2003年。
④ 项伟央、刘凡丰:《美国大学"双聘制"的困境与密歇根大学的实践》,《教育发展研究》2010年第5期。

用 5 年时间聘用 100 名终身教职系列的跨学科初级教师,其中 1000 万元用于支付教师的薪酬,2000 万元作为跨学科研究启动经费,鼓励教师打破学科界限,积极开展跨学科研究和教育。截至 2011 年 6 月,密歇根大学通过"跨学科教师行动计划"共资助设立了 101 个终身教职系列的联合聘任教师职位,并在校内外公开招聘了 34 名从事跨学科研究和教育的初级教师。联合聘任制的实施和强有力的经费支持,使得密歇根大学的交叉学科发展十分迅猛,跨学科研究和教育带来的优势正在逐步彰显。[①]

三 跨学科人才培养的约束机制

跨学科人才培养的约束机制是指整个机制中管控跨学科人才培养实践的部分,突出表现为对高校跨学科人才培养实践进行限定与修正,保证跨学科人才培养实践朝着预定目标发展的相关机构与制度。相比于传统的学科专业教育模式,跨学科人才培养模式是一套相对新的探索与设计,没有成熟的历史经验可循,需要高校办学主体进行摸索。为了避免盲目上马、低质运行,高校有必要通过构建一套教育质量管理体制,对跨学科人才培养实践形式及参与主体进行约束。所谓学校教育质量管理体制,是由学校内部教育质量管理的机构和教育质量规范所组成的统一的结构体系。其中,质量管理机构是保障学校教育质量的专门组织与重要主体,教育质量管理规范则是保证学校管理机构正常运转、教育教学秩序处于良好状态的制度。[②] 根据对国内外典型高校的研究,跨学科人才培养的约束机制主要就表现在这两个方面。

(一) 跨学科人才培养质量的管理机构

教育质量管理体制是决定学校教育质量保障体系效能的关键因素。[③] 教育质量管理体制的完善,是以教育质量管理机构的建立为前提的。要有效地保障教育质量,就必须构建学校质量管理机构,贯彻执行学校的质量政策,落实教育质量保障的组织和个人责任。因此,构建教育质量

[①] 朱永东、张振刚:《联合聘任制:密歇根大学的探索与实践》,《高等工程教育研究》2017 年第 4 期。
[②] 黄留山、邱佑权主编:《学校教育质量管理学》,武汉工业大学出版社 1993 年版,第 210 页。
[③] 支敏编著:《教育评价的基本原理与运用》,贵州人民出版社 2006 年版,第 364 页。

管理机构，是学校建立教育质量保障体系必须解决的重要问题之一。学校的质量管理机构建设，既可以以原有的组织机构为基础建设，也可以建立与原有机构相对独立的质量管理机构。[①] 不管何种组织方式，学校都需要明确该机构各个部门、各类人员的教育质量管理职责，实施教育质量责任制，形成人人讲质量、层层抓质量的质量管理文化，使教育质量落到实处。[②] 当前，我国高校跨学科人才培养总体处于初生和探索阶段，实践体系和质量管控显得较为粗放。随着跨学科人才培养实践的大面积铺开和持续深入推进，其质量问题将会日益突出。因此，要使跨学科人才培养实践拥有一个高质量发展的起点，我国高校就必须从质量管理机构着手建构有力的跨学科人才培养质量管理体制。

作为约束机制的重要组成部分，跨学科人才培养的质量管理机构突出表现为审核与批准、检查与监控、评估与处理跨学科人才培养相关事务，对跨学科人才培养质量进行标准控制（事前控制）、现场控制（事中控制）和结果控制（事后控制）的机构。例如，跨学科课程对学生理解综合的力量，体验人与自然、社会的各种联系，培养融合与综合能力、跨学科思维习惯和整体思维能力，激发创造潜能[③]具有重要价值，然而设计不合理的课程往往流于多学科的"拼盘"，因此强化对跨学科课程设置的指导与运行的监控成为不少美国高校的战略选择。其中，加州大学洛杉矶分校成立了由15名教师、4名学生以及2名没有投票权的图书管理员和教辅人员组成的教育顾问委员会，负责向通识教育部主任提出建议，协助开发严格而富于启迪性的跨学科课程，审查所有计划开设的跨学科课程并提出推荐意见，提交校本科教学委员会讨论通过，并监控跨学科课程的教学，对其教学质量进行评估。[④] 由此可见，该机构不仅推动跨学科课程开发与设置，同时亦致力于跨学科课程的质量管控。

---

① 支敏编著：《教育评价的基本原理与运用》，贵州人民出版社2006年版，第364—365页。
② 陈莉欣：《基础教育管理与质量评价》，世界图书出版西安有限公司2018年版，第19页。
③ 郭德红：《美国研究型大学跨学科课程开发的经验与启示》，《中国高校科技》2017年第5期。
④ 郭德红：《美国研究型大学跨学科课程开发的经验与启示》，《中国高校科技》2017年第5期。

（二）跨学科人才培养质量的管理规范

对跨学科人才培养而言，其质量管理规范主要表现为跨学科人才培养质量的标准设定与全过程管理制度。在标准设定上，约束机制主要表现为对跨学科人才培养实践整体以及跨学科课程、跨学科专业、主辅修、双学位等各种具体形式质量标准的要求。例如，北京大学认为辅修、双学位是培养跨学科人才的重要途径，对"双学位专业课程与同专业主修课程"实施"同质要求，同质管理"①，规定"院系的双学位/辅修和其他跨学科培养项目应在课程难度、要求和考核等方面与其本学科专业课程保持一致，以保障跨学科人才培养质量"②。因此，一般情况下所有选课的学生都在同一课堂完成同样的作业和考试。③

在全过程管理制度上，约束机制主要表现为对准入条件、过程监控与处理、出口考核与把关等环节的总体要求。在准入要求上，约束机制突出表现为对教师、学生、项目等对象进入跨学科人才培养实践的标准与程序等方面的要求。例如，加州大学伯克利分校为博士生提供了自主设计与创建跨学科研究项目的机会，但须遵守成绩优异，来自多个部门的五位教师支持其申请计划书，在真正的跨学科领域而非现有部门中开展研究等较为严苛的规定。④ 在过程监控与处理上，约束机制主要表现为对参与跨学科人才培养实践的学生、各种跨学科人才培养形式的阶段性表现进行检查与评估，并进行相应处理的制度设定，如北大对跨学科项目的运行情况进行周期性评估，对设置不合理、办学条件退化以及不适应社会发展需求的予以撤销或合并。⑤ 而在出口考核与把关上，约束机制主要表现为对参与跨学科人才培养实践的学生、各种跨学科人才培养形式的最终表现是否达到预定标准所进行的终端检查与处理制度。例

---

① 北京大学教务部：《北京大学本科生修读双学位专业管理办法》，2023年2月9日，http://dean.pku.edu.cn/web/rules_info.php?id=16。
② 张宁：《砥砺奋进，一路芳华——北大七十年教育教学探索之路》，2019年10月7日，https://www.thepaper.cn/newsDetail_forward_4613945。
③ 温才妃：《北京大学发布双学位/辅修新政》，《中国科学报》2017年4月11日第6版。
④ 范冬清、王歆玫：《秉承卓越：美国研究型大学跨学科人才培养的特点、趋势及启示》，《国家教育行政学院学报》2017年第9期。
⑤ 北京大学教务部：《北京大学本科教育项目（含交叉学科）设置管理规定》，2017年12月21日，http://www.dean.pku.edu.cn/web/rules_info.php?id=72。

如，斯坦福大学针对跨学科项目的学生制定了包括学术水平考核与学术道德考核在内的严格的考核制度，前者包括资格考试、综合考试和论文答辩三个环节。① 其中，资格考试与综合考试偏向于过程监控与处理，而论文答辩则重在出口考核与把关。很明显，这些约束条件可以在全过程培养链条中将跨学科人才培养实践维持在一个良好的质量水准。

---

① 熊华军、佘清、尤小清：《斯坦福大学交叉学科研究生培养模式及启示》，《学位与研究生教育》2022年第1期。

第九章

斯坦福大学跨学科人才培养机制[①]

与杜克大学、宾夕法尼亚大学等大学相比,斯坦福大学并没有明确用跨学科来定义自身的属性。但从现有资料看,无论是组织建设还是人才培养、科学研究等活动,斯坦福大学都表现出了跨学科大学的特性。在机制层面,斯坦福大学并没有基于跨学科人才培养与科学研究等活动对自身的机制进行整体性变革,但其原本机制却表现出适宜跨学科活动的特质,同时亦基于跨学科活动进行了一定的机制改革。

第一节 跨学科人才培养的组织机制

在组织机制方面,斯坦福大学表现出多类型组织协作实施跨学科人才培养的特征。这些组织大体包括院系和研究机构两类,为跨学科人才培养提供了平台和载体。值得一提的一个发现是,从内在学科与专业来看,即使是传统院系,它们之中亦有部分超越了传统的界限。

一 综合性大学与综合性学院

斯坦福大学认为多样性是一所大学的必要特征:"多样性对我们的研究和教育使命至关重要。大学的核心是致力于发现和传播知识。为了解决复杂的社会问题,为了发现科学的下一个突破,或者为了达到艺术表现的新高度,我们必须带来广泛的想法和方法。"[②] 因此,作为一所综合

[①] 本章华东师范大学教育学部研究生李雪同学做了一定的资料搜集与整理工作,并撰写了部分内容。

[②] Stanford University, "Provost's Statement on Diversity and Inclusion", https://provost.stanford.edu/statement-on-diversity-and-inclusion/.

性大学,斯坦福大学设有商学院、教育学院、工学院、人文与科学学院、法学院、医学院和可持续发展学院7个学院。"斯坦福大学的学院虽然不多,但其学科覆盖面极广,涵盖了除军事学之外几乎所有的学科专业,是典型的专业设置全面的综合性大学。"① 斯坦福大学不仅学科建制完善,而且学科建设质量首屈一指。根据世界大学学术排名(ARWU)的最新结果,斯坦福大学全球排名第二,而且有26个学科位居世界学科排名前10。② 这样全面而优质的学科为跨学科建设提供了坚实保障,其广泛而深入的学术项目就是由这7所学院综合提供的。而这7个学院又在同一个校园内,为学生追求他们的志趣并合作解决复杂的全球问题提供了无限的机会,③ 同时物理上的毗邻也自然而然地促进了多学科的合作。

在院系设置上,斯坦福大学创建伊始的院系设置与现在相比存在最大的差异就是综合性的增强。建校之初,斯坦福大学是以系组织起来的,当时在人文、社科、科学、技术等主要领域设置相互分割的21个系。1916年,时任校长韦伯(R. L. Wilbur)前瞻性地意识到:"旧的系制度已开始成为水泼不进的封闭机构,因此我们必须打破一些障碍,让空气更自由地流动,获得更广阔的视野,给思想和信息交流以更多的机会。"④ 为了消除系之间各自为政的问题,韦伯试图将学科密切相关的系合并组成学院。1922年,生物学院成立,此后三年中又分别组建成立了社会科学学院、物理学院和文学院。1948年,斯坦福大学又将这4个学院合并为人文与科学学院,以进一步强化文理并重的通识教育。在一个多世纪的发展过程中,经过不断的调整、合并与创建,斯坦福大学的法

---

① 王英杰:《在创新与传统之间——斯坦福大学的发展道路》,《北京大学教育评论》2004年第3期。

② 具体学科及名次为:计算机科学与工程、能源科学与工程、环境科学与工程、统计学、政治学5个学科排名第二,社会学、心理学、物理、化学、电气与电子工程、生物科学、医疗技术7个学科排名第三,生物技术、经济学2个学科排名第四,教育、化学工程、材料科学与工程3个学科排名第五,金融、机械工程、自动化与控制、生物医药工程、电信工程5个学科排名第六,数学学科排名第七,图书馆与信息科学、纳米科学与纳米技术2个学科排名第九,法律学科排名第十。见:ShanghaiRanking, "Stanford University", https://www.shanghairanking.com/institution/stanford-university.

③ Stanford University, "Academics", https://www.stanford.edu/academics/.

④ 王英杰:《在创新与传统之间——斯坦福大学的发展道路》,《北京大学教育评论》2004年第3期。

学院、商学院等其他六大学院也相继成立，最终发展成为一所院系设置全面的综合性大学，为培养知识渊博、个性鲜明、富有创造力的，能够引领下个世纪的领军人才奠定了学科专业基础。① 这种独创的"大学院制"在一定程度上避免了学院过多所造成的离心力，以及条块分割过于严重所造成的界限与壁垒，为斯坦福大学尤其是"大学院"内部推进学科交叉与融合、跨学科组织建立，以及跨学科人才培养创造了多学科基础。

也就是说，斯坦福大学不仅从总体层面表现出多学科的特征，而且其单个学院也表现出一定的跨学科特性，即每个学院在专业方面都拥有卓越的广度和深度。② 这就保证了学生即使身处某一个学院，也能实现一定的广度学习。其中，最为典型的为其人文与科学学院。该学院是斯坦福大学文科教育的基础，学院包括23个系和25个跨学科项目。该院同时也是斯坦福大学基础研究的家园，师生在这里可以跨越学科进行自由、开放与批判的探究。③ 由此可以从现实层面看出，多学科是实施跨学科人才培养的必要条件与基础。以往我们更多地注重校级层面的多学科，忽视了院系层面的多学科，而斯坦福大学学院数量少而更加综合的特征无疑为我国高校的学术组织建设提供了有益启示。

二 独立的跨学科研究机构

斯坦福大学的研究机构由院系实验室、大学与工业合作的研究中心、政府设在大学的研究中心以及独立研究机构四种类型组成。其中，独立研究机构是指那些由来自多个学院的教师所组成的正式的研究机构，其工作直接向教务长领导下的负责研究的副教务长汇报。这类机构由学校直接管理，虽与校内其他机构有一定的合作和联系，但不受学院、学系的行政和学术文化的控制和束缚。独立科研机构成立的重要背景在于，前沿性扩展研究在传统学院的学科规范和其他条件限制下较难推行。④

---

① 王英杰：《在创新与传统之间——斯坦福大学的发展道路》，《北京大学教育评论》2004年第3期。
② Stanford University, "Schools", https://www.stanford.edu/academics/schools/.
③ Stanford University, "School of Humanities and Sciences", https://humsci.stanford.edu/about.
④ 付瑶瑶：《从斯坦福大学看美国研究型大学中独立科研机构的发展》，《清华大学教育研究》2005年第3期。

因此，斯坦福大学没有被传统所束缚，而是凭借自由探索的精神，积极发展独立研究机构打破这种局面。①

目前，斯坦福大学有 15 个独立的实验室、中心和研究所（详见表 9-1），为学院和学科提供了物理和智力交叉的平台。这些机构符合斯坦福大学跨越边界解决重大问题的传统，使教职员工和学生能广泛参与从国际与经济研究到环境、能源与健康研究等领域的协作研究。② 例如，Bio-X 是斯坦福开创性的跨学科生物科学研究所，汇集了生物医学和生命科学研究人员、临床医生、工程师、物理学家和计算科学家，以解开人体的秘密。③ Bio-X 支持、组织和促进与生物学和医学相关的跨学科研究，致力于通过跨越学科之间的界限来促进发现，带来跨学科的解决方案并创造生物系统的新知识，以造福人类健康。④

表 9-1　　斯坦福大学跨学科实验室、中心和研究所

序号	名称	序号	名称
1	Center for Advanced Study in the Behavioral Sciences (CASBS)	9	Stanford Bio-X
2	Chemistry, Medicine and Engineering for Human Health (ChEM-H)	10	Stanford Center on Longevity (SCL)
3	E. L. Ginzton Laboratory	11	Stanford Institute for Economic Policy Research (SIEPR)
4	Freeman Spogli Institute for International Studies at Stanford (FSI)	12	Stanford Institute for Materials and Energy Sciences (SIMES)
5	Geballe Laboratory for Advanced Materials (GLAM)	13	W. W. Hansen Experimental Physics Laboratory (HEPL)
6	Human-Centered Artificial Intelligence	14	Wu Tsai Neurosciences Institute

---

① 别敦荣、张征：《斯坦福大学的教育理念及其启示》，《国家教育行政学院学报》2011 年第 4 期。
② Stanford University, "Independent Laboratories, Centers, and Institutes", https://doresearch.stanford.edu/office/independent-laboratories-centers-and-institutes.
③ Stanford University, "Stanford BIO-X", https://biox.stanford.edu/.
④ Stanford University, "Welcome to BIO-X", https://biox.stanford.edu/about.

续表

序号	名称	序号	名称
7	Kavli Institute for Particle Astrophysics and Cosmology (KIPAC)	15	Wu Tsai Human Performance Alliance
8	PULSE Institute for Ultrafast Energy Science	/	/

资料来源：Stanford University, "Independent Laboratories, Centers, and Institutes", https://doresearch.stanford.edu/office/independent-laboratories-centers-and-institutes。

跨学科研究机构一方面通过开设跨学科课程，设置跨学科专业等途径参与跨学科人才培养。对于独立建制的跨学科研究机构而言，研究虽然是其主业，但它们作为研究型大学教育体系的重要组成部分，亦积极利用自身优势参与到整个大学的人才培养之中。以 Bio-X 为例，其为全校的研究生和本科生提供新的课程，也为青年学者提供来自不同学科的最前沿知识。其中，跨学科课程主题是"跨学科生物科学前沿"（Frontiers in Interdisciplinary Bioscience），是对生物科学和生物技术方面涉及跨学科研究方法的尖端前沿研究的主题介绍，包括生物设计、蛋白质工程、组织工程、计算结构生物学等具体课程。有些课程是以研讨会系列形式出现，渗透着生命科学、生物技术、物理学、化学、工程科学等学科交叉融合。就师资而言，授课者往往都是来自麻省理工学院、斯坦福大学、加州大学伯克利分校、阿尔伯塔大学、布劳德研究所、霍华德医学研究所等世界一流大学和科研院所生物学科相关领域的知名教授。[①]

另一方面利用其研究优势，通过提供跨学科研究机会参与跨学科人才培养。斯坦福大学是倡导发展跨学科研究的先驱，这些跨学科研究任务主要由独立科研机构担当。这些独立科研机构不以学科为标准来规划研究，而是面向问题与课题，以项目为导向组织不同专业背景的教师、学生和学者共同进行。因此，进行多学科、跨专业研究亦成为这些独立

---

① 毕颖、杨小渝：《面向科技前沿的大学跨学科研究组织协同创新模式研究——以斯坦福大学 Bio-X 计划为例》，《华中师范大学学报》（人文社会科学版）2017 年第 1 期。

科研机构最大的特点。① 与此同时，斯坦福大学作为研究型大学，一直也致力于打造具有研究型大学特色的本科教育模式，鼓励学生参与研究训练并为其创造机会。而且在斯坦福大学和其他很多研究型大学看来，学生同样是发现者、研究者，研究和发现是大学教师和学生的共同目标和任务。② 因此，尽管这些独立研究机构的研究项目一般以教师或科研专员和研究生为主体，但并没有限制本科生的参与。相反，大多数研究机构都将培养学生作为自己的一项重要使命，③ 如通过设置各项奖学金来资助优秀学生；在以上15个独立的实验室、中心和研究所中，许多研究机构为合作研究提供资金并为本科生和研究生提供支持。④

第二节 跨学科人才培养的协调机制

从现有资料看，斯坦福大学的本科教育委员会、本科教育改革研究小组以及教务长与副教务长在跨学科人才培养实践上扮演着重要角色，在基础研究、顶层设计、组织协调等方面发挥了重要作用。

一 本科教育委员会与本科教育改革研究小组

作为研究型大学，斯坦福大学高度重视本科教育，并不断进行本科教育改革、提升本科教育质量，这也使得该校成为最受全世界学生所青睐的高校之一。在斯坦福大学本科教育发展过程中，本科教育委员会与本科教育改革研究小组发挥了重要作用。在这个过程中，跨学科人才培养作为本科教育的一部分亦受到关注和发展。

---

① 付瑶瑶：《从斯坦福大学看美国研究型大学中独立科研机构的发展》，《清华大学教育研究》2005年第3期。

② The Boyer Commission on Educating Undergraduates in the Research University, "Reinventing Undergraduate Education: A Blueprint for America's Research Universities", http://eric.ed.gov/?id=ED424840.

③ 付瑶瑶：《从斯坦福大学看美国研究型大学中独立科研机构的发展》，《清华大学教育研究》2005年第3期。

④ Stanford University, "Independent Laboratories, Centers, and Institutes", https://doresearch.stanford.edu/office/independent-laboratories-centers-and-institutes.

卡斯帕尔校长极其重视本科教育，曾将斯坦福大学定位为"研究密集型大学"（Research-Intensive University），旨在突出教学在斯坦福大学的重要性。在他的倡议和委任下，1992年①斯坦福大学成立了专门的本科教育委员会（Committee on Undergraduate Education at Stanford），由负责学校规划和财务的副教务长、14位教师、本科生和研究生代表各1位及2位杰出校友构成。②卡斯帕尔认为，本科教育委员会的目标是从更广泛的视角对本科教育进行新的审视和检查，由此开启了对斯坦福大学具有深远影响的本科教育改革。③1994年9月，本科教育委员会经过一年多的深入调查和研究，发布了"斯坦福大学本科教育调查报告"，并随即拉开了本科教育改革大幕。经过两年的试点，斯坦福大学于1996年秋季开始实行新的本科教育要求与课程计划，并尝试开展小班研讨课等项目。在此之后，斯坦福大学的本科教育改革并未止步，新的改革措施相继出台。2000年10月，汉尼斯校长在其任职典礼上又提出了一个为期五年、计划投资10亿的本科教育运动，旨在"使建立在本科生教育委员会1994年报告基础上的本科教育改革持久化"④。

为了适应社会发展的需要，确保其世界领先地位，2010年斯坦福大学又成立了由教务长领衔的本科教育改革研究小组（Study of Undergraduate Education at Stanford，SUES），启动了新一轮本科教育研究工作。本次改革对斯坦福大学的本科教育目标进行了重塑，重塑后的目标由四大方面构成：一是学习广博的知识。斯坦福大学要让学生在接受专业教育的同时，拓展多元化的学科知识，包括自然和物理科学、历史和社会科学、数学、工程、人文、语言和艺术等。二是发展基本能力。这些能力包括有效的沟通能力、良好的写作能力、批判性的阅读能力、美学与审美能力、定量推理能力、历史思考能力、科学分析能力、丰富

---

① 一说为1993年。见王英杰《在创新与传统之间——斯坦福大学的发展道路》，《北京大学教育评论》2004年第3期。

② 马莉萍、周姝：《美国研究型大学本科教育改革举措及其成效评估——以斯坦福大学为例》，《教育科学》2016年第3期。

③ 马莉萍、周姝：《美国研究型大学本科教育改革举措及其成效评估——以斯坦福大学为例》，《教育科学》2016年第3期。

④ 马莉萍、周姝：《美国研究型大学本科教育改革举措及其成效评估——以斯坦福大学为例》，《教育科学》2016年第3期。

的创造能力等。三是培养强烈的多元文化认同感和社会责任感，包括道德理解能力、对文化差异以及人类共性的欣赏能力、与不同特征的团队合作的能力、待人接物的能力等。四是适应性学习。斯坦福大学认为没有一种教育能够完全培养学生未来需要的全部知识和能力，要真正使学生具备持久的活力，本科教育目标必须融入一个非常重要的元素，即"适应性"学习。"适应性"目标正是基于这个理念提出，它促使学生将"广博知识""基本能力"以及"社会责任感"有机地融合、联系起来，发展迁移和适应能力。①

重塑后的本科教育目标超越了学科性和阶段性，为课程体系改革提供了方向和指引。例如，"适应性"学习目标就对促进课程之间的整合、课程学习与现实生活的整合提出了要求："如果学生把课程、现实生活看作独立的孤岛，至少部分是因为我们提供了那样的方式"，"我们并不是为了自身利益强加给学生这些结构，我们希望更少干预学生的自由，这是本科生活极大的乐趣和责任，但自由并不意味着指导的缺席。这些整合性项目能够帮助学生有目的地去发现智力的联接，学会适应性学习"②。

改革后的斯坦福大学课程体系落实和体现了以上四大本科教育目标体系，其中通识教育课程体系是跨学科人才培养内涵最为突出的改革内容之一。改革后的通识教育课程体系由思维与行为方法、有效思考、写作与修辞、外语四类必修课构成。其中，"思维与行为方法"课程突破了原有的学科分类必修组织形式，要求学生发展美学与审美、社会调查、科学方法与分析、形式推理、融入多元化、道德推理、应用量化推理、创造力8大能力，学生需要在这8大领域中选修11门课程。斯坦福大学通识课程管理委员会表示，"通过关注'能力'而非'学科'，最终目的是促使学生积极地创造教育而非消极地接受教育。同时，这种新的跨学科模式在理论依据上更连贯、透明，更能回应学生的需求和目标，有助

---

① 刘海燕、常桐善：《能力、整合、自由：斯坦福大学21世纪本科教育改革》，《清华大学教育研究》2015年第4期。
② 刘海燕、常桐善：《能力、整合、自由：斯坦福大学21世纪本科教育改革》，《清华大学教育研究》2015年第4期。

于学生涉猎更广泛的学科"①。由此可见，斯坦福大学对于通识教育的目标完成了从知识到能力的跨越，从有形的跨学科形式走向了无形的跨学科形式。

二 教务长与副教务长

斯坦福大学对学院与研究机构的管理主要依靠的是教务长与副教务长。其中，教务长作为首席学术和预算官，负责管理学术项目（学院和其他非附属单位的教学和研究）和支持学术项目的大学服务（学生事务、图书馆、信息资源和机构规划），学院院长和行政人员都需要向其报告工作。② 此外，斯坦福大学还设置了本科教育副教务长（Vice Provost of Undergraduate Education，VPUE）、研究生教育副教务长（Vice Provost for Graduate Education，VPGE）、副教务长兼研究院长（Vice Provost and Dean of Research，VPDoR），其中本科教育副教务长是斯坦福大学于1993年设立的主管本科生教育的副教务长。③ 根据对斯坦福大学本科教育改革过程的梳理，教务长与副教务长对跨学科人才培养的组织与协调作用主要体现在以下三个方面。

一是谋划跨学科人才培养。斯坦福大学教务长与本科教育副教务长一个重要职能在于谋划人才培养，典型案例为2010年前后的本科教育改革。2010年1月，时任教务长约翰·埃齐门第（John Etchemendy）和本科教育副教务长约翰·布拉夫曼（John Bravman）安排本科教育改革研究小组"审查课程，重申或修改本科教育目标，并确保斯坦福大学的要求反映斯坦福大学既定的目标"④。经过两年多的研讨，研究小组强调，新一轮的本科教育改革必须摈弃对本科教育局部性修补的做法，重新思

---

① 刘海燕、常桐善：《能力、整合、自由：斯坦福大学21世纪本科教育改革》，《清华大学教育研究》2015年第4期。
② Stanford University, "Organization Chart: Provost", https://adminguide.stanford.edu/chapters/organization-charts/provost-and-officers-reporting-provost/organization-chart-provost.
③ 王英杰：《在创新与传统之间——斯坦福大学的发展道路》，《北京大学教育评论》2004年第3期。
④ Stanford University, "The Study of Undergraduate Education at Stanford (SUES)", https://sues.stanford.edu/.

考本科教育的性质和目的。小组着重提出，新一轮改革必须是整体性的通识教育，而不是仅围绕核心课的若干必修课的简单组合；是学生教育的全部，是通识教育与专业教育的有机统一；是贯穿大学四年的持续性、多元化的教育，不仅包括课堂教育，也包括校园生活、海外学习、社区服务以及学生在实验室、运动场、实习基地、同伴群体中获得的有意义的经历。简言之，斯坦福大学本科教育必须融入学生在斯坦福学习、成长和生活的各个领域和角落。2012 年，小组出台了具有重要影响的"斯坦福大学本科教育研究报告"（简称 SUES 报告）。报告明确提出了 55 项具体的改革建议，内容涵盖了本科教育目的、毕业要求、通识课程、课外经历、机构支持等多个方面。自此，斯坦福大学踏上了 21 世纪本科教育改革的征程。① 虽然斯坦福大学本次改革较少明确提及"跨学科"的字眼，但从整体性的通识教育，到通识教育与专业教育的有机统一，再到四年的持续性、多元化的教育，无一不与跨学科相关。可以说，早在十余年前，跨学科人才培养已经融入斯坦福大学的本科教育体系之中，成为一种总体性的设计，而这就与教务长和本科教育副教务长的推动密不可分。

二是推动跨学科研究机构成立。在跨学科研究方面，副教务长兼研究院长的主要职责包括审批建立独立研究机构，检查和监督独立研究机构研究项目的活动范围、方向，审核研究机构的组织结构，适时纠正其有失合理的地方，负责处理研究机构的运行经费预算等方面。② 在斯坦福大学众多独立跨学科研究机构中，很多都是得益于教务长和副教务长的支持所建立的。例如，Bio-X 计划是为了解决生命科学发展过程中所遇到的跨界性、前沿性的问题，以生物学为基础，融合其他相关学科而开展的跨学科研究计划。也就是说，Bio-X 要通过一种正式的跨学科学术组织形式，将生命科学相关学科领域的科研人员聚集在一起，共同研讨生命科学的前沿问题，实现生命科学领域的知识创新与技术突破。Bio-X 计

---

① 刘海燕、常桐善：《能力、整合、自由：斯坦福大学 21 世纪本科教育改革》，《清华大学教育研究》2015 年第 4 期。
② 陈勇等：《促进跨学科研究的有效组织模式研究——基于斯坦福大学 Bio-x 跨学科研究计划的分析及启示》，《科学学研究》2010 年第 3 期。

划一经提出，就得到了时任教务长莱斯（Rice）和主管科研的副教务长克鲁格（Kruger）的支持。他们帮助 Bio-X 成立了筹划委员会，专门负责 Bio-X 的发展规划，并确立了生物医学信息学、生物物理学以及计算生物科学等多个跨学科研究方向，将 Bio-X 定位为平行于斯坦福七大学院的跨学科学术组织，在学校层面为 Bio-X 计划提供了战略性的支持。在多方力量的大力支持下，Bio-X 从生物化学和发育生物学专家詹姆斯·斯普迪奇（James Spudich）教授和诺贝尔物理学奖获得者朱棣文（Steven Chu）教授所提出的概念构想，逐步发展成正式的跨学科学术组织，现已证明是一项成功的跨学科学术组织建设项目。[①] 同时，在这 15 个独立的跨学科研究机构之外，副教务长兼研究院长还致力于发展中心和研究所（Centers & Institutes），鼓励学科之间的课程开发、研究和互动。[②]

三是超越学院界限进行管理。跨学科人才培养问题超越了学院的范畴和界限，因此往往需要在校级层面进行组织与协调。斯坦福大学设立的本科教育副教务长、研究生教育副教务长和副教务长兼研究院长就可以超越学院界限进行管理。例如，对于独立科研机构而言，作为实体研究机构，它们的行政级别与斯坦福大学各学院的行政级别相同，因此不隶属任何院系。在对它们的管理上，斯坦福大学实施校领导负责下的管理体制，负责科学研究和研究生政策的副教务长是独立科研机构的直接分管领导，[③] 各个独立研究机构的主任都对其负责。[④] 可以说，副教务长兼研究院长是斯坦福大学校级层面科研管理的统领，把握科研活动的整体运行并对其进行指导，协调管理影响科研活动的内外部因素与涉及的人财物等各方面。[⑤] 例如，作为斯坦福大学众多独立科研机构之一，Bio-

---

[①] 肖凤翔、王珩安：《世界一流大学跨学科学术组织发展的经验与启示——基于斯坦福大学 Bio-X 计划的分析》，《高教探索》2020 年第 5 期。

[②] Stanford University, "Centers & Institutes", https://www.gsb.stanford.edu/experience/about/centers-institutes.

[③] 毕颖、杨小渝：《面向科技前沿的大学跨学科研究组织协同创新模式研究——以斯坦福大学 Bio-X 计划为例》，《华中师范大学学报》（人文社会科学版）2017 年第 1 期。

[④] 陈勇等：《促进跨学科研究的有效组织模式研究——基于斯坦福大学 Bio-x 跨学科研究计划的分析及启示》，《科学学研究》2010 年第 3 期。

[⑤] 穆瑞燕：《美国研究型大学科研管理机制探析——以斯坦福大学为例》，《中国高校科技》2017 年第 12 期。

X计划的直接管理者就是斯坦福大学主管科研的副教务长。在副教务长之下，Bio-X主任是Bio-X计划的直接负责人。同时，主任职位下设了Bio-X计划的执行主任职位，Bio-X执行主任是Bio-X主任的代言人，直接对Bio-X主任负责，主管Bio-X的项目规划和常规运营工作。在Bio-X主任和Bio-X执行主任的共同管理下，Bio-X设有五个主要职能部门：行政委员会、科学领导委员会、克拉克中心工作组、Bio-X/克拉克中心团队、种子基金委员会（见图9-1）。①

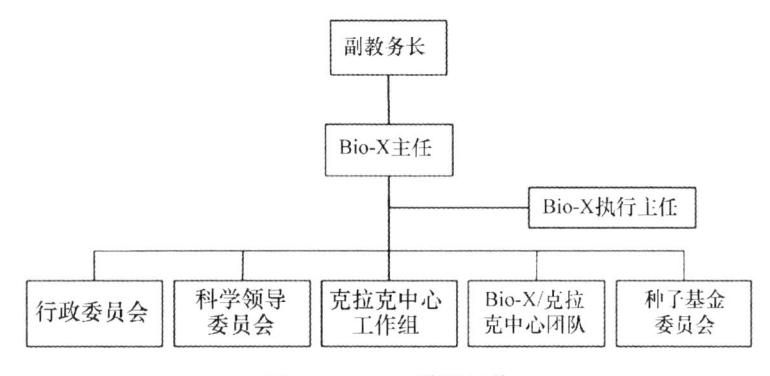

图9-1 Bio-X管理结构

资料来源：肖凤翔、王珩安：《世界一流大学跨学科学术组织发展的经验与启示——基于斯坦福大学Bio-X计划的分析》，《高教探索》2020年第5期。

第三节 跨学科人才培养的资源共享机制

资源共享机制是斯坦福大学跨学科人才培养的重要保障条件之一，这突出表现在其课程和师资通过一定的机制实现了共享。例如，斯坦福大学"考古学"项目的课程体系由该项目和其他院系共同提供，而且教师也来自斯坦福大学多个院系。② 再如，"生物物理学"项目是一个跨学科的、跨院系、导向博士学位的培养项目，教师来自16个系，涵盖斯坦

---

① 肖凤翔、王珩安：《世界一流大学跨学科学术组织发展的经验与启示——基于斯坦福大学Bio-X计划的分析》，《高教探索》2020年第5期。

② Stanford University, "Undergraduate Program", https://archaeology.stanford.edu/undergraduate-program.

福大学人文与科学学院、医学院、工程学院和斯坦福同步辐射实验室。[①]具体而言，斯坦福大学的资源共享机制主要表现在其为课程资源共享和师资共享搭建的平台上。

一 课程资源共享

在斯坦福大学，所有课程资源都是面向全体学生的，课程学习并不限定在学生主修的专业内。"从斯坦福大学的课程设置来看，通识教育课程和任意选修课程的学分约占总学分的二分之一，而专业教育课程的学分只占一小半。"[②] 能做到这一点，主要缘于以下两个原因。

其一，以网络共享打破课程之间的物理局限与课程存在的现实形态。在互联网时代背景下，斯坦福大学积极建设新的课程开放形式——大规模开放在线课程（Massive Open Online Course，MOOC），并将部分课程上传至网络共享。斯坦福大学参与创办了美国三大"慕课"平台中的Udacity和Coursera，也是最早将本校课程搬上平台的常春藤高校。[③] 截至2017年，斯坦福大学在Coursera上共提供21门"慕课"，涉及社会科学、数据科学、数学与逻辑、物理科学与工程、商务、生命科学、计算机科学七大类课程。其中，社会科学类以帮助学习者掌握分析行为和趋势的能力为主，包括3门经济学课程；数据科学类以提供数据分析和操作性相关基础知识为主，包含机器学习系列4门课程；数学与逻辑类以帮助学习者利用数学和逻辑知识解决抽象问题、提高推理能力为目的，包含2门相关课程；物理科学与工程类以物理和化学知识为基础解析世界性质，包含1门物理与天文学课程；商务类以帮助学生学习现代工作所需的技能为目标，包括领导与管理、商业战略2门课程；生命科学类以帮助学习者加强对动物和植物的理解，提高分析复杂系统中个体交互和应对改变方式的能力为目的，包含2门营养学课程；计算机科学类以帮助学生锻炼抽象思维，掌握系统解决问题的方法，并能针对问题提出合理的解决方案为目的，包括4门算法课程、1门软件开发课程、1门计

[①] Stanford University, "Biophysics Program", https://med.stanford.edu/biophysics.html.
[②] 别敦荣等：《世界一流大学教育理念》，厦门大学出版社2016年版，第251页。
[③] 王雪：《美国高校MOOCs教学模式研究》，硕士学位论文，广西师范大学，2017年。

算机安全和网络课程。① 虽然共享的课程总量不大，但学科覆盖面却较为广泛，涵盖了从自然科学到社会科学、技术科学等多个科学分支，而且网络共享的形式打破了课程之间的物理局限与课程存在的现实形态，为斯坦福大学校内外的学生提供了跨越学科与院系边界且可反复修读的课程服务。

其二，以打破通识课程与专业课程的界限为手段实现课程共享共用。斯坦福大学认为，学生自由探索是本科生活极大的乐趣和责任，而阻碍学生自由探索的因素不仅仅在于所提供课程的种类，更在于课程的组织和管理模式。在原有的通识教育模式中，学生被限定在人文导论、学科宽度课程、公民教育、写作与修辞、外语五个学科领域中进行选择，而在新的通识教育模式中，学生可以在主修、新生必修课中满足通识教育的要求，有效思考课程、思维与行为方法课程、主修课程相互打通，允许相互交叠。② 对于这一重大改革举措，斯坦福大学指出："许多通识教育能力存在于主修中，在主修背景中能更好地被发展，对教师和学生而言，通识教育和主修不再是彼此争夺时间和课程空间的相互独立的部分，而是整个本科通识教育体系中紧密联系、相互加强的部分。""我们要激励学生去发现他们自己的斯坦福，让学生拥有更多选择的自由……去真正发现他们自己的教育路径。"③ 这种课程组织与管理模式打破了通识课程与主修专业课程之间的常规界限，实现了两类课程之间的共享，大大拓展了学生的选择空间，使他们可以借助于主修专业课程实现通识教育兴趣与需求。

二 教师联合聘任

斯坦福大学制定了严格的教师聘任制度来保证教师的世界级水准，同时重视教师的专业广博性和教师队伍的多样性。汉尼斯校长曾说：

---

① 王雪：《美国高校 MOOCs 教学模式研究》，硕士学位论文，广西师范大学，2017 年。
② 刘海燕、常桐善：《能力、整合、自由：斯坦福大学 21 世纪本科教育改革》，《清华大学教育研究》2015 年第 4 期。
③ 刘海燕、常桐善：《能力、整合、自由：斯坦福大学 21 世纪本科教育改革》，《清华大学教育研究》2015 年第 4 期。

"将资源用于聘请世界级的教授是斯坦福提高声望的关键因素。"① 作为一所顶尖的大学,斯坦福的教师队伍不仅数量大,而且普遍拥有卓越的学术水平。截至 2015 年,斯坦福大学 2219 名专任教师中有超过 20 名诺贝尔奖获得者和超过 160 名美国国家科学院成员,99% 的教师在其自身的学科研究领域内已经取得最高学位。② 可以说,严格的聘任制度为斯坦福大学成为世界一流大学提供了重要保障。

前文已述,斯坦福大学的教师们有着与学院内的同事和学生互动以及跨学科工作的悠久传统。③ 例如,斯坦福大学教育学院教师的学科背景极其多样化,包括人类学、计算机科学、经济学、教育政策、环境科学、历史学、语言学、数学/科学教育、神经科学、组织行为学、哲学、物理学、政治科学、心理学、社会学、统计学和教师培训等。④ 而要做到这一点,不仅需要学院在招聘教师时具备更加多元化的思维,还需要教师能在校内不同学术组织间工作,后者既要以教师本身的主动跨界作为基础,更需要一定的机制作为保障。对斯坦福大学而言,这种机制主要为联合聘任(Joint Appointments)制度。所谓联合聘任,就是教师同时在两个或多个不同的部门任职,可以是两个院系的联合,也可以是跨学科机构和传统院系的联合。对于联合聘任的两个单位,它们分别需要被指定为"主聘单位"和"次聘单位"。主聘单位与次聘单位的指定在联合聘任开始时进行,并可在教师、相关系主任、研究所所长和学院院长的一致同意下进行更改。联合聘任的教师应承担正常的教学、行政和领导责任。这些职责的确切性质将取决于教师在被聘任的系、学院或政策研究所(policy institutes)中所扮演的角色。相关学术单位的负责人(如院长、所长等)应就这些事项进行协商。⑤

在具体实施中,联合聘任主要分为两种情况:一种是由两个或多个

---

① 王文礼:《斯坦福大学协同创新的成功经验和启示》,《学术论坛》2015 年第 2 期。
② 王文礼:《斯坦福大学协同创新的成功经验和启示》,《学术论坛》2015 年第 2 期。
③ Stanford University, "Research and Innovation", https://facts.stanford.edu/research/.
④ 刘爱生:《世界一流大学人才培养、教师发展与院长职责——斯坦福大学教育学院院长施瓦兹·单访谈录》,《高校教育管理》2016 年第 4 期。
⑤ Stanford University, "Department, Institute, and Joint Searches", https://med.stanford.edu/academicaffairs/faa/guidelines-instructions/faculty-searches/joint-searches.html#general.

单位共同创造一个需要跨学科知识储备的岗位，面向学校公开招聘教师。有意向的教师可以填写申请，报送部门审核，文件经系主任和教务长签署审批后才能正式生效。另一种是面向在跨学科研究领域表现突出的教师，如果受到不同部门的一致认可，两个部门就可以联合为其创设一个联合聘任合约。从教师的角度而言，当其对两个或多个系、学院或研究所的学术项目做出重大贡献，并且这种贡献是持续性的时候，可以进行联合聘任。[①] 由此可见，这种聘任方式对教师的学术投入与学术贡献要求比较高。他们不仅要付出足够的时间精力，而且要能做出本学科外的重大贡献，此时才可以为两个或多个学术组织聘任。然而，相比传统院系以学科为基础、以学系为单位设置岗位的单聘制，联合聘任有利于教师间建立跨学科协作关系、提高跨学科科研产出。从斯坦福大学的发展情况看，这种方式适应了跨学科人才培养与科学研究的需要，有力地促进了斯坦福大学跨学科事业的发展。

---

① Stanford University, "Department, Institute, and Joint Searches", https://med.stanford.edu/academicaffairs/faa/guidelines-instructions/faculty-searches/joint-searches.html#general.

第十章

北京大学跨学科人才培养机制①

近年来,北大"以交叉学科为重点,以体制机制为动力",面向世界科技前沿和国家重大战略需求,不断优化学科布局,努力构建有利于学科交叉融合的良好氛围。② 通过对北大官方主页相关资料的搜集、整理与分析,北大的跨学科人才培养机制主要表现为治理体系、组织支撑以及制度保障三方面。

第一节 跨学科人才培养的治理体系

治理体系是一种组织架构及其关系,③ 对高校各项工作包括跨学科人才培养实践的科学、高效、规范、有序运转意义重大。对于不同于学科专业教育的跨学科人才培养模式,高校要建构与其相适应、相匹配的治理体系。北大的跨学科人才培养理念与实践已经融入整个学校的人才培养中,其三级学术委员会以及学部、教务部、各专业院系构成了纵横相接的矩阵式协同治理体系。

一 三级学术委员会

北大学术委员会是学校的最高学术机构,统筹行使学术事务的决策、

---

① 本章笔者指导的研究生杨梦杰同学做了一定的资料搜集与整理工作并撰写了部分内容。
② 郝平:《优化建设学科布局 促进学科交叉融合》,2022年2月15日,http://edu.people.com.cn/n1/2022/0215/c1006-32352402.html。
③ 贺祖斌:《推进高等教育治理体系和治理能力现代化建设》,《中国高等教育》2020年第8期。

审议、评定和咨询等职权。2004年，北大依据《高等教育法》和教育部有关规章制定了《北京大学学术委员会章程》，规定学术委员会负责"审议学科建设与发展战略、教学科研改革的重大政策与措施；审议学科、专业设置和教学、重大科研计划方案；评价教学、科研成果；审议教师职务聘任；审议学校、学部、院系负责人认为应当提交审议的事项，以及其他按国家或学校规章规定应当审议的事项"。北大在跨学科人才培养上取得的成绩就与学术委员会通过履行以上职责所发挥的作用密不可分，例如集成电路学院就是北大学术委员会2021年第二次全体会议审议成立的。① 之所以成立该学院，是为了更好地发挥北大集成电路领域的学科领先优势，以及促进数学、物理、化学、计算机等相关一流学科的交叉融合。②

学术委员会分为校学术委员会、学部学术委员会、学院（系、所、中心）学术委员会，它们分别是所在层级的最高学术机构。而在横向层面，学术委员会下设学科建设委员会、教学指导委员会和学术道德委员会三个专门委员会，其中教学指导委员会与跨学科人才培养的关系最为密切。

教学指导委员会是北大为完善学校教学工作管理体制，加强对教学工作的指导，扎实推进教育教学改革，全面提高人才培养质量而设立的教学工作的审议、评议、指导和咨询机构。该机构分为学校、学部和院系三级，在跨学科人才培养管理上的作用主要体现为以下三点：首先，负责研讨未来本科教育发展战略，指导学校教学改革与人才培养创新，为重大教育教学改革与规划提供咨询意见。例如，教学指导委员会可就本科专业设置与调整、教学管理规章制度等向教务长或学校其他机构提供评议或咨询意见。③ 其次，协调和指导学部的跨学科人才培养工作。《北京大学教学指导委员会章程》明确规定："学部设立教学指导委员会……负责协调和指导学部内教学工作的开展，特别是跨学科人才培养

---

① 北京大学学术委员会：《北京大学学术委员会召开2021年第二次全体会议》，2021年7月6日，https://www.xswyh.pku.edu.cn/gzdt/515771.htm。
② 蔡一茂：《院长寄语》，2021年7月6日，https://ic.pku.edu.cn/xygk/ycjy/index.htm。
③ 北京大学：《北京大学教学指导委员会章程》，2016年10月11日，https://www.xswyh.pku.edu.cn/docs/20181219154150277735.pdf。

工作的开展。"① 最后，逐级审核本科教育项目（含交叉学科）的设置申请，其中学部内跨院系的教育项目由相应参与院系的教学指导委员会审核通过，并提交所在学部教学指导委员会审核，而学部间跨院系的教育项目由相应参与院系的教学指导委员会审核通过，再提交相关学部教学指导委员会审核。②

二 学部与教务部

为打破学科专业壁垒，协调院系教育与科研等资源，促进学科间的交叉与融合，北大通过调整体制机制，于2000年在我国率先进行了学部制改革。目前，其将各院系按照学科门类或学科群划分为6个学部。其中，除医学部外，其他5个学部只具有学术管理职能。③ 学部内部蕴含了多个学科，此时站在学部的高度可以对多学科进行一体化设计，在学科内部进行多学科力量整合也更为便利。因此，学部在"搭建跨学科、跨院系的科研、教学和学术交流的协作平台"④、促进多学科或跨学科的教学、学习和研究，进而形成跨学科教学与学术体系方面发挥着重要作用。⑤ 当然，学部制在加强学科间交流与联系的同时也增加了管理层级，对大学、学部与学院在跨学科人才培养上的职能分工与合作带来了一定挑战，同时只具有学术管理职能的虚体组织对跨学科人才培养的理念与行动落实也有一定难度，"实质性的引领、整合作用"⑥ 发挥受限。

概括起来，学部在跨学科人才培养上的治理作用表现为以下几个方面：一是审议学部内学科系所以及研究机构的成立。例如，信息与工程

---

① 北京大学：《北京大学教学指导委员会章程》，2016年10月11日，https://www.xswyh.pku.edu.cn/docs/20181219154150277735.pdf。
② 北京大学教务部：《北京大学本科教育项目（含交叉学科）设置管理规定》，2017年12月21日，http://www.dean.pku.edu.cn/web/rules_info.php?id=72。
③ 孔令强：《中国大学"学部制"研究》，硕士学位论文，福建师范大学，2014年。
④ 北京大学人文学部：《基本情况》，2019年9月25日，https://fh.pku.edu.cn/xbgk/jbqk/index.htm。
⑤ 张静：《主任致辞》，2021年6月27日，https://fss.pku.edu.cn/xbgk/zrzc/index.htm。
⑥ 李均、屈西西：《国内高水平大学学部制改革的现状与建议——基于23所"985工程"大学的考察》，《江苏高教》2020年第2期。

科学部部务会第九次会议讨论了前沿计算科学中心、生物医学工程系的成立,①人文学部学术委员会第七次会议审议了两个机构实体化申请报告。②这些系所通常带有跨学科的性质。二是整合学部内、联合学部间的多学科资源推进跨学科人才培养,主要包括组织设计跨学科课程与跨院系的本科教育项目、举办跨院系学术讲座等方面。跨学科课程如理学部与燕京学堂开设的联合课程"科学与社会"、社会科学学部开设的"社会科学的经典与前沿"课程等;跨院系本科教育项目如人文学部建设的思想与社会跨学科培养项目、社会科学学部的社会科学基础人才培养项目"严复班"等;跨院系学术讲座如经济与管理学部开设的"问题——数据——研究"分享会和寅初大讲堂等。三是以评估为手段推进跨学科事业发展。《北京大学教学科研单位发展状况绩效评估实施方案(试行)》规定以学部为单位,分别成立发展状况绩效评估工作小组,其中推动学科交叉与融合,激励优秀学者之间的合作,推进教师联合聘任是评估重点。③

教务部的突出作用在于负责颁布或解释一系列对于跨学科人才培养具有指导意义的文件,从而为跨学科人才培养提供制度支撑与指导,代表性的文件及其贡献包括:《北京大学本科教育综合改革指导意见》,确立了北大"加强基础,促进交叉,尊重选择,卓越教学"的教学方针、"培养和造就引领未来的人"的目标,以及在本科教育阶段坚持通识教育与专业教育相结合的理念;④《北京大学本科教育项目(含交叉学科)设置管理规定》,规定了本科教育项目(含交叉学科)设置的基本原则、基本条件、需提交的申请材料、审批程序、评估与退出机制;⑤《北京大

---

① 北京大学信息与工程科学部:《关于召开信息与工程科学部部务会第九次会议的通知》,2017年6月20日, https://fies.pku.edu.cn/tzgg/xbtz/48100.htm。
② 北京大学人文学部办公室:《人文学部学术委员会第7次会议(通讯评审)通知》,2018年10月22日, https://fh.pku.edu.cn/tzgg/85663.htm。
③ 北京大学:《关于印发〈北京大学教学科研单位发展状况绩效评估实施方案(试行)〉的通知》,2018年3月21日, https://fies.pku.edu.cn/docs/2018-04/20180411083840826062.pdf。
④ 北京大学:《北京大学本科教育综合改革指导意见》,2016年4月5日, http://www.dean.pku.edu.cn/web/rules_info.php?id=75。
⑤ 北京大学教务部:《北京大学本科教育项目(含交叉学科)设置管理规定》,2017年12月21日, http://www.dean.pku.edu.cn/web/rules_info.php?id=72。

学通识教育课程管理办法（试行）》，对组织结构、课程开设、教学管理和学分要求等相关管理问题进行了明确。[①] 同时，教务部还下设教学办公室和教务办公室，负责跨学科人才培养事务的具体管理，其中前者负责组织专业设置申报、本科各类课程建设、审核辅修与双学位专业设置及教学计划，后者负责本科生（含留学生）学籍管理，具体包括辅修与双学位学籍管理、组织毕业审查（含辅修、双学位）及证书发放等。

三 各专业院系

各专业学院是跨学科人才培养管理的重要基层单位。专业学院在跨学科人才培养中发挥重要作用，不仅符合我国高校管理体制"单位制"的文化特征，[②] 同时也说明北大跨学科人才培养已经融入专业教育之中。

一方面，专业学院管理着本院（系）的跨学科人才培养事务。一是制定并公布本学院辅修专业、双学位专业等跨学科人才培养形式的教学计划与修读要求。《北京大学本科生修读辅修专业管理办法》《北京大学本科生修读双学位专业管理办法》规定院系应依据主修专业本科教学计划，制订符合人才培养要求的辅修专业与双学位专业教学计划，经教务部审核后实施。"开设双学位专业的院系，应于每学年春季学期第五周前公布双学位专业教学计划、先修课程要求、各专业所能接收的名额及学术要求等。"[③] 二是进行学生成绩与培养质量管理。《北京大学本科生修读双学位专业管理办法》规定："每学期选修主修和双学位课程总学分一般不超过30学分。""双学位课程成绩与主修专业成绩一并记载在学生成绩单上。""选修双学位专业课程的学生，应优先学好主修专业教学计划要求的课程，在时间和精力许可的情况下兼顾双学位课程的学习。凡受到学术警告（学业预警）者，其主修专业和双学位专业所在院系均

[①] 北京大学：《北京大学通识教育课程管理办法（试行）》，2021年6月27日，http://www.dean.pku.edu.cn/web/rules_info.php?id=164。

[②] 张洋磊、张应强：《大学跨学科学术组织发展的冲突及其治理》，《教育研究》2017年第9期。

[③] 北京大学教务部：《北京大学本科生修读双学位专业管理办法》，2017年1月13日，http://www.dean.pku.edu.cn/web/rules_info.php?id=16。

有权终止其双学位专业的学习资格。"① 院系根据这些规定进行学分管理、成绩记载与学业预警,督促学生理性选择跨学科学习方案,合理安排学习计划并努力达到修读要求。

另一方面,专业学院还负责相关跨学科实体研究机构的日常管理。为促进学科深度交叉与融合,解决经济社会发展中的重大问题,开展高水平学术研究,协助进行研究生培养,北大设立了众多实体研究机构。按照学科相近原则,专业学院为实体研究机构提供挂靠载体,对于实体研究机构的日常运行管理主要包括以下几方面②:一是人事管理。专业学院负责挂靠类实体研究机构教师的人事工作,独立类实体研究机构的教师则由研究机构与相关院系联合管理。二是学生学籍管理。实体类研究机构的研究生学籍由相关院系一并管理,主要包括学生的入学与注册、考勤与请假、课程考核与成绩记载、休学复学与退学、毕业结业等相关工作。三是学生工作管理。实体类研究机构的学生工作并入相关院系学生工作管理,主要包括学生党团关系及教育活动、项目活动、学术与非学术比赛、心理咨询工作、节日活动与联谊活动、新生活动与毕业活动、奖助工作、就业工作等内容。

第二节　跨学科人才培养的组织支撑

从行政管理上讲,所有的教育活动需要"隶属于"某个单位,以便于有人负责和支持。③ 跨学科人才培养亦需要相应的组织载体。从北大看,其多科性的院系设置、种类丰富的跨学科组织为跨学科人才培养提供了多样的组织支撑。

---

① 北京大学教务部:《北京大学本科生修读双学位专业管理办法》,2017 年 1 月 13 日,http://www.dean.pku.edu.cn/web/rules_info.php?id=16。

② 北京大学:《北京大学实体研究机构管理办法(试行)》,2018 年 7 月 16 日,https://xkb.pku.edu.cn/docs/20190305140543491624.pdf。

③ The Boyer Commission on Educating Undergraduates in the Research University, "Reinventing Undergraduate Education: A Blueprint for America's Research Universities", http://eric.ed.gov/?id=ED424840.

一 齐全的学科门类及院系设置

作为学术组织,学科是大学组织的基本构成单元,是人才培养、科学研究和社会服务的基本载体。跨学科人才培养是涉及两个或两个以上学科或领域的人才培养模式,多学科是其重要基础和前提。北大拥有自然科学、技术科学、新型工程科学、医学科学、人文科学、社会科学、管理科学和语言科学等多门类、多学科,是国内目前学科最齐全的综合性大学。同时,设有理学部、信息与工程科学部、人文学部、社会科学学部、经济与管理学部和医学部共六大学部(见表10-1),132个本科专业。① 学科专业齐全为北大跨学科人才培养提供了天然优势和基础条件。

表10-1　　　　　　　　北大学部、学院设置

学部	下属学院/学系/研究所/研究中心	学部	下属学院/学系/研究所/研究中心
理学部	物理学院	人文学部	历史学系
	数学科学学院		艺术学院
	生命科学学院		歌剧研究所
	城市与环境学院		外国语学系
	化学与分子工程学院		考古文博学院
	地球与空间科学学院		中国语言文学系
	心理与认知科学学院		对外汉语教育学院
	建筑与景观设计学院		哲学系(宗教学系)
信息与工程科学部	工学院	医学部	药学院
	信息科学技术学院		护理学院
	王选计算机研究所		基础医学院
	软件与微电子学院		公共卫生学院
	环境科学与工程学院		医学人文学院
	材料科学与工程学院		医学继续教育学院
	软件工程国家工程研究中心		第一医院、人民医院、第三医院、口腔医院、北京肿瘤医院、第六医院、深圳医院(共建)、首钢医院(共建)、国际医院(共建)、滨海医院(共建)

---

① 北京大学教务部:《专业设置》,2019年10月18日,http://www.dean.pku.edu.cn/web/student_info.php?type=1&id=8。

续表

学部	下属学院/学系/研究所/研究中心	学部	下属学院/学系/研究所/研究中心
经济与管理学部	经济学院	社会科学学部	法学院
	人口研究所		教育学院
	光华管理学院		社会学系
	国家发展研究院		信息管理系
跨学科类	元培学院		体育教研部
	燕京学堂		政府管理学院
	现代农学院		国际关系学院
	分子医学研究所		新闻与传播学院
	人工智能研究院		马克思主义学院
	核科学与技术研究院		
	前沿交叉学科研究院		
	北京国际数学研究中心		
深圳研究生院	信息工程学院、化学生物学与生物技术学院、环境与能源学院、城市规划与设计学院、新材料学院、汇丰商学院、国际法学院、人文社会科学学院		

资料来源：北京大学：《学部与院系》，2021年6月2日，https://www.pku.edu.cn/department.html。

一是北大在学科与专业齐全的基础上建立起了丰富多样的跨院系课程、跨学科项目、跨学科专业、辅修与双学位专业。目前北大共有23个院系57个专业开设辅修，18个院系35个专业开设双学位。[①] 这些辅修和双学位专业都以目前北大多个学科和院系设置的专业为基础。没有这么多不同的专业，辅修和双学位的设置根本无从谈起。

二是齐全的学科门类与专业设置提供了更多跨学科项目、跨学科专业生成的可能。截至2019年，北大设有"古典语文学"等6个跨学科项目，"政治学、经济学与哲学"等6个跨学科专业。[②] 这些项目和专业是北大整合和利用多个不同学科和院系的资源形成的，如"政治学、经济

---

① 吴星潼、王钰琳：《在北大，每个人都"跨学科"》，2017年11月6日，http://www.dean.pku.edu.cn/web/news_details.php?id=12。
② 北京大学教务部：《专业设置》，2019年10月18日，http://www.dean.pku.edu.cn/web/student_info.php?type=1&id=8。

学与哲学"就是由元培学院与政府管理学院、中国经济研究中心和哲学系联合设立的新型复合专业。

三是齐全的学科门类及院系设置可为元培学院和前沿交叉学科研究院等跨学科组织提供多学科教育的课程、师资等必要的资源。正如前沿交叉学科研究院院长韩启德所说："创建学院的旨意是充分发挥北京大学理、工、医、人文社科等学科齐全的优势，建设一流交叉学科研究基地，促进前沿科学发展，培养跨学科人才。"[①] 而其跨学科人才培养实践也充分利用了这种优势，例如前沿交叉学科研究院所属的生物医学跨学科研究中心致力于生物医学跨学科人才培养，其研究生培养项目所招收的学生既有来自生命科学、物理化学、基础医学等基础学科，也有来自电子学、计算机技术、生物医学工程、临床医学等众多的工程和应用学科，而指导教师则来自北大的理学部、信息与工程科学部、医学部和多家临床医院，他们在学科优势互补、交叉合作的基础上，开展生物医学跨学科前沿领域的人才培养。[②]

二 种类丰富多样的跨学科组织

相比于以分科为基础建立起来的传统学科组织，跨学科组织有助于"规避院系之间森严的学科组织藩篱，从而集聚、整合跨学科资源开展前沿研究"[③] 和人才培养工作。因此，北大在保持传统学科组织并努力推动它们在跨学科人才培养方面的合作以外，又设置了种类丰富的跨学科组织。这些跨学科组织主要分为两类，一是与人文学部、理学部等学部并列的跨学科类学部与院系（详见表10-1），其下又分为重在人才培养的住宿学院或书院（元培学院和燕京学堂）以及兼顾科学研究与人才培养的学院（研究院）；二是跨学科的专门研究机构。这些具有不同职能与性质的跨学科组织，灵活适应着不同层次、不同领域、不同规格的跨学科人才培养。

元培学院的成立建立起了一套中国特色的博雅教育计划和北大风格的

---

① 北京大学前沿交叉学科研究院：《院长寄语》，2021年6月16日，http://www.aais.pku.edu.cn/about/show.php?id=19。
② 北京大学前沿交叉学科研究院：《生物医学跨学科研究中心》，2021年7月25日，http://www.aais.pku.edu.cn/yjzx/show.php?id=157。
③ 焦磊：《国外知名大学跨学科建制趋势探析》，《高等工程教育研究》2018年第3期。

本科人才培养模式，① 推动了整个北大的跨学科人才培养实践。从课程来说，学院邀请各院系杰出教师负责授课，打造特色高水平通识课程体系。② 同时，元培学生可在教学资源允许的条件下，自由选择全校各个专业的任意课程。高水平的通识课程、全校自由选课使得元培学生既具有广泛的多学科基础，又具有个性化的跨学科知识结构；从专业来说，北大设置的6个跨学科专业中有5个是元培学院设立的。此外，学院还通过设立跨学科项目，举办多学科、跨学科讲座来培养学生的跨学科素质。元培学院是北大本科跨学科人才培养的试验田，其通识教育课程体系、自由选课制度以及跨学科专业已从该学院走向整个北大。

兼顾科学研究与人才培养的跨学科研究院主要有前沿交叉学科研究院、核科学与技术研究院、现代农学院、人工智能研究院等机构。以前沿交叉学科研究院（Academy for Advanced Interdisciplinary Studies，简称AAIS）为例，该机构成立于2006年4月，是在全国高校中率先进行跨学科研究的试验田。AAIS下设十个研究中心和一个系，涵盖数学、物理学、化学、生物学、医学、工学等学科的众多交叉研究领域。AAIS主要培养研究生，目前正逐步完善以中心为主体、以交叉为特色、以需求为导向的研究生跨学科培养体系。③ 同时，AAIS下设中心如生命科学联合中心、定量生物学中心、科学技术与医学史系也承担本科教育的职能。由于每个中心的研究领域涉及多个学科，所以其生源、师资的组成亦是多学科的。

对于以科学研究为主要职能的跨学科实体研究机构（详见表10-2、表10-3）而言，北大目前共有独立类实体研究机构9个，其中跨学科性质的5个；挂靠类实体研究机构28个，其中跨学科性质的14个。这些跨学科实体研究机构利用北大多学科的优势，主要通过项目研究、自设课程、论坛讲座等方式培养高层次的跨学科人才。例如，北大人文社会科学研究院协同艺术学院、历史学系、元培学院等院系开设了系列"文

---

① 北京大学元培学院：《学院简介》，2021年5月20日，https://yuanpei.pku.edu.cn/xygk/xyjj/index.htm。

② 北京大学元培学院：《学院简介》，2021年5月20日，https://yuanpei.pku.edu.cn/xygk/xyjj/index.htm。

③ 北京大学前沿交叉学科研究院：《学院简介》，2021年7月29日，http://www.aais.pku.edu.cn/about/。

研课程",帮助学生用多学科的视角体会中华文化的博大精深与世界文明的丰富多彩。①

表 10-2　　　　　北大独立类实体研究机构（跨学科性质）

序号	独立类研究机构
1	海洋研究院
2	全球健康发展研究院
3	人文社会科学研究院
4	生物医学前沿创新中心
5	中国社会科学调查中心

资料来源：北京大学：《研究机构》，2021年7月25日，https://www.pku.edu.cn/research_agency.html。

表 10-3　　　　　北大挂靠类实体研究机构（跨学科性质）

序号	挂靠类研究机构	序号	挂靠类研究机构
1	能源研究院	8	区域与国别研究院
2	社会研究中心	9	前沿计算研究中心
3	新媒体研究院	10	麦戈文脑科学研究所
4	统计科学中心	11	科学技术与医学史系
5	定量生物学中心	12	高能效计算与应用中心
6	高等人文研究院	13	软物质科学与工程中心
7	国际战略研究院	14	合成与功能生物分子中心

资料来源：北京大学：《研究机构》，2021年7月25日，https://www.pku.edu.cn/research_agency.html。

第三节　跨学科人才培养的制度保障

作为一种高等教育理念，跨学科人才培养不仅需要教育主管部门通过制度供给对跨学科人才培养实践予以支持，而且需要高校自身做好制

---

① 北京大学人文社会科学研究院：《文研课程》，2021年8月9日，http://www.ihss.pku.edu.cn/。

第十章　北京大学跨学科人才培养机制

度配套。根据对北大的考察，其全面的跨学科学习支持制度、教师的联合聘任与双聘制度，以及严格的通识课与跨学科项目（专业）管理制度等一系列制度为其跨学科人才培养实践提供了系统而有力的保障。

一　全面的跨学科学习支持制度

在人才培养活动中，教师是教学的主体，学生是学习的主体，对教师和学生的管理构成了高校管理的主要内容。跨学科人才培养活动必须充分调动教师"教"与学生"学"两方面的积极性，并且为教师更好地"教"和学生更好地"学"创造良好的环境。其中，跨学科学习具有弹性大的特征，北大为此建立了全面的跨学科学习支持制度，为学生提供了个性化、自由度大的跨学科学习环境。《北京大学2016年本科教育改革实施方案要点（试行）》明确提出，要尊重学生的选择，为学生提供全方位的支持与引导。①

一是通过教育资源共享制度为学生提供丰富的跨学科学习选择，满足学生多样化的学术兴趣与发展需要。北大积极加强课程建设，建立了多层次的课程体系。目前，全校有核心课程900余门，通识课300余门，非语言类全英文授课课程近400门，北京高校"优质本科课程"21门。②在此基础上，北大又积极推进课程资源开放与共享。在2016年本科教学改革后，北大实施了最广泛的课程资源共享：北大"各院系本科必修和限选课程在教学资源许可的前提下向全校所有本科生开放"③，这与前文的专业选择制度（见第四章第三节）等相结合，使得学生在未选专业之前可以借此广泛接触和了解他们考虑的学术领域，而且也可以在选择之后利用这种机会探索辅修、双主修和双学位等第二兴趣领域。

二是通过学分制度、弹性学制等制度，给予学生跨学科学习自由。首先，降低对必修课和总学分的要求，给学生更多的自由选择与发展的

---

① 北京大学：《本科教学概览》，2020年5月21日，http://www.dean.pku.edu.cn/web/about.php。
② 北京大学教务部：《本科教学概览》，2022年10月4日，http://dean.pku.edu.cn/web/about.php。
③ 北京大学教务部：《北大本科生选课手册（2019年12月）》，2021年7月2日，http://www.dean.pku.edu.cn/userfiles/upload/download/20210331161918 5983.pdf。

空间。早在 2001 年 6 月，北大教务部就提出，要减少课堂教学时间、减少学分，为学生提供更多自由学习的空间。其次，北大实行弹性学制。学生可根据自身学习安排，申请提前一年或推延一至两年毕业。[①] 这无疑为跨学科和个性化学习提供了灵活的时间条件。

二 教师的联合聘任与双聘制度

传统上师资往往是院系聘任制，即教师仍受聘于专业院系，人事与学术评价制度都隶属于该院系，这会在一定程度上阻碍教师从事跨学科教学与研究工作。[②] 为此，北大实行了教师的联合聘任与双聘制度，从而实现了师资的共享、共用，在一定程度上克服了教师的院系所有制对跨学科人才培养带来的障碍，能够更为充分地发挥和利用其丰富的多学科师资指导学生，同时也使得跨学科学习的学生可以跨院系选择适合自己的教师。

北大的跨学科实体研究机构教研系列教师实行联合聘任制，这一制度规定主聘单位由实体研究机构与相关院系协商确定。相关院系与跨学科实体研究机构在教师聘任上分工明确，其中教研系列教师的教学工作安排和评价由相关院系管理，师德师风评价由相关院系党委负责，晋升和考核由院系和实体研究机构共同组织、主聘单位主要负责。[③]

北大前沿交叉学科研究院实行教师双聘制度，如其下设的科学史与科学哲学研究中心聘请各学科对历史、哲学及文化问题有研究的教授作为合作导师，共同培养研究生。[④] 此外，为"充分挖掘院系师资资源"，北大通识教育的核心课程也采用教师双聘制，针对重点建设课程，设立"特聘通识课教师岗位"，校方与主讲教师签订 3—5 年聘期的合同并予

---

① 北京大学：《北京大学本科生学籍管理办法》，2019 年 7 月 6 日，http://www.dean.pku.edu.cn/web/rules_info.php? id=20。
② 张晓报：《跨学科专业发展的机制障碍与突破——中美比较视角》，《高校教育管理》2020 年第 2 期。
③ 北京大学：《北京大学实体研究机构管理办法（试行）》，2018 年 7 月 16 日，https://xkb.pku.edu.cn/docs/20190305140543491624.pdf。
④ 北京大学前沿交叉学科研究院：《科学史与科学哲学研究中心》，2021 年 7 月 27 日，http://www.aais.pku.edu.cn/yjzx/show.php? id=164。

以特别经费支持。①

三 严格的通识课与跨学科项目（专业）管理制度

借助于课程和专业等教育教学要素，北大建构了丰富多样的跨学科人才培养形式。其中，通识课实现的是课程层面的跨学科，覆盖学生人数最广，作用最为基础，而跨学科项目（专业）则更具知识的融合性，提供了深度整合的机会。为保证通识课与跨学科项目（专业）的质量和水准，北大建立了严格的通识课与跨学科项目（专业）设置、评估等相关管理制度。

北大的通识教育课程有严格的设置标准与评估程序。学校的公选课、专业课以及新开设的课程在申请成为通选课或者通识核心课时需满足"有利于促进不同学科的交叉渗透"在内的八条标准，并经过教师申报、院系推荐、专家评审三道程序。② 从后续管理来说，北大对通识课程实行质量监控、动态管理，对不符合通识课程标准或者教学效果较差的课程，经通识教育专家委员会认定退出通识课程系列。③

北大跨学科项目的设立需满足"充分发挥综合性大学的多学科优势"等原则，同时还需满足由相关院系共同提出建设方案，并获得相关专业的课程建设支持等五项基本条件，④ 而设置跨学科专业要求更高："须连续四年以上为在校本科生开设了此本科专业的核心课程，且这些核心课程已经通过了质量评估。"⑤ 按照《北京大学本科教育项目（含交叉学科）设置管理规定》⑥ 和《北京大学增设本科专业管理规定》⑦，新

---

① 北京大学：《北京大学关于加强通识课程建设的意见》，2021年7月12日，http://www.dean.pku.edu.cn/web/rules_info.php? id=38。
② 北京大学教务部：《北大本科生选课手册（2019年12月）》，2021年7月2日，http://www.dean.pku.edu.cn/userfiles/upload/download/202103311619185983.pdf。
③ 北京大学：《北京大学通识教育课程管理办法（试行）》，2021年6月27日，http://www.dean.pku.edu.cn/web/rules_info.php? id=164。
④ 北京大学教务部：《北京大学本科教育项目（含交叉学科）设置管理规定》，2017年12月21日，http://www.dean.pku.edu.cn/web/rules_info.php? id=72。
⑤ 北京大学教务部：《北京大学增设本科专业管理规定》，2017年12月21日，http://www.dean.pku.edu.cn/web/rules_info.php? id=71。
⑥ 北京大学教务部：《北京大学本科教育项目（含交叉学科）设置管理规定》，2017年12月21日，http://www.dean.pku.edu.cn/web/rules_info.php? id=72。
⑦ 北京大学教务部：《北京大学增设本科专业管理规定》，2017年12月21日，http://www.dean.pku.edu.cn/web/rules_info.php? id=71。

增这些项目或专业需在每年规定时间经过院系、学部、学校三级教学指导委员会以及教务部审核,其中跨学科专业还需向教育部网络申报,并得到教育部的审批。在后续管理方面,北大对跨学科项目(专业)运行情况进行评估,对设置不合理、办学条件退化以及不适应社会发展需求的,经学校教学指导委员会审核后予以撤销或合并。①

---

① 北京大学教务部:《北京大学本科教育项目(含交叉学科)设置管理规定》,2017年12月21日,http://www.dean.pku.edu.cn/web/rules_info.php?id=72。

第五篇

问题与对策

第十一章

我国高校跨学科人才培养面临的突出问题

改革开放以来,我国高等教育实现了快速发展,取得了举世瞩目的成就。然而,与高等教育其他领域改革相比,人才培养仍是我国高等教育改革发展中的短板:"中国一流大学的本科人才培养与世界一流大学相比,无论是在教育理念、培养模式和教学手段上,都还存在差距。最为突出是学生普遍缺乏批判性思维、基础不够厚、口径不够宽、跨学科程度弱、国际视野不足。"① 作为整个人才培养模式改革的重要组成部分,我国高校跨学科人才培养从宏观的理念确立、基本的模式设计到配套的保障机制建设面临一系列突出的问题。

第一节 跨学科人才培养理念缺失

长期以来,我国高校实施的是专业教育模式。在路径依赖的影响下,这种模式与专业教育理念相互强化,导致专业教育理念根深蒂固、跨学科人才培养理念相对缺失。

一 专业教育理念根深蒂固

1949 年以前,我国高校多效仿欧美模式办学,一般只设院系,不设专业,或者说其专业面是较宽的。② 严格按专业培养人才始于 1952 年,当时参照苏联模式,强调专业的实用性和职业的针对性,培养"专业对

---

① 邬大光:《大学人才培养须走出自己的路》,《光明日报》2018 年 6 月 19 日第 13 版。
② 文辅相:《我国大学的专业教育模式及其改革》,《高等教育研究》2000 年第 2 期。

口"的专门人才。① 这种专业教育模式具有如下特点：其一，专业口径狭窄。即专业设置较多地强调与应用对口，社会上有什么样的产品或服务对象，就设置什么专业。这就使专业划分越来越细，专业数越来越多，也使学生进入社会后的服务领域受到较大限制，工作转移能力和发展后劲不够。其二，知识结构单一。即教育计划基本上是一个单一的专业教育计划，一切服务于专业，一切为了专业，没有体现一个人的全面成长要求。即使学习年限不算短，学习内容也不少，但它是以放弃一些重要知识领域的学习为代价，换取了过于专门化的知识。这就使学生的专业背景知识单薄，知识视野不够。其三，培养规格统一。即不论学校与学生差异，按一种规格培养，不仅统一专业设置，而且统一教学计划、统一教材、统一要求，以致成为一种模式。这种高度统一化的教育模式抹杀了学校之间以及学生个体之间的差异。②

时至今日，这种传统的人才培养模式仍然在我国高校中占据主导地位：尽管经过历次专业目录调整之后，专业口径有所拓宽，但是我国高校的本科教育依然实行是按专业招生、分专业培养的制度："各专业教学计划除公共必修课和基础课外，其他都是专业范围的课程，少有不同专业之间的交叉和综合。培养计划既是如此，学生也就不可能跨专业选课、跨专业培养，也少有转专业、转系的。"③ 尽管我国一些研究型大学，几年前开始尝试"大类招生大类培养"，但由于"专业教育"的思想根深蒂固，本来具有引领意义的人才培养模式转型出现了停滞，目前部分大学甚至退回到原来"专业招生专业培养"的老路。④ 与此同时，培养目标、培养规格乃至教学计划过于刚性、高度统一的局面也依旧非常严重，学生可自我设计、自主选择的余地非常小，无法适应他们不同的个性化需求，因此也无法做到人才的多样性。这也直接反映出专业教育理念的根深蒂固，以及专业教育模式强大的历史惯性，也正是它们在

---

① 俞俏燕：《中国单科性院校专业趋同问题研究——大学综合化发展的视角》，博士学位论文，厦门大学，2008年。
② 文辅相：《我国大学的专业教育模式及其改革》，《高等教育研究》2000年第2期。
③ 别敦荣：《论大学本科弹性教学》，《现代大学教育》2001年第5期。
④ 邬大光：《大学转型发展的时代呼唤》，《中国高教研究》2021年第8期。

相当程度上制约了跨学科人才培养理念的生长，以及跨学科人才培养实践的推进。

二　跨学科人才培养理念缺失

尽管早在 20 世纪 80 年代，就有以武汉大学为代表的一批高校在实施跨学科人才培养，采取了拓宽专业口径、更新课程体系、设置跨学科专业、推行主辅修和双学位制度等一系列举措，但直到今天，跨学科人才培养理念在我国高校中仍然没有普遍树立起来，甚至在一些高校还比较缺失。这种缺失首先表现在很多高校对传统人才培养模式的问题以及跨学科人才培养的价值和意义认识不足，从而造成改革实践缺乏观念先导；其次对跨学科人才培养的目标和模式并不十分清楚，从而缺乏清晰的操作思路；最后，理念的缺失也直接反映在行动的缺失上，即虽然很多高校已经成为综合性或多科性大学，但固守的是单一的专业教育模式，而没有将多学科资源优势充分转化为人才培养资源。

令人欣喜的是，随着党和国家领导人、教育主管部门在各种场合和文件中多次呼吁"学科交叉"与"交叉学科"，特别是国务院学位委员会、教育部 2021 年将"交叉学科"增设为第十四个学科门类之后，当前我国社会在跨学科理念上相比过去有了很大改观，跨学科、学科交叉（融合）、交叉学科等已经成为高校内外的热频词汇，可以说完成了最基本的思想启蒙与政策宣传工作。然而，这种理念在高校层面一是表现为外在理念，即在外在政策倡导之下所做的应对乃至跟风，对跨学科人才培养的价值与意义等问题缺乏深刻的认识；二是不够系统，对跨学科以及跨学科人才培养是什么、为什么要实施跨学科人才培养以及如何推进跨学科人才培养缺乏全面思考；三是往往基于功利目的组织与实施跨学科人才培养，而对学生多样化与个性化的学术兴趣及发展需要重视不够。由于这些原因，跨学科人才培养理念对于跨学科人才培养模式与机制设计的引领及规范作用尚有待加强。

第二节　跨学科人才培养模式未成型

从我国高校的跨学科人才培养实践看，独立和组合两种模式都是存在的，但相比于美国研究型大学，这两种模式之下的跨学科人才培养形式从总体来看并不全面，在跨学科特性上也存在不到位的问题。

一　独立模式下的跨学科人才培养形式不健全

就课程而言，我国高校目前仍然是学科课程占主导，跨学科课程的数量有限。在这背后，实际上学科主导思想与文化根深蒂固。一直以来，高校往往基于某一纵向分割的传统学科建设院系、划分专业，再在该学科与专业之下进一步分割来设置课程，导致这些课程的单一性非常强，缺乏学科交叉的异质性。即使有些课程的主题和内容偏向于跨学科，但受制于师资配置方式，这些课程往往由单一学科的单一教师进行任教。然而，知识结构却限制了这些教师在跨学科课程上的教学，导致课程教学效果不到位。根据九三学社对我国东中西部 10 个省（自治区、直辖市）25 所本科院校 4000 名本科生的调查，57.8% 的学生对跨学科课程给予了不同程度的负面评价，包括课程目标模糊或宽泛，缺乏系统的课程体系，存在把多门学科简单拼凑成跨学科的现象，学科知识并没有得到拓展或改变。同时，57.9% 的学生对跨学科教学质量、教学效果"不满意"。学生反映，很多任课教师缺少必要的跨学科知识结构、课程设计与教学能力，学生很难获得足够的指导。[1]

就专业而言，近些年随着社会对复合型人才的需求以及交叉学科领域的发展，跨学科专业开始成为我国高校专业体系的组成部分，例如前文曾经提及，北大元培学院就有"古生物学"等六个跨学科专业。然而在 2022 年的《普通高等学校本科专业目录》之中，专业依然是按照哲学、经济学、法学、教育学、文学、历史学、理学、工学、农学、医学、

---

[1] 九三学社中央参政议政部：《关于进一步加强我国高等教育跨学科人才培养的提案》，2020 年 5 月 26 日，http://www.93.gov.cn/xwjc-snyw/295694.html。

管理学、艺术学 12 个传统学科门类分设的，即使如"古生物学"此类跨学科专业也置于以上传统学科门类之下，这无疑为跨学科专业的进一步发展带来了一定的限制和束缚。对"个人专业"而言，它在美国并非一两所研究型大学的个别行为，而是一个较为普遍的存在。在我国当前的专业管理体制之下，专业目录的制定以及专业的具体设置是国家和高校的"特权"，学生只是被动的选择者，这也决定了我国高校还不存在"个人专业"。虽然北大也有"一个人的专业"①，但这是源于就读人数而非专业性质。

就学位而言，目前我国的跨学科人才培养形式主要表现为学位的跨学科组合（如在学期间攻读双学位、在获得一个学士学位之后再次攻读第二学士学位等），像密歇根大学"通识学士学位"这种独立式的跨学科学位却没有，因为我国实行的是国家学位制度而非学校学位制度，而我国的学位授予目前按《学位授予和人才培养学科目录（2011 年）》进行，该目录明确规定"学士学位按本目录的学科门类授予"，但这一目录中所列的学科门类共包括哲学、经济学、法学、教育学、文学、历史学、理学、工学、农学、医学、军事学、管理学和艺术学 13 个，并没有为"跨学科学位"留有位置，只是规定了某些一级学科可授予不同学科门类的学位。② 很明显，在这样的规定之下，我国高校无法像密歇根大学那样自主设置跨学科学位，那些具有跨学科性质的学位仍然要冠以传统的学科门类名称。尽管 2021 年增设的"交叉学科"门类在国务院学位委员会、教育部 2022 年印发的《研究生教育学科专业目录（2022年）》中得到了体现，然而该学科门类之下的一级学科依旧按传统学科门类授予学位或按新增加的专业学位类别授予。

二 组合模式下的跨学科人才培养形式不到位

从前文可以看出，在现有的制度下，从组合模式入手实施跨学科人

---

① 卢晓东：《一个人的专业不寂寞》，《中国青年报》2014 年 6 月 20 日第 5 版。
② 国务院学位委员会、中华人民共和国教育部：《关于印发〈学位授予和人才培养学科目录（2011 年）〉的通知》，2011 年 3 月 8 日，http://www.moe.gov.cn/srcsite/A22/moe_833/201103/t20110308_116439.html。

才培养是一个重要的突破口。尽管当前我国高校也在推进课程结构的跨学科，主辅修、双学位等形式也早已不是陌生的概念和小范围的实践，然而这些形式从跨学科特性以及开放程度来看仍然做得不够到位。

第一，学生选择空间小，课程结构的跨学科程度低。目前我国的专业教育模式仍然没有得到太大改观，表现在课程上就是"各专业教学计划除公共必修课和基础课外，其他都是专业范围的课程"[①]。即使当前一些高校设置了通识课程并且该体系在结构上应是跨学科的，然而笔者曾对我国3所"985工程"大学第一批"卓越工程师教育培养计划"专业（合计17个）的通识课程进行了统计，发现思政课程（"两课"）、传授工具性知识与技能的课程（如英语、计算机）等占据比例过大，学科结构不够宽广，而且存在将原本属于学科或专业范围的课程置于通识课程体系中的现象，从而使得"通识"特性不足。[②] 而对于选修课而言，它本来就用于学生自由探索和涉猎，然而根据邬大光教授等人的一项统计，北大等11所"985工程"大学选修课学分占总学分的比例平均仅在23.4%[③]。此外，还有学者对北大等5所"985工程"大学本科专业的必修课与选修课比例进行了统计，发现北大、复旦大学和中山大学必修课与选修课的比例大体在7∶3左右；华中科技大学和兰州大学的选修课比例较小，前者平均值为12.4%，后者平均值为15.6%。[④] 由此可以看出，我国高校在课程的跨学科程度与学生选择空间上仍然与世界一流大学有不小的差距。

第二，辅修、双学位等基于专业和学位的跨学科人才培养形式多是单独开班、自成体系，而没有与各校现有的主修专业相互打通。尽管学位是专业修习的结果，然而在2019年的《学士学位授权与授予管理办法》（以下简称《办法》）颁布之前，我国高校往往将双学位与某个专

[①] 别敦荣：《论大学本科弹性教学》，《现代大学教育》2001年第5期。
[②] 张晓报：《我国"985工程"大学"卓越工程师教育培养计划"的实践与反思——基于课程的考察》，《高校教育管理》2013年第6期。
[③] 袁建胜、温新红：《厦大副校长邬大光：本科教育需要更深入更全面的改革》，《科学时报》2008年8月19日第8版。
[④] 鄢晓：《研究型大学本科生人才培养质量研究——从课程体系的视角》，《现代教育管理》2014年第2期。

业挂钩，称之为"双学位专业"，而不是像美国研究型大学那样同一个学位背后可以有多个主修专业，学生可以这些现有的主修专业为依托去攻读双学位。而在《办法》颁布之后，这一问题并没有得到很好解决。《办法》第十五条规定："具有学士学位授予权的普通高等学校，可在本校全日制本科学生中设立双学士学位复合型人才培养项目。"这是国家第一次从专门政策层面赋予"双学士学位"的合法性，然而在实践中仅仅设立和实施双学士学位复合型人才培养项目（以下简称"双学士学位项目"）却严重窄化了双学位的覆盖面。根据《办法》，"双学士学位项目"须由专家进行论证，应有专门的人才培养方案，经学校学位评定委员会表决通过、学校党委常委会会议研究同意，并报省级学位委员会审批通过后，通过高考招收学生。由此可见，不同于美国大学双学位依托的两个主修专业可由学生根据规则①自由组合，我国的"双学士学位项目"是特定的，即组合的若干项目已经事先由学校设计、通过并由省级学位主管部门批准；是结构性更强的，而不是学生完全凭自身兴趣所进行的松散联合。这导致我国的双学位教育与若干专业挂钩。也就是说，学生只有就读这些依托专业，才能最终获得双学位，而不是像美国研究型大学那样，同一个学位可以有多个相关的主修专业，学生能以这些现有的主修专业为依托去攻读双学位（后者仅是前者修习所获的结果）。"双学士学位项目"虽然增加了学生的选择，可以促进复合型人才的培养，然而因为其自成体系而没有与各校现有的专业相打通，覆盖面无疑将非常有限，复合型人才培养项目的生成性也将大受限制。同时，项目"所依托的学科专业应具有博士学位授予权"亦存在要求过高的问题。《办法》规定，"双学士学位项目"必须坚持高起点、高标准、高质量，所依托的学科专业应具有博士学位授予权，且分属两个不同的学科门类。这个要求不可谓不高，实际上也将"双学士学位项目"限定在那些具有博士学位授予权的高校。2018年，我国共有普通高校2663所（含独立学院265所），其中本科院校1245所。② 然而

---

① 两个主修专业最终导向的两个学位名称一般不能相同。
② 教育部发展规划司：《2018年全国教育事业发展基本情况年度发布》，2019年2月26日，http://www.moe.gov.cn/fbh/live/2019/50340/sfcl/201902/t20190226_371173.html。

截至2018年9月，全国有博士点的高校仅有344所，大多数高校博士点在10个以下。[①] 如此算来，具有博士学位授予权的高校数仅占本科高校总数的27.63%。很明显，这一条规定无形中将我国大多数本科高校排除在外，也使得这些高校的本科生无缘"双学士学位项目"。从双学士学位到"双学士学位项目"，再到具备博士学位授予权的单位才可申办该项目，双学位教育的相关范围在一步步缩小。这不仅有失公平，也导致其受益面极其有限。

第三，联合学位缺乏高校内部更具结构性、具有特定名称的学士学位类型。从目前所见的资料看，联合学位（Joint/Combined Degree）包括三种情况，覆盖了高校之间和高校内部两种类型：一是指通过两所或两所以上高校合作培养所授予的学位，其中涉及的高校可以是一个国家的，也可以是不同国家的。这种情况在欧洲较为常见，而我国《办法》中提到的"普通高等学校之间授予联合学士学位"亦倾向于这种类型。二是指"学生同时学习两个学位的课程"，"学校在课程设置方面专门进行设计安排，考虑到学生毕业求职和将来的发展，将两个学位的学习很好地组织、结合起来，还提供一些交叉学科的课程"[②]，学生毕业时可以同时得到两个学位。这种情况在美国较为常见。比如，伊利诺伊大学香槟分校的"联合学位"由文理学院与工程学院联合提供，为期五年，学生最终可获得两个学位，其中一个为文理方面的文学士或理学士，一个为某个工程领域的理学士。[③] 三是学生联合两个不同领域的学习，最终可获得一个联合的学位。比如麻省理工学院的学生可联合一个人文学科领域（共19个领域）与一个工程或科学领域的学习，并获取"人文与工程"理学士学位或"人文与科学"理学士学位。[④] 这

[①] 青塔：《备受关注的博士学位点，各大高校都有多少个？》，2018年9月7日，https://www.cingta.com/detail/6738。
[②] 叶桂芹、张良平：《联合学位：培养复合型人才的新模式》，《清华大学教育研究》2002年第5期。
[③] 张晓报：《美国研究型大学跨学科人才培养模式研究》，湖南师范大学出版社2018年版，第143页。
[④] 张晓报：《美国研究型大学跨学科人才培养模式研究》，湖南师范大学出版社2018年版，第143—144页。

种情况较为少见。① 就我国而言，联合学位在很长一段时间内主要限于中外联合办学项目，即我国高校与其他国家高校联合举办的学位项目，而国内高校之间鲜有联合学位。《办法》第十六条亦规定："具有学士学位授予权的普通高等学校之间，可授予全日制本科毕业生联合学士学位。"这无疑将扩大联合学位在本土的外延，丰富联合学位类型；推进跨校联合人才培养，加强国内高校之间的合作与联系；推动不同高校之间发挥各自优势，协同提升人才培养质量；促进国内尤其是同一区域内的优质教育资源共享，增进教育公平。然而，从域外经验看，联合学士学位不只限于国内、国际和校际，还包括学校内部更具结构性、具有特定名称的学士学位类型。例如，密歇根大学的联合学位依托由文理学院和其他学院合作提供的联合学位项目，完成该项目的学生可以分别在两个院系获得学位，其中本科联合学位项目有5个。② 这种类型的联合学位项目与宾夕法尼亚大学的协同双学位项目非常相似：涉及两个主修专业或学习领域；学生最终都获得两个学位；组织载体涉及两个不同的学院；两者都是既定的，课程体系在结构上也更强调整合而不像双学位（项目）那么松散，因此课程总数也较双学位（项目）少。

---

① 从三种类型来看，联合学位特别是其中的第二种类型，和双学位尤其是协同双学位存在一定的交叉。不同于攻读双学位的学生可以根据一定的限制性条件自主选择学位依托的主修专业，协同双学位和联合学位（类型二）的提供院系、联合的主修专业或领域范围及其最终获得的两个学位一般是既定的：在提供院系方面，协同双学位或联合学位项目涉及的两个学院都是不同的，宾夕法尼亚大学的协同双学位项目由沃顿商学院与另外三个本科学院中的一个合作提供，密歇根大学的联合学位项目则由文理学院与另一个学院合作提供；在主修专业或领域范围方面，每个项目所联合的两个部分亦不同，这一点从宾夕法尼亚大学协同双学位项目的名称上就可以明显看出来，例如"生命科学与管理项目""管理与技术项目"等。至于密歇根大学的联合学位项目，尽管很多从名称上看是一个专业或领域，但实际上都涉及文理学院人文科学与其他学院的某个专业或领域方面的学习。比如，"工程"本科联合学位项目是为那些希望同时在工程学院与文理学院学习的学生所设计。两者除了存在交叉和重复，联合学位还有双学位所不具备的含义，主要即前文所说的第一种类型。可见，为了避免与"双学士学位项目"相混淆，我国《办法》将联合学士学位限定为"普通高等学校之间授予联合学士学位"具有一定的合理性。见张晓报《双学士学位、联合学士学位等概念正义》，《大学教育科学》2020年第2期。

② 张晓报：《美国研究型大学跨学科人才培养模式研究》，湖南师范大学出版社2018年版，第160页。

第三节 跨学科人才培养机制不健全

总体而言,当前我国高校跨学科人才培养机制发展较为滞后,对跨学科人才培养的支撑与保障都还不够充分、有力。基于中外比较、政策分析与现状考察等方法,笔者发现我国高校跨学科人才培养机制主要存在多元主体需求传导不到位、组织协调与资源共享不力,以及质量管控部门与制度不健全等问题。

一 动力机制:多元主体需求传导不到位

前文已述,跨学科人才培养的动力机制包括动力来源与动力传递两个部分。就现实而言,多元主体对跨学科人才培养的需求是客观存在的,而且随着学生主体意识增强、经济社会发展需要更多复合型人才供给,这些需求将不断凸显。因此,动力机制的问题主要不在于动力来源缺乏,而在于动力传递不到位,这不仅使高校没有全面而深刻地意识到社会、学生和学科①等多元主体对跨学科人才培养的需求,而且导致高校缺乏将这些需求转化为跨学科人才培养实践的充分压力与动力。

第一,高校未全面而深刻地意识到多元主体对跨学科人才培养的需求。一方面,高校往往基于学术逻辑实施人才培养,对多元主体的跨学科人才培养需求关注与回应不足。长期以来,一些高校关起门来办学,对社会究竟需要哪些类型的人才、不同类型的人才需要具备怎样的素质结构、如何切实地培养这些素质缺乏足够的思考和充分的准备。随着市场经济与高等教育普及化进程的推进,高校对于社会用人需求开始有所回应,但对学生需求的关注依旧不够。这突出表现为当前我国高校基本上是根据国家学科专业目录所制定的专业一统天下,"个人专业"缺失。而在既定的专业基础上,我国高校依然实行的是按专业招生、分专业培养的制度,学生可自我设计、自主选择的余地非常小。这些问题与过去我国高等教育尤其是精英化阶段的高等教育处于"卖方市场"高度相

---

① 此处主要指交叉学科,也包括欲借助于学科交叉的手段进一步发展的传统学科。

关。尽管当前我国高等教育已进入普及化阶段，然而受制于路径依赖，这种培养理念及模式依然非常牢固，学生的学习包括跨学科学习需求往往被忽视和遮蔽。

另一方面，高校对于多元主体的跨学科人才培养需求又存在被动应对、表面应对等问题。一是主动性不够。尽管当前高校关起门来办学的问题总体上有所缓解，跨学科人才培养实践亦有所推进，然而这种实践或基于政策压力，或为了迎合市场。事实上，我国高校在办学上一直存在蹭热度、赶时髦的现象，在跨学科人才培养上亦是如此。例如，根据教育部公布的2020年度普通高等学校本科专业备案和审批结果，本次专业调整撤销专业518个，其中撤销数量最多的是"公共事业管理"专业，共有21所高校撤销。此外，有16所高校撤销"信息管理与信息系统"专业，15所高校撤销"电子信息科学与技术"专业，13所高校撤销"产品设计"专业。[①] 这些都是曾经热门一时的专业。而当新兴的热门专业出现时，很多高校又紧跟时代进行申报，如本次专业调整共有130所高校新增"人工智能"专业，84所高校新增"智能制造工程"专业，62所高校新增"数据科学与大数据技术"专业。二是系统性与深度不够。一些高校尽管对经济社会发展需要与学生个体发展需求进行了积极回应，但对跨学科人才培养缺乏充分思考，操作思路不清晰，如对于具有高度跨学科属性的专业，一些高校在并不清楚怎么办的情况下就仓促上马，导致对跨学科专业的学科交叉融合属性体现不足，无法有力回应社会对相应领域复合型人才素质结构的真正需求。

第二，高校缺乏将多元主体需求转化为实践的充分压力与动力。就社会心理推动而言，我国很多高校还没有充分意识到跨学科人才培养对学生全面发展与个性发展、复合型人才培养、复杂问题解决、学科交叉融合发展等方面的多元价值，并在此基础上进行高质量的培养体系设计。具体而言，虽然多元主体对跨学科人才培养都有一定的需求，并且部分为高校所意识到，然而这些需求的力量还不足以大到让高校将其充分转化为改革实践。以专业为例，当前我国高校的专业设置还是以单一学科

---

① 张晓报：《本科专业设置仍存过度"蹭"热点问题》，《中国科学报》2021年3月23日第7版。

逻辑或标准为主,过分强调专业的细分化。① 换言之,我国高校专业设置更多是在学科内部进行分割,而非在学科之间交叉。在学科逻辑主导之下,学生、问题与社会等其他逻辑没有在专业设置上得到很好的体现:高校仍然是提供现成的专业供学生选择,让学生适应其提供的教育,而非主动去适应学生的学术兴趣与发展需要,导致学生逻辑缺失;解决复杂性问题与培养复合型人才的外在需求还没有成为高校专业设置的重要标准,致使问题逻辑与社会逻辑缺失。

就利益驱动和政令推动而言,"重科研、轻教学"是我国高校尤其是本科院校的顽疾,而学科评估又进一步强化了这一问题:"在现有学科评估体系导向下,高校学科建设在某种程度上游离于人才培养体系之外,更多关注显性的科研成果、科研项目等科研指标和人才'帽子'指标"②,"人才培养指标一直是软性指标。……无论人才培养指标权重多少,即便把人才培养指标放在第一位,都无法与科学研究和教师队伍的硬指标相抗衡,这就导致了学科评估成为科学研究评估"③。不仅如此,相关部门还把学科评估结果与各种利益绑定在一起。④ 这无疑从政令推动与利益驱动两个维度为高校重视科研提供了驱动力,而当高校所面临的人才培养压力不大的时候,它们不够重视多元主体对跨学科人才培养的需求也就非常自然了。

二 运行机制:组织协调与资源共享不力

当前我国高校的体制机制主要是基于专业教育模式所建立的,这种体制机制不仅导致跨学科人才培养的组织协调与资源共享机制缺失,而且阻滞了跨学科人才培养的实施与运行。具体而言,这种缺失与阻滞主

---

① 储召生:《跨学科教育:一流本科的必然选择》,《中国教育报》2016年5月23日第5版。
② 邬大光、薛成龙:《"应试"评估不是学科建设的全部》,《光明日报》2019年9月3日第13版。
③ 邬大光、薛成龙:《"应试"评估不是学科建设的全部》,《光明日报》2019年9月3日第13版。
④ 邬大光、薛成龙:《"应试"评估不是学科建设的全部》,《光明日报》2019年9月3日第13版。

要表现为以下几个方面。

第一，院系以学科为基础进行划分和设置。以学科为基础划分和设置院系目前仍是我国高校学术机构的主要构建方式，这对组织与实施跨学科人才培养带来了以下消极影响。一是学科组织与专业教育相互固化。[1] 学科组织提供专业教育，专业教育催生学科组织，导致专业教育理念、模式与机制不断强化。例如在这种院系划分和设置方式下，"专业设置方式更多的是在学科内部分割"[2]。由于局限在单一学科及其组织内，这种方式很不利于跨学科专业的生成。二是教育资源共享存在学科壁垒。跨学科人才培养的运行要求师资、课程以及设施、设备与场地等资源的跨学科共享，然而在以学科为基础划分和设置院系的情况下，这些资源往往按照院系配置，封闭性、独立性极强。与此同时，院系一般视这些资源为专有资源，不愿意牺牲自身的利益使其共享。这种资源共享壁垒与专业的实体性有很大关系："一个专业一旦形成并列入'专业目录'，就具备了很强的实体管理性质，专业边界森严，管理上分属于高校院系，教师、科研人员有清晰的学科领域边界，学科间深度交流困难。"[3] 此外，当前院系是相对独立的经济利益体，而部分大学实行二级财务制度，又从制度上强化了这种导向，成为跨院系教育、科研合作的重要障碍。[4] 进一步来说，现代大学的学科发展建立在人类知识的不断分化和专门化基础之上，不同学科早已形成了自己专属的知识体系、研究范式和学术思维，学科之间的文化差异、组织壁垒必然会长期存在，这无疑会窄化乃至阻塞跨学科学习的资源共享和借鉴的渠道。[5]

第二，跨学科人才培养的协调机构缺失。要克服学科利益至上的本

---

[1] 刘亚敏、胡甲刚：《跨学科人才培养的制约因素探讨》，《中国高教研究》2004年第3期。

[2] 王志丰：《论新工科的跨学科品性及其跨学科课程设计》，《山东高等教育》2021年第1期。

[3] 王志丰：《论新工科的跨学科品性及其跨学科课程设计》，《山东高等教育》2021年第1期。

[4] 邬大光、陈祥祺：《高等教育"深水区"与大学转型发展》，《中国高教研究》2021年第12期。

[5] 陈翠荣、李冰倩：《密歇根大学跨学科培养研究生的理念基础、实现途径及面临的挑战》，《外国教育研究》2018年第8期。

位主义对跨学科人才培养实施、运行、发展的阻碍，建立一定的协调机制、推动多学科与多部门的协作无疑是必要的。然而，当前由学科组织和职能部门构成的培养体系往往各自为政，高校缺乏跨学科人才培养的负责机构或协调机构，多学科的综合资源优势亦没有得到充分的释放和发挥。尽管高校普遍设有教务处，具有硕博士学位授权点的高校亦设有研究生院或研究生处，同时还设有分管本科生教育与研究生教育的副校长，但受制于路径依赖，这些机构与人员思考和负责的往往是传统的学科专业教育，这也导致跨学科人才培养无法在校级层面得到有力推动与协调。正如邬大光教授所说，高校"明明都知道学科建设中跨学科的重要性，但在人才培养领域，管理部门的分割使得'跨学科'无法'突围'"①。同时，我国高校在行政管理上实行的是自上而下的科层制，决策与资源分配权主要集中在校级层面，这也决定了依靠院系自下而上推动跨学科人才培养是较为困难的。即使勉强能够推动，跨学科人才培养实践的覆盖面往往也十分有限。可以说，当前我国高校在协调机制建设上已经非常滞后，严重影响了跨学科人才培养实践的推进。

第三，课程资源按院系分割。在课程方面，目前我国大多数高校课程共享机制还没有建立起来，主要表现为以下两点：一是按照专业和院系来配置课程。目前，我国大多数高校的各种教育教学资源配置都是按照专业、系、学院来配置。不仅在校级层面上，就是在院级层面上实行资源共享的也不多。②在课程方面，院系、专业之间资源共享意识还十分薄弱，大部分可以实现共享的课程仍以院或系为单位分别开设，在教学实践中实现共享的课程只占极少数。③例如，有学者通过对厦门大学经济学院、管理学院和法学院的考察，发现它们之间就存在相同课程重复开设的现象。④进一步来说，不同于美国高校强调开放与共享的资源

---

① 邬大光、陈祥祺：《高等教育"深水区"与大学转型发展》，《中国高教研究》2021年第12期。
② 袁建胜、温新红：《厦大副校长邬大光：本科教育需要更深入更全面的改革》，《科学时报》2008年8月19日第8版。
③ 常亮：《高校课程资源共享问题研究——以厦门大学为例》，硕士学位论文，厦门大学，2008年。
④ 常亮：《高校课程资源共享问题研究——以厦门大学为例》，硕士学位论文，厦门大学，2008年。

配置方式，传统封闭式的专业教育模式孕育了我国高校自给自足、自成体系的资源配置方式。① 在这种资源配置方式下，当前在某一专业的课程体系尤其是专业课程上，所在院系往往依靠自身力量去提供，这些课程亦被院系和专业视为自身所有，且主要向本院系学生开放。然而受制于师资及其学科结构，单一院系所能提供的课程总量及其学科分布总是有限的。这不仅使一些跨学科人才培养形式受制于课程资源互不共享而无奈夭折，而且传统的专业教育也因此无法加强跨学科内涵的建设。不仅如此，在按专业和院系配置课程的同时，各学科为使自身利益最大化，又不断增设新专业，导致专业划分越来越细，学科专业间的交叉与融合包括课程共享也越来越困难。② 二是不同类型课程之间的界限非常明显。课程的数量及其学科覆盖面是影响学生跨学科学习的重要因素，而这又取决于课程的管理模式。当前我国高校一般将基础课与专业课、必修课与选修课、主修专业与辅修专业课程、本科生与研究生课程、短学期与长学期课程等不同类型课程"截然分开"③，导致这些课程之间界限分明，无法共享、共用。在这种情况下，虽然我国很多高校的课程总量不少，但学生所能选择的余地却不大，跨学科选修课程、探索不同的学科或领域受到了极大的限制。课程资源配置方式不合理，严重制约了跨学科人才培养的组织与实施，导致"人才培养模式还只能局限于专业教育的框架内，既浪费了相对紧张的教学资源，也不利于不同类型学生的个性发展"④。

第四，教师人事及评价隶属院系。当前我国高校教师一般受聘于某一个院系，在行政上亦归属于这个院系。⑤ 无论是教师人事制度还是学术评价制度，都隶属于单一的学科专业或组织。⑥ 这给教师从事跨学科

---

① 常亮：《高校课程资源共享问题研究——以厦门大学为例》，硕士学位论文，厦门大学，2008年。

② 李立国：《"双一流"背景下需求导向的学科专业调整优化》，《大学教育科学》2017年第4期。

③ 袁建胜、温新红：《厦大副校长邬大光：本科教育需要更深入更全面的改革》，《科学时报》2008年8月19日第8版。

④ 袁建胜、温新红：《厦大副校长邬大光：本科教育需要更深入更全面的改革》，《科学时报》2008年8月19日第8版。

⑤ 项伟央：《高校跨学科组织中的教师聘任制度研究》，硕士学位论文，复旦大学，2011年。

⑥ 刘海涛：《高等学校跨学科专业设置：逻辑、困境与对策》，《江苏高教》2018年第2期。

人才培养工作主要带来了两个方面的障碍：一是工作量无法共享。要使教师参与跨学科教学、科研等工作，一个基本的条件是其拥有一定的时间和精力。然而，当前我国高校教师工作量普遍较大：除了面临一定的生存压力，教师还面临着繁重的教学、科研压力，尤其是青年教师表现得更为明显。① 不仅如此，当前我国高校教师一般由所在院系规定年度工作量，在其他院系完成的教学与科研工作往往无法计入。而工作量一旦不达标，不仅影响教师的工资待遇，还可能导致其达不到职称评审的基本条件，这无疑令有志于跨院系工作但在所属院系本身工作量就大的教师望而却步。二是成果认可与岗位晋升困难。这两者关乎教师职业发展，也是他们最为在乎的事情之一，因此也是最具激励作用的手段之一。然而，我国高校对教师的科研评价与职称评审一直有鲜明的学科指向，这种学术评价体系使教师的跨学科研究成果往往不被其所在的传统院系所承认，导致其无法以这些成果参与职称评审，出现了"得不偿失""费力不讨好"②的问题。此外，受制于传统观念、历史贡献以及彼此感情等因素，在职称评审的院系推荐环节，相关院系难免会倾向于全职在本院系工作的教师，而跨院系工作的教师可能无法得到公平、公正的对待。

三　约束机制：质量管控部门与制度不健全

尽管自20世纪80年代起，我国就有武汉大学等一批高校在推进跨学科人才培养，但国家层面的制度设计以及高校层面的大规模行动却发生在近几年，这也导致我国在跨学科人才培养的体制机制建设上尚处于起步阶段，其中跨学科人才培养尚缺乏健全的约束机制就是一个重要体现。

第一，跨学科人才培养质量管控的专门机构缺失。尽管高校一般都在教务处和研究生院（处）之下设有教学质量科、质量管理科或其他相关部门，但这些机构往往负责的是全校本科教育或研究生教育的教学质

---

① 柴葳、刘博智：《教育部部长陈宝生在十三届全国人大一次会议记者会上答中外记者问》，2018年3月17日，http://www.moe.gov.cn/jyb_xwfb/gzdt_gzdt/moe_1485/201803/t20180319_330463.html。

② 项伟央：《高校跨学科组织中的教师聘任制度研究》，硕士学位论文，复旦大学，2011年。

量管理，对跨学科人才培养缺乏专门的研究与关注。由于跨学科人才培养的学科交叉融合属性，高校将其与传统的学科专业教育等同视之，无疑无法做到针对性管理。例如，作为基于课程要素、独立组织方式的跨学科人才培养形式，跨学科课程的本质是知识整合，[①] 如果按照一般的教育教学条件去审查跨学科课程的申报，而没有从师资的学科结构、课程的组织形式与教学方法等内核进行评价，很难判断其究竟是否做到了知识的整合。

与此同时，当前不少高校的教学质量科等相关部门一般负责的是评教、评学、教学检查、教学信息收集与统计分析等具体事务，这些事务与质量有关，但流于表层和形式审查。进一步而言，我国很多高校的教务部门对于跨学科课程、跨学科专业以及辅修、双学位等形式应该具备怎样的教育教学条件，制定怎样的培养目标与规格，教育教学究竟是否达到了起码的质量水准等核心与深层次问题缺乏关注且管理乏力。例如，北大的辅修与双学位曾经由开设院系全面负责学生的录取和课程的组织、开设及考核，教务部只参加最后的毕业审核与证书发放。各院系的管理办法不尽相同，各辅修、双学位专业的要求也没有统一标准。这导致在相当一段时期，北大"对辅修、双学位的管理基本处于失控状态"[②]。在其背后，实际上是我国高校还没有及时跟上跨学科人才培养的步伐，对质量管控职责与内容进行相应的增加与补充。

第二，跨学科人才培养质量标准与全过程管理制度不健全。当前很多高校对于跨学科人才培养的质量标准与全过程管理制度尚缺乏系统考虑与细致设计。在质量标准方面，很多高校对跨学科人才培养实践整体，以及各种具体形式并没有清晰的质量意识，质量标准存在缺失或粗放的问题。例如，不少高校开设了跨学科专业，但对于这些专业的学生该具备哪些核心知识与能力却缺乏明确的规定。再如，尽管国家明确要求辅修专业"应参照同专业的人才培养要求，确定辅修课程体系、学分标准

---

① 李爱彬、梅静：《博士生跨学科课程实施：内在逻辑、现实困境与突破路径》，《研究生教育研究》2020年第3期。

② 宋鑫、何山、卢晓东：《提高我校辅修和双学位专业教育质量的研究报告》，2023年6月12日，https://www.360docs.net/doc/258450665.html。

和学士学位授予标准"①,但现实是很多高校并没有将其与主修专业"同质要求、同质管理"。当前辅修专业、双学位专业等跨学科人才培养形式的培养质量不理想、社会认可度不高,一个重要原因就在于没有做到"同质"。此外,根据笔者对多所高校辅修专业管理办法的研读,发现它们尽管对组织管理、教学安排、学籍学业管理等事项进行了明确,然而在标准上往往只有总学分以及课程考核等要求,对人才培养目标与规格等关键性的质量标准体现不够。

在全过程管理制度方面,问题主要表现为关键环节管理制度不健全、执行不力。一是在跨学科课程、跨学科专业等狭义、新兴的跨学科人才培养形式上,未及时对其申请或申报程序、中期检查、终端处理等事项出台制度。二是在主辅修、双学位等广义、相对成熟的跨学科人才培养形式上,尽管全过程管理的制度已经初步成型,但在各环节的标准制定及其执行上却较为粗放,高质量管理不力。例如,在双学位专业上,"任课老师大部分是缺乏经验的年轻老师","双学位学生的毕业论文要求不宜过高,差不多就行"等反馈②就暴露出双学位在准入和出口环节的质量管理问题,而"不要对双学位抱有太大幻想,毕竟是第二专业,学不到很多东西"③更直接反映了学生对于双学位教育质量的心理预期。

---

① 教育部:《关于深化本科教育教学改革 全面提高人才培养质量的意见》,2019年9月29日,https://www.gov.cn/xinwen/2019-10/12/content_5438706.htm。
② 张晓报、陈慧青:《我国高校双学位教育的困境与出路》,《黑龙江高教研究》2017年第11期。
③ 张晓报、陈慧青:《我国高校双学位教育的困境与出路》,《黑龙江高教研究》2017年第11期。

第十二章

推进我国高校跨学科人才培养的主要策略

跨学科人才培养是一项系统性工作，高校要用好学科交叉融合这个"催化剂"，打破人才培养的学科专业壁垒，促进人才培养模式由学科专业单一型向多学科融合型转变，就要在理念、模式和机制等方面进行综合改革。尽管我国高校跨学科人才培养实践总体处于初步阶段，但正可以发挥后发优势，在充分借鉴世界一流大学相关经验与教训的基础上进一步推进。基于前文揭示的主要问题，我国高校当前应重点做好以下几方面的工作。

第一节 树立并强化跨学科人才培养理念

对美国若干所研究型大学的考察发现，凡是在跨学科人才培养上成就明显的，都离不开一定的跨学科人才培养理念作为基础和先导。因此，推进我国高校跨学科人才培养实践的首要之路是树立并强化跨学科人才培养的理念，而要使跨学科超越单纯的政策口号或浅尝辄止的教改实践，就需要大学教育观念的重新启蒙以及大学人的"新文化运动"[①]。

一 深化对综合性大学目的与属性的认识

一是明确综合性大学办学的根本意图。这是跨学科人才培养的根本出发点以及优化跨学科人才培养模式与机制的基本逻辑前提。事实上，"办综合性大学最根本的意图是为所有的学生提供一个综合性的教育平

[①] 邬大光：《大学转型发展的时代呼唤》，《中国高教研究》2021年第8期。

台，让各种学科的教育资源汇聚到一起，能够为所有学生享用。作为一所综合性大学的学生，只要想接受任何院系的教育和课程，就可以选修它们的课程，各院系都应当提供方便并保证这种需求。而且大学还要鼓励这种需求，办综合性大学就是要建立这样一种氛围，形成办学的个性"①。从美国研究型大学的情况看，跨学科人才培养的实施正是利用了其综合性的学科优势和研究型的功能优势。因此，要推进人才培养模式的转变，高校首先就要回归综合性大学的办学初心，为学生切实提供综合性的教育平台，创造综合性的教育氛围，从而让学生可以自由地对各个学科的教育资源进行浏览、体验、选择和组合。

二是深化对综合性大学属性的认识。前文已述，伴随着人才培养、科学研究由传统的学科向跨学科转型，大学逐渐成为一个跨越传统界限去追求知识的场所，而投身于跨学科研究和教学也随之成为不少大学身份和使命的一个标志性特征。而从其词源和性质而言，跨学科本来就是高校尤其是大学应有的属性。正如蔡元培先生在1918年《北京大学月刊》发刊词中所说："大学者，'囊括大典，网罗众家'之学府也……哲学之唯心论与唯物论……常樊然并峙于其中，此思想自由之通则，而大学之所以为大也。"② 而"思想自由，兼容并包"不仅在强调大学由不同学科、不同学派构成，而且也倡导各种学术思想之间的相互借鉴与交流。换而言之，跨学科作为高校尤其是大学本来该有的属性，是高校组织建设、人才培养与科学研究应有的样态。只不过，20 世纪 50 年代所建立的专业教育模式以及实施的院系调整遮蔽了这种属性与样态。时代发展到今天，这种属性与样态亟待还原。

二　尊重学生多样化和个性化的学习需求

高校只有在尊重学生多样化和个性化学习需求的前提下，才可能去设计和实施多样化的跨学科人才培养模式。以前文所提到的密歇根大学"通识学士学位"为例，其重要目的在于满足学生的跨学科兴趣或者说

---

① 别敦荣：《大学发展战略规划：我们的经验》，载《北大讲座》编委会编《北大讲座》（第十五辑），北京大学出版社 2007 年版，第 274 页。
② 高平叔编：《蔡元培教育论著选》，人民教育出版社 2017 年版，第 179 页。

对多个学科的兴趣，而每一个学生的跨学科兴趣又是不同的，因此密歇根大学向学生提供了根据课程修读要求自主设计项目的机会。再如"个人专业"作为美国极具特色的本科人才培养制度，以满足学生特殊的学习需求为主旨，其建立是对大学已有的可供选择的专业不足的一种补充。[1] 从设置背景看，"个人专业"的推出主要就在于学生的学术兴趣或发展需要是个性化的、多样化的。从美国研究型大学的资料看，尽管它们设置了多个专业，但也无法穷尽所有的学术领域，总有学生的学术兴趣会超越现有的专业范围。这个时候就需要提供一种额外的途径去满足学生的这种需要，"个人专业"于是应运而生。[2]

尊重学生的多样化和个性化学习需求，要把跨学科人才培养满足学生学术兴趣的作用放在首位，具体原因如下：其一，教育最根本的目的在于促进人的全面发展。尽管跨学科人才培养兴起和持续的一个动因是增加学生的就业竞争力、满足社会对复合型人才的需要，但这些并不是其存在的根本依据。即使大学毕业生没有面临就业难的问题，即使社会不需要复合型人才，高校一样需要实施跨学科人才培养，其原因就在于学生内在的发展需求。其二，实用性的目的应是跨学科人才培养产生的副产品或者结果。也就是说，当高校通过跨学科人才培养很好地满足了学生个性化、多样化的学术兴趣，并且学生在这个过程中充分地实现了自身发展的时候，增加学生就业竞争力和未来适应性的目的也就自然而然达到了。反之，如果将实用目的放在第一位，反而忽视了发展或者发展得不充分，这种目的也无法达到。

尊重学生的多样化和个性化学习需求，本质是尊重学生的主体性。"大学本科教学应当以学生为本，以学生主体性的充分和自由发展为目的。"[3] 而是否尊重学生的主体性，背后又涉及教育价值观的问题，即是否将满足学生的需要放在重要位置。因此，我国要推进跨学科人才培养，就要树立合理的教育目的价值取向。具体来说，应克服传统的社会本位价值取向，把满足人的需要和社会的需要充分结合，尤其要对人的个性

---

[1] 郭雷振：《美国高校本科专业修习制度及其启示》，《重庆高教研究》2015年第1期。
[2] 张晓报：《美国研究型大学"个人专业"及启示》，《高教发展与评估》2020年第1期。
[3] 别敦荣：《论大学本科弹性教学》，《现代大学教育》2001年第5期。

化发展需要给予更多的重视。从办学理念来说，理想的大学教育应该主动适应学生的合理需求，而非让学生一味被动地适应学校提供的教育。如果说半个多世纪以前高度统一、缺乏弹性的专业教育模式尚能够理解，那么今天继续忽视学生的学习自由和权利就明显不合时宜了。从高等教育发展阶段来看，多元化是大众和普及化高等教育时期的一个重要特征，特别是面对多元化的学生群体及其特征，高校的人才培养模式也应随之做出改革，即从单一、统一到多样、差别转变。

三 制定契合科技与社会形势的培养目标

培养目标是人才培养的出发点和归宿，在整个人才培养过程中具有引领和导向作用，对国家的人才与科技竞争力也有深远的影响。目前，我国高校因为跨学科人才培养实践滞后，而在人才素质结构上导致的弊端已经显现。正如莱文所指出的："跨学科知识的广度、批判性思维是中国学生缺乏的。"[①]

基于美国研究型大学的经验，我国高校在跨学科人才培养目标制定时，首先要紧跟科技和社会发展形势，研究这种形势对人才的要求，并在此基础上考虑人才的素质结构，从而进一步将培养具备跨学科素养的人才视为自身的重要任务。在社会需求上，党的二十大报告提出"加快实施创新驱动发展战略"，要求"坚持面向世界科技前沿、面向经济主战场、面向国家重大需求、面向人民生命健康，加快实现高水平科技自立自强"，而"四个面向"所涉及的问题往往是单一学科无法解决的复杂问题。对此，高校不仅要致力于合作研究，还要充分利用其丰富的研究资源和智力资源，培养学生运用多学科知识提出问题、分析问题和创造性解决问题的能力。[②]

其次，我国高校要结合自身办学定位与特色培养不同类型的跨学科人才。一般而言，研究型大学侧重于培养学术型跨学科人才，而且研究型大学的角色也决定了它责无旁贷。正如莱文所说："对最高端的大学

---

① 莱文：《耶鲁校长点评中国留学生缺少批判性思维》，2011年6月2日，http://edu.people.com.cn/GB/14803191.html。
② 张晓报：《论美国研究型大学跨学科人才培养理念》，《高等理科教育》2016年第2期。

而言，我们的任务不光是要培训一些以后能够找到好工作的、具有某种技能的人，而是（应为"且要"——笔者注）能够培养一批具有创新能力的人。"① 但从美国研究型大学的经验看，其也培养在跨学科领域从事工作的应用型人才，这对我国研究型大学而言无疑是一个提醒。而受制于科研水平，我国广大的应用型高校无疑应偏重于培养应用型跨学科人才。

最后，我国高校可从知识、方法与能力等多维度思考和设计跨学科人才的素质结构：知识上，要使学生掌握多学科的知识结构，而不能局限在一个学科甚至一个专业的范围之内；方法上，要通过课程教学和科研活动使学生掌握从多学科分析、解决复杂问题，或从其他学科视角去分析和解决某一学科问题的方式、方法；能力上，应通过案例分析、问题解决等手段，培养学生解决跨学科问题、从事跨学科工作的实际能力。

第二节 建立健全跨学科人才培养的模式

前文已述，跨学科有综合式与添加式两种类型，分别对应跨学科人才培养的独立与组合模式。两者跨学科程度虽然不同，但都有跨学科的功用。因此，要树立跨学科人才培养模式既是独立也是组合的思想，围绕这两种类型全面建构跨学科人才培养模式，而不能单纯强调基于综合或添加的路径。

一 树立跨学科人才培养模式既是独立也是组合的思想

从美国研究型大学看，实践中的跨学科人才培养模式并不是单一的独立模式或组合模式，而是两种模式并存的。树立跨学科人才培养模式既是个体也是组合的思想就是要求高校作为一个整体，一方面要重视跨学科课程、跨学科专业和跨学科学位的建设，另一方面也要注重课程、

---

① 莱文：《耶鲁校长点评中国留学生缺少批判性思维》，2011年6月2日，http://edu.people.com.cn/GB/14803191.html。

专业和学位的跨学科组合。

从高校角度而言，无疑可以在独立模式上下功夫，即通过设计跨学科课程、跨学科专业和跨学科学位，进行跨学科教学和指导，从而提供整合程度更高的跨学科人才培养，但这些形式对于那些学科和科研实力一般的高校而言往往难以做到，因为这些形式要求高校和教师在跨学科领域有一定的研究和积累。相反，传统的学科型课程、专业与学位因为依托的传统学科经过了相当长时间的发展已经相对成熟，所以设置更为便利，利用其组织双主修、主辅修等形式也相对容易。也就是说，如果高校充分挖掘、整合和利用现有的教育教学资源，组织成课程结构的跨学科、双主修、主辅修以及双学位、第二学位等形式，任何一所高校在跨学科人才培养上都能有所作为。

从学生的角度而言，不同学生的学术兴趣和发展需要是不一样的，因此仅仅只有独立或组合模式都是不完整的。为了更好地契合不同学生之间兴趣和需要的差异，独立和组合模式都有必要存在。此外，跨学科课程、跨学科专业和跨学科学位的数量总是有限的，如果仅限于此而将跨学科人才培养的组合模式及其具体形式排除在外，跨学科人才培养的实施途径将大大缩小，从而制约了跨学科人才培养的受益面。如果高校将现有的课程、专业和学位等教育教学要素进行跨学科的组合，无疑可以使原本有限的跨学科资源得到增加和拓展，而且只要符合跨学科的原则，这种组合可以是任意的、多种多样的，因此也有助于满足学生个性化的学术兴趣和发展需要。

进一步来说，将两种模式结合起来对于促进学生更为全面而深刻地发展也是必要的。以基于课程的跨学科人才培养形式为例，当前我国的本科生课程多是"按照专业进行设置的，内容局限于本专业的知识面内，同时各门课程又过分强调各自的系统性和完整性，在很大程度上不利于综合科学基础的培养和跨学科科研能力的提高"[①]。这就需要以通识教育课程的多学科性加以弥补，但通识教育课程往往又很难达到知识体系、思维方式的整体融合和全面提升学生跨学科综合创新能力

---

① 吴迪：《论世界一流高校对本科跨学科专业课程的践行——普林斯顿大学的"综合科学"课程计划》，《黑龙江高教研究》2012年第10期。

的作用,① 这就需要通过设置跨学科科目供学生选修、开展跨学科研究供学生参与,以提供这方面的培养和训练。

二 开发独立模式下的跨学科人才培养形式

我国高校可在相对成熟的交叉学科基础之上,建设跨学科课程、跨学科专业与跨学科学位。所谓相对成熟,是指通过在学科交叉前沿地带的长期协同探索与研究,已经形成了一套相对固定的概念、研究方法或范式,以及相对成型的知识体系,这无疑为跨学科课程、跨学科专业与跨学科学位建设提供了知识基础。

一是跨学科课程。从课程的类型看,作为"学校按照一定的教育目的所建构的各学科和各种教育、教学活动的系统",课程"既包括学科体系,也包括其他有目的的教育教学活动体系"②。跨学科课程亦是如此,它包括各门跨学科教学科目,也包括跨学科研究等活动。因此,未来我国高校可从这两种类型着手建设跨学科课程。就前者而言,高校可从校内外相对成熟的交叉学科中精心选择内容建设跨学科课程,为学生综合不同的思想与视角、发现知识的内在联系提供机会。同时,还可从社会复杂问题出发,即以前文提及的以问题尤其是社会中的实际生产、生活问题为经纬来组织和设计跨学科课程,以跨学科研讨的方式来实施课程教学与学习。就后者而言,高校可利用其研究职能与优势,向学生提供跨学科研究的机会,使学生在跨学科研究活动中经历融合与运用多学科知识解决复杂问题的实际锻炼。

二是跨学科专业与"个人专业"。2023年2月,教育部等五部门关于印发《普通高等教育学科专业设置调整优化改革方案》要求学科专业建设要"面向世界科技前沿、面向经济主战场、面向国家重大需求、面向人民生命健康,推动高校积极主动适应经济社会发展需要",而"四个面向"具有强烈的跨学科性,为跨学科专业的建设提供了根本性的指导思想。举例而言,新一轮科技革命与产业变革急需科学基础厚、工程

---

① 吴迪:《论世界一流高校对本科跨学科专业课程的践行——普林斯顿大学的"综合科学"课程计划》,《黑龙江高教研究》2012年第10期。

② 潘懋元、王伟廉主编:《高等教育学》,福建教育出版社2007年版,第130页。

能力强、综合素质高的工程科技人才,因此综合性成为工科人才培养的基本特征之一。然而传统工程教育均存在不同程度的过分专门化、过早专门化、通识教育不足等弊端,使得本科生所学知识只限于狭窄的单一学科领域,工程人才知识体系不够完善。① 为此,当下的"新工科"建设可考虑学科交叉与融合的路径,其中结合社会对跨学科工程人才的需求开设跨学科专业就是一种重要方式。除了要"适应经济社会发展需要",高校还需要考虑学生逻辑,走进学生、了解学生需求,并将了解到的需求作为"个人专业"的生长点。

三是跨学科学位。在继续实施和推行以学位的跨学科组合为基础的跨学科人才培养形式外,我国还要重视基于学位的、独立的跨学科人才培养形式的开发。其中,学位的跨学科组合是两个非跨学科性质,并且属于不同学科门类的学位的组合,而跨学科学位则是一个在性质上即为跨学科的独立学位。从跨学科人才培养的角度而言,仅仅只有组合方式是不完整的,因为不同学生的需求是不同的:有些学生可能对两个不同的学科或领域同样感兴趣,这个时候选择学位的跨学科组合这一方式就比较适合。但有些学生是对某种涉及两个或两个以上学科或领域的问题感兴趣,他们需要一个允许其自主确定专业方向,并从多个学科或领域选择与该方向相关课程的学位项目,跨学科学位的设置因此显得必要。② 从当前我国的情况看,需要进一步落实"交叉学科"门类的学位授予属性,做到交叉学科专业与交叉学科学位的一致性。

三 完善组合模式下的跨学科人才培养形式

前文已述,跨学科人才培养的独立模式往往建立在相对成熟的交叉学科基础之上,这对高校的学科和科研实力要求较高,而组合模式一般建立在高校现有的教育教学要素与资源之上,相对更易实施。因此,高校要充分利用学科交叉提供的无限可能,充分在"学科交叉"上做文章,推进现有课程、专业和学位的跨学科组合。

---

① 陆国栋、李拓宇:《新工科建设与发展的路径思考》,《高等工程教育研究》2017年第3期。
② 张晓报:《密歇根大学的跨学科学位及启示》,《山东高等教育》2016年第3期。

一是进一步加强课程结构的跨学科。课程是实现学校教育目标的主要手段和媒介，课程体系的好坏将直接影响到跨学科人才培养目标的实现程度，因此设计一套合理的课程体系至关重要。高校可以通识教育课程、专业课程和自由选修课程这三种课程类型为抓手，推进课程结构的跨学科化。首先，优化通识课程体系的建设，突出其"通识性"。虽然有学者将高等教育界定为"在完全的中等教育基础上进行的专业教育"[①]，但如果将高等教育单纯理解为专业教育就会走向教育的片面，因此提升通识课程体系的"通识性"无疑是未来通识教育改革的重要内容。其次，完善专业课程的学科结构，组织结构化的课程体系。尽管专业课程往往以某一学科或领域为主，但要深入学习某一学科或领域，仅有该领域的课程学习是不够的，需要围绕该学科或领域组织其他相关学科的课程。从美国高校的经验来看，"在学科不断细化的今天，即使是传统的非跨学科专业，对选修课程方面的要求也反映出一定的跨学科培养理念。比如：外语系学生必须选修文学、语言学和文化文明等研究领域的课程"[②]。最后，提升选修课尤其是非限制性选修课的比例，为学生探索其他学科或领域提供充分的机会。这需要高校提供覆盖众多学科的丰富课程作为保障，然而仅靠一个院系很难有足够的力量提供学科和门数如此之多的课程。因此，我国高校需要打破学科壁垒，实现课程资源的高度共享。

二是进一步完善双主修、主辅修与双学位制度建设。要通过建构开放式的双主修、主辅修、双学位制度，进一步推进专业或学位的跨学科组合。首先是从小众的特定培养项目走向大众的开放选择。从美国研究型大学的经验看，双学位背后的两个主修专业和两个学位并非学校所指定，而是学生的自主选择。校方给予的限制往往是，两个学位的名称不能相同，或两个学位要分属于不同的院系。尽管有这种限制，但学生跨学科、跨院系选择另一个主修专业、攻读第二个学位的自由度仍然比较大，原因主要在于最终导向某一学位或者某一个学院所拥有的主修专业

---

① 湖南省教育厅主编：《高等教育学》，湖南大学出版社2005年版，第39页。
② 王义娜：《人文学科的跨学科教育模式——对美国高校的考察分析》，《北京航空航天大学学报》（社会科学版）2010年第6期。

有很多。因此，我国的"双学士学位"应改变"小众价值观"，拓展受众群体，这就要将双学位从专门项目转变为开放选择，使学生可以根据攻读双学位的规则，在本校范围内自由选择依托的主修专业。其次是从博士学位授权点高校到学士学位授权点高校。从"双学士学位项目"的本质来看，它是双学位的一种特殊类型，最基本的要求是涉及的两个学科专业都要具备学士学位授予权。当学士学位授权点的人才培养质量能够保证的时候，要求具有博士学位授予权无异多余。相反，当学士学位授权点的人才培养质量无法保证的时候，具有博士学位授予权亦无济于事。在普遍重科研、轻教学的背景下，高校即使具有博士学位授予权，也并不必然就表示其学士学位授权点的人才培养质量更高。因此，相比提高学位层次，严格学士学位授权点审批和考核、保证本科人才培养质量才是根本。从未来发展而言，"双学士学位项目"应像《办法》中对联合学士学位所作的规定一样，"所依托的专业应是……具有学士学位授权的专业"。要做到开放，高校就需要将跨学科人才培养形式与现有的专业教育相融合，即从教育教学资源共享的角度出发，将第二主修专业、辅修专业、第二学位等跨学科修读形式与高校现有的主修专业、主修学位相互打通，而不是单独成为一个系统。这样不仅节省了很多资源和精力，而且只要符合跨学科的原则，这种组合可以任意的，因此学生的选择也将随之变得丰富和多元。

　　三是推进联合学士学位建设。针对前文所揭示的问题，当下的联合学士学位需要从校际走向校内校际并重。从前文来看，联合学位并不限于校际。事实上，不仅高校之间需要协同育人，而且高校内部更要首先考虑如何多学科育人。从学科间的联系特别是从多学科资源转化为人才培养资源的角度而言，我国很多高校还无法称为名副其实的综合性大学。对此，如能将联合学士学位的外延拓展到校内校际两种类型，尤其是积极开发第三种类型的联合学位（即学生联合两个不同领域的学习，最终可获得一个联合的学位），无疑有利于加强高校内部学科之间的关联，促进多学科交叉、共生。

第三节　优化跨学科人才培养的保障机制

从实践的角度而言，跨学科人才培养模式及其具体形式可以多种多样，不同高校可以结合自身情况灵活选择。教育主管部门抑或高校自身更应该思考的是，跨学科人才培养实践的生成与发展需要哪些基础条件、前提条件和保障条件。基于美国研究型大学跨学科人才培养机制建设的经验和我国高校跨学科人才培养机制面临的主要问题，我国教育主管部门和高校两大主体可从以下三个方面分别优化跨学科人才培养的动力、运行与约束机制，进而实现跨学科人才培养机制的整体优化。

一　优化动力机制，提升跨学科人才培养压力

面对高校跨学科人才培养实践动力不足的问题，除了在社会心理推动层面，通过深化对综合性大学目的与属性的认识、尊重学生的多样化和个性化学习需求，来树立并强化跨学科人才培养的理念，进而提升高校跨学科人才培养的实践自觉，教育主管部门还需要发挥政令推动的积极作用，淡化利益驱动的副作用，强化动力机制的动力传递功能。

一是建立强化人才培养的评价机制，倒逼高校重视人才培养。把客观存在的多元主体需求转化为跨学科人才培养实践，背后更为根本的问题在于如何使高校真正能够重视人才培养，改变一直以来重科研、轻教学的局面。陈洪捷教授针对拔尖创新型博士生的培养指出："提高博士生整体培养质量与培养拔尖创新型博士生其实是一回事，没有高水平的博士生培养体制，博士生的培养质量就难以得到保障。整体博士生培养质量有问题，那就很难指望培养出大批拔尖创新人才。"[①] 这段话对于跨学科人才培养亦是适用的，即当更为基本与宏观的人才培养受重视程度不足时，我们也很难奢望某所高校重视跨学科人才培养。为了淡化科研指标对高校办学的利益驱动，教育主管部门需要把学科评估的评价标准

---

① 陈洪捷、许丹东、谢鑫：《博士生教育与拔尖创新人才培养（笔谈）》，《重庆高教研究》2023年第2期。

聚焦人才培养，强化人才培养在学科评估整体指标体系中的内容和权重，真正把立德树人成效形成可衡量、可观测、可评价的标准，把"软指标"变成"硬要求"。同时，淡化乃至去除学科评估的各种附加杠杆，不把过多的利益绑在学科评估上，从而推动高校以平常的心态应对学科评估，进而把学科评估的工作重心聚焦到自我诊断、反馈以及持续自我改进，而不是简单的"填表"或"田忌赛马"式的博弈游戏上来。①

二是建立多元主体需求导向的评价机制，倒逼人才培养模式转型。要促使高校走出单纯的学术逻辑，就需要将其是否满足多元主体需求作为人才培养评价的重要标准。众所周知，评价具有重要的导向作用，因此可通过建立全面呼应多元主体需求的人才培养评价制度，促进跨学科人才培养实践的发展。然而，多元主体需求较为宏观，据此设计评价指标体系较难操作。为此，教育主管部门可从战略角度对高校人才培养是否很好地做到了"四个面向"进行评价。在跨学科时代，世界科技前沿越来越呈现出学科交叉与融合的趋势，经济主战场的很多需求不分学科或无法为单一学科所涵盖，国家重大需求往往是综合性的，而重大公共卫生事件、疑难重大疾病、医疗资源不足等事关人民生命健康的问题亦不是单一学科所能解决的。由此可见，如果高校将"四个面向"作为人才培养的重要标准，其培养体系当中必然有一部分是跨学科的，也在很大程度上回应了经济社会与科技发展的需求。因此，教育主管部门可将"四个面向"作为多元主体需求导向的评价机制的一个抓手，据此评价高校的培养目标、培养制度、培养路径与形式等系列内容，从而倒逼高校转变人才培养模式。

二 完善运行机制，强化跨学科人才培养支撑

一是设置专门组织，为跨学科人才培养提供组织载体。高校应改革教学科研组织设置模式，在传统的学科组织之外成立专门的跨学科教学与科研组织。这就要改变单纯以学科作为学术组织划分和设置的标准，②

---

① 邬大光、薛成龙：《"应试"评估不是学科建设的全部》，《光明日报》2019年9月3日第13版。
② 刘楚佳：《高校跨学科专业发展探讨》，《高等教育研究》2002年第6期。

根据经济社会发展需要、本校交叉学科发展需要与成效、学生的跨学科学习需求等因素设置跨学科院系与研究中心。这种方式在一定程度上克服了传统学科组织模式对跨学科人才培养的限制，为跨学科人才培养提供了组织归属和行政支持。目前，我国已有一些高校成立了跨学科组织，承担起了跨学科育人与研究的双重职责。例如，北大于2007年成立了元培学院。依托学校和学院的制度优势，元培学院创办了"古生物学""政治学、经济学与哲学""外国语言与外国历史""数据科学与大数据技术""整合科学"和"文物保护技术"等多个跨学科专业，走在了我国高校跨学科专业发展的前列。[①] 此外，根据前文的研究，美国一些大学的传统院系在学科结构、师资来源、研究方向等方面亦是跨学科的。因此，高校要走出学科组织建设的单一学科思维，对传统学科组织进行一定的跨学科改造。例如，教育问题往往与其他社会问题相互交织、相互影响，教育学科组织可以吸纳政治学、经济学、法学等其他学科的人才，创造跨学科学习与研究教育问题的师资条件。

二是建立协调机制，推动不同学术机构之间的跨学科人才培养合作。首先，高校应加强主管教学校领导、现有教务部门的跨学科人才培养协调职能，以新增专门职能的方式增进协调意识、强化协调责任。其次，高校可建立院系负责人联席会等院系间的沟通与交流机制，从而为传统院系基于跨学科人才培养的需要主动与相关院系寻求合作提供平台。最后，高校应在校级层面建立跨学科人才培养的领导机制，[②] 进行全校跨学科人才培养事务的统筹与协调，组织相关学院就培养目标、课程体系、师资配置等跨学科人才培养问题进行协商、分工与合作。例如，北大认识到学科交叉融合既有赖于各学科自下而上演化生成，也需要学校自上而下做好规划。为理顺交叉学科学位授予的体制机制，北大专门成立了交叉学科学位分委员会。[③]

---

① 郝平：《优化建设学科布局 促进学科交叉融合》，2022年2月15日，http://edu.people.com.cn/n1/2022/0215/c1006-32352402.html。

② ［美］凯瑞·A. 霍利：《理解高等教育中的跨学科挑战与机遇》，郭强译，同济大学出版社2012年版，第6页。

③ 郝平：《优化建设学科布局 促进学科交叉融合》，2022年2月15日，http://edu.people.com.cn/n1/2022/0215/c1006-32352402.html。

三是建立课程共享机制,提供跨学科人才培养所需的课程基础。"跨学科理念不仅是一个学科建设的理念,还是一个现代知识社会条件下创造知识(科研)的理念,一个育人(复合型人才培养)的理念,更是学校配置教育教学资源的理念。"[①] 高校以及院系如果一直在课程增量而非课程共享上用力,课程数量及学科结构将永远无法满足学生的需求。建立课程共享机制,重点在于打破课程共享的院系壁垒和课程类型的人为界限,实现课程资源在全校范围内的统筹利用。首先,高校应对全校所开课程进行统筹,积极推进相关院系对相同或相近课程的共享、共用,逐步减少相同课程独立重复开设的问题,提高课程资源的利用率。其次,应通过建立不同类型课程的开放制度,打破课程类型的人为界限。课程类型是人为划分的结果,如能打破不同课程类型的修读界限,尽管课程总量不会变,但学生选择的余地却能大大增加。例如,通过将选修课"嵌入"必修课,就可以实现必修课作为选修课的价值,大幅提升选修课的比例,而将某一专业的必修课程向其他专业学生开放,又可以使学生以"嵌入"的方式修读双主修、主辅修。

四是探索联合聘任制或双聘制,打破教师的院系和专业隶属。为克服教师院系所有制给跨学科人才培养运行带来的障碍,引导广大教师参与到跨学科人才培养与科学研究中去,我国高校可借鉴美国经验,建立联合聘任制或双聘制。首先,推进教师从院系所有回归学校所有。教师不是院系的"私有品",院系也不是治外之地。高校应打破教师的院系和专业隶属,为他们根据教学、科研兴趣和需要在校内多个学术单位工作创造条件。其次,在校级层面统筹考虑教师的整体工作量以及联合聘任教师在两个或多个不同学术单位的工作量分配方案。[②] 唯有如此,高校才能打破院系的自我保护主义,以及教师联聘后可能发生的冲突。最后,做好成果认定和职称评聘等相关配套制度的设计。在成果认定上,高校应将教师跨学科教学与研究成果纳入成果范畴。在职称评聘上,高

---

① 邬大光:《世界一流大学解读——以美国密西根大学为例》,《高等教育研究》2010年第12期。
② 朱永东、张振刚:《联合聘任制:密歇根大学的探索与实践》,《高等工程教育研究》2017年第4期。

校可成立专门的双聘教师职称评审小组,组织来自不同学科领域的评审专家,超越院系层面对双聘教师进行评估。从目前了解到的资料看,中国人民大学、上海交通大学、吉林大学等高校已经专门制定了教师校内双聘办法,开始了运用双聘制促进教师跨学科教学与研究的改革及实践。

三 健全约束机制,保障跨学科人才培养质量

一是建立管控跨学科人才培养质量的专门机构或岗位,明确其跨学科人才培养质量管控职责。尽管跨学科人才培养是整个人才培养体系的一部分,但鉴于其复杂性与不成熟性,高校要适应跨学科时代的新形势,及时通过质量管控机构及其职能的设置,对跨学科人才培养体系的质量进行管控。从当前的情况看,我国高校可在现有的教务部门中增设专门的跨学科人才培养质量管控机构,亦可在现有机构中增设专门岗位。就理念而言,该机构或岗位要构建高质量教育的文化,将质量意识、质量评价与质量管理[①]落实到对跨学科人才培养实践的全过程管控之中。就职责而言,其要深入研究跨学科人才培养的学科交叉融合特性,并在此基础上重点履行以下使命:制定跨学科人才培养的各类质量标准;根据制定的各类质量标准审查跨学科课程、跨学科专业、辅修、双学位等各种跨学科人才培养项目的申请,并提出指导性意见或建议;对获批并实施的项目进行检查、评估并提出改进要求;对参与这些项目的学生发展情况进行分析;对学生是否达到跨学科专业、辅修专业与双学位专业等项目的毕业标准进行资格审查。[②]

二是健全跨学科人才培养质量标准与全过程管理制度,为专门机构或岗位的管理提供依据。在明确"同质要求,同质管理"的基础上,教育主管部门和高校应健全跨学科人才培养的质量标准与全过程管理制度,为相关办学主体提供导向与规范。首先是明确跨学科人才培养实践的整体质量要求,以及跨学科课程、跨学科专业等各种具体形式的质量标准。

---

① 教育部:《关于深化本科教育教学改革 全面提高人才培养质量的意见》,2019 年 9 月 29 日,https://www.gov.cn/xinwen/2019-10/12/content_5438706.htm。
② 宋鑫、何山、卢晓东:《提高我校辅修和双学位专业教育质量的研究报告》,2023 年 6 月 12 日,https://www.360docs.net/doc/258450665.html。

高校应坚持高起点、高质量的原则，完善跨学科人才培养质量标准体系建设。以跨学科专业为例，要参照《普通高校本科专业类教学质量国家标准》，对培养目标、培养规格、师资队伍、教育条件、质量保障体系等内容进行系统思考与规定。其次是对跨学科人才培养实践的全过程管理进行系统而严格的制度设计。对跨学科课程、跨学科专业等新兴却不够成熟的跨学科人才培养形式，高校应尽快对其申办程序、中期检查、终端处理出台制度进行规范，推进它们从"保合格"向"上水平、追卓越"[①] 迈进。对主辅修、双学位等相对成熟但存在自成体系、人为放低要求等问题的跨学科人才培养形式，高校要提升质量标准并以此严格进行全过程管理。

---

① 教育部：《关于深化本科教育教学改革 全面提高人才培养质量的意见》，2019年9月29日，https://www.gov.cn/xinwen/2019-10/12/content_5438706.htm。

结　语

走向融合的跨学科人才培养

　　跨学科人才培养根本在理念，实施靠模式，保障在机制。从专业教育模式的发展历史与现状看，培养理念、培养模式与培养机制具有高度的同构性，三者相互强化，以至于形成了路径依赖。要打破这种路径依赖，就要系统推进跨学科人才培养——不仅要顺应科技、社会与教育发展形势，树立清晰而坚定的跨学科人才培养理念，而且要据此建立系统的跨学科人才培养模式，实现从传统的专业教育模式向专业教育与跨学科人才培养相结合的人才培养模式转型。还要为跨学科人才培养实施提供或建立一套保障机制，从而为多学科协同育人提供有力的配套支持。

　　然而，从现实来看，当前我国高校在组织与实施跨学科人才培养时往往构建一套专门的体系，即针对跨学科人才培养单独谋划、组织与实施。这种传统思路与常规做法人为地导致跨学科人才培养成为与整个人才培养体系相分离的状态，具体表现为理念、模式与机制三个关键方面的分离。这种分离式的跨学科人才培养与学科专业教育泾渭分明，并没有在学科交叉融合上充分用力，覆盖面较小、受益面有限。

　　一是理念的分离，即整个人才培养体系对跨学科素养观照不足。当前，很多高校往往将跨学科素养体现在主辅修、双学位等专门的跨学科人才培养形式之中。例如，某大学在"本科辅修专业与学位管理办法"中提出设置辅修专业与学位的目的在于"进一步扩大学生学习自主权，充分调动学生学习积极性，拓宽学生知识面，适应学生个性化学习需求，促进高素质创新型人才培养"。然而，这些高校在整个人才培养体系中对跨学科素养的体现却非常不够，突出反映在当前的招生与培养制度上。尽管经过历次专业目录调整，我国高校的专业口径有所拓宽，但无论是本科教育还是研究生教育，依然实行的是按专业招生、分专业培养的制度。这种高度单一学科化的专业教育模式之所以一直持续，原因就在于很多高校对跨学科时代究竟培养什么样的人不清晰，跨学科的人才培养目标意识相对缺失。

二是模式的分离，即"另起炉灶"构建跨学科人才培养的专门形式。在模式上，当前我国很多高校借助学科专业教育的资源和形式，组织与实施跨学科人才培养还不够充分，存在"另起炉灶"的问题，即在学科专业教育之外建立跨学科课程与选修课程、跨学科专业、辅修、双学位等专门形式。在课程层面，传统的学科专业课程、必修课程都是促进学生跨学科学习的重要手段，然而学科专业课程往往服务于学科专业教育，封闭性较强。同时，必修课与选修课往往截然分开，学生跨学科学习空间不大。在专业与学位层面，辅修、双学位等基于专业和学位的跨学科人才培养形式多是单独开班、自成体系，而没有与各校现有的主修专业相互打通。这种组织方式并没有充分意识到学科专业教育资源的价值，不仅导致跨学科人才培养的实施口径偏小、覆盖面有限，而且限制了跨学科人才培养项目的生成性。

三是机制的分离，即由专门的跨学科组织实施跨学科人才培养。在以学科为基础划分和设置系科的方式主导之下，当前我国高校主要以学科型组织为主。由于学科型组织存在内部同质性强、与学科专业教育相互强化、利益自我保护等阻碍跨学科人才培养的先天性问题，所以当下很多高校的思路是绕开这些组织，成立"前沿交叉学科学院""前沿交叉学科研究院"等专门的跨学科院系与研究机构，并由这些专门的跨学科组织实施跨学科人才培养。相比于学科型组织，跨学科组织的学科构成相对多元，组织多学科资源、实施跨学科人才培养也随之更为便利，因此在一定程度上克服了传统院系所面临的条件限制，具有了更为充分的实践空间。然而，跨学科组织一方面数量较少，所能实施的跨学科人才培养活动及其范围较为有限。另一方面，即使跨学科组织的学科构成相对多元，但往往也无法充分满足跨学科人才培养活动对多学科师资、多领域课程的大量需求。在这两种情况下，大量传统的学科型组织尽管在组织与实施跨学科人才培养方面具有相当大的能量与价值，但在机制分离的条件下，其作用往往处于闲置状态。

因此，要提升跨学科人才培养的覆盖面、充分发挥跨学科人才培养对学生全面发展、经济社会发展和交叉学科发展等多主体、多方面的价值，需要将其融合到高校整个人才培养体系之中。从高校尤其是大学的属性而言，它本身就是一个综合性的平台，具有实施多种教育的可能。具体而言，跨学科人才培养要从分离走向融合，需要在理念重塑、模式优化与机制赋能三个方面综合发力。

一是理念重塑，培养全体学生的跨学科素养。高校需要从促进人的全面发展以及经济社会发展双重视角出发，将跨学科、综合性作为全体学生的必备素养和整个大学的培养目标。在人的全面发展方面，其是指人的各种基本素质和能力得到尽可能多方面的发展，本身就蕴含着跨学科的成分，在高等教育的知识维度上，主要体现为对自然科学、社会科学和人文学科等人类文明有整体性的了解和掌握。它是全体学生应该具备的素质，要求高校将其切实转化为培养目标，并作出相应的制度设计。在经济社会发展方面，诸如世界科技前沿、经济主战场、国家重大需求、人民生命健康等问题往往都超越了单一学科。对此，高校不仅要致力于跨学科的合作研究，还要充分利用丰富的研究资源和智力资源培养掌握多学科工具、能理解并解决这些问题的人才。

二是模式优化，树立开放型的操作思路。融合式的跨学科人才培养主要借助于整个高校的人才培养体系实施。进一步而言，一套科学、合理的人才培养体系富有弹性与包容性，也因此具有极大适应性，无论是为某一学科的深度参与，还是对多个学科或领域的广泛探索都提供了空间。这需要高校树立开放型的操作思路，即课程、专业、师资、设备等资源是开放的、共享的，方便高校利用其组织与实施跨学科人才培养。同时，基于这种资源开放与共享所建构的跨学科课程、跨学科专业等具体形式具有无限生成的可能，而非事先高度预设的、特定的。从策略而言，开放型的操作思路可从课程、专业和学位两个大的层面进行落实。在课程方面，高校需要更加重视课程的基础性作用，充分发挥传统学科专业课程、必修课程的跨学科育人价值，即不断提升通识课程体系的"跨学科"属性、打破必修与选修课程的界限，从而为所有学生提供充分的跨学科学习机会。在专业与学位方面，高校除了设置专门的跨学科专业和跨学科学位，还可以充分利用高校现有的、大量的学科专业教育资源，设置高度开放而非特定狭窄的双主修、主辅修、双学位等，提供"嵌入"式修读的机会。

三是机制赋能，充分挖掘现有体制的潜力。促进跨学科人才培养从分离走向融合，需要充分挖掘高校现有体制的潜力、发挥现有体制的作用。从学科结构而言，当前我国很多高校已经是综合性大学，它为多学科教育提供了一个综合性的平台。要使这种平台从潜在资源变成现实载体，一是要推动传统学科型组织的合作。学科型组织及其教育资源是跨学科人才培养的重要力量，然而这要以传统学科型组织的充分协作为前提，建立跨学科人才培养的负责机构或协调机构也因此显得尤为必要。二是要打破单一学科的建设思路，丰富现有学科型组织的跨学科内涵。根据对斯坦福大学等世界一流大学的研究，它们的很多传统院系在学科结构、师资来源、研究方向等方面亦是跨学科的。借鉴这一经验，我国高校可走出学科型组织建设的单一学科思维，对传统学科型组织进行一定的跨学科改造。

推进跨学科人才培养除了需要分别处理好理念、模式与机制三个关键问题，还要促进三者之间的耦合。这种耦合有两种路径：一是基于理想，即由一套系统的理念出发进行模式与机制的全新设计与建设，保持同构性；二是基于问题，即对照理念，对不适应的模式与机制进行调整及改革，做到匹配性。前者对于新建高校而言更具可行性，且有助于发挥后发优势。后者往往适用于老牌高校，其人才培养模式与机制早已成型，此时进行全面改革往往很难。当然，这两种路径并不是绝对的，从现实来看往往需要同时采用。

总而言之，更高境界的跨学科人才培养并不是或者主要不是一套专门的、特殊的设计，而是借助于整个高校具有包容性的教育与科研体系实施。此时，实际上也消融了传统学科专业教育与新型跨学科人才培养之间的分野。因为对于这样的高校而言，其学科专业教育具有高度的跨学科成分，而跨学科人才培养也充分容纳于学科教育之中。这样的一种形态，无疑是未来我国高校的努力方向。

参考文献

一 中文文献

著作

别敦荣等：《世界一流大学教育理念》，厦门大学出版社2016年版。

高平叔编：《蔡元培教育论集》，湖南教育出版社1987年版。

陈莉欣：《基础教育管理与质量评价》，世界图书出版西安有限公司2018年版。

陈玉琨、沈玉顺、代蕊华、戚业国：《课程改革与课程评价》，教育科学出版社2001年版。

高平叔编：《蔡元培教育论著选》，人民教育出版社2017年版。

黄留山、邱佑权主编：《学校教育质量管理学》，武汉工业大学出版社1993年版。

李朋编著：《管理学》（第2版），北京理工大学出版社2014年版。

李文鑫、黄进主编：《跨学科人才培养的理论研究》，武汉大学出版社2004年版。

刘彩祥：《泰勒课程理论启示：让教师看见课程》，山西人民出版社2020年版。

刘仲林：《跨学科教育论》，河南教育出版社1991年版。

吕达、周满生主编：《当代外国教育改革著名文献（美国卷·第一册）》，人民教育出版社2004年版。

潘懋元、王伟廉主编：《高等教育学》，福建教育出版社2007年版。

乔锦忠：《学术生态治理——研究型大学教师激励机制探索》，教育科学出版社2008年版。

师素娟、林菁、杨晓兰主编:《机械设计基础》,华中科技大学出版社 2008 年版。

孙晓红、闫涛编著:《管理学》,东北财经大学出版社 2005 年版。

王继焕主编:《机械设计基础》,华中科技大学出版社 2008 年版。

张晓报:《美国研究型大学跨学科人才培养模式研究》,湖南师范大学出版社 2018 年版。

支敏编著:《教育评价的基本原理与运用》,贵州人民出版社 2006 年版。

朱清时主编:《21 世纪高等教育改革与发展——国外部分大学本科教育改革与课程设置》,高等教育出版社 2002 年版。

译作

[美] 凯瑞·A. 霍利:《理解高等教育中的跨学科挑战与机遇》,郭强译,同济大学出版社 2012 年版。

[英] 迈克尔·吉本斯等:《知识生产的新模式:当代社会科学与研究的动力学》,陈洪捷等译,北京大学出版社 2011 年版。

学位论文

常亮:《高校课程资源共享问题研究——以厦门大学为例》,硕士学位论文,厦门大学,2008 年。

从友忠:《高等学校跨学科教育的理论与机制研究》,硕士学位论文,大连理工大学,2004 年。

房西爽:《密歇根大学本科跨学科人才培养模式研究》,硕士学位论文,河北大学,2019 年。

郭雷振:《美国本科人才培养模式研究》,博士学位论文,厦门大学,2013 年。

贾川:《我国高校跨学科研究生培养机制研究》,硕士学位论文,国防科学技术大学,2008 年。

孔令强:《中国大学"学部制"研究》,硕士学位论文,福建师范大学,2014 年。

刘畅:《新加坡国立大学本科跨学科人才培养模式研究》,硕士学位论文,吉林大学,2020 年。

曲晓丹:《美国大学跨学科人才培养模式研究——以卡内基梅隆大学为例》,硕士学位论文,大连理工大学,2013 年。

王天红：《美国研究型大学跨学科教育研究》，硕士学位论文，北京师范大学，2007年。

王雪：《美国高校MOOCs教学模式研究》，硕士学位论文，广西师范大学，2017年。

项伟央：《高校跨学科组织中的教师聘任制度研究》，硕士学位论文，复旦大学，2011年。

俞俏燕：《中国单科性院校专业趋同问题研究——大学综合化发展的视角》，博士学位论文，厦门大学，2008年。

张晓报：《大学的社会评价机制研究》，硕士学位论文，湖南大学，2011年。

朱彩平：《我国研究型大学本科生跨学科教育模式研究——基于分类学原理视角》，硕士学位论文，华南理工大学，2018年。

邹晓东：《研究型大学学科组织创新研究》，博士学位论文，浙江大学，2003年。

期刊论文

包水梅、魏玉梅：《美国博士生跨学科培养的基本路径及其特征研究——以哈佛大学教育研究生院为例》，《中国高教研究》2015年第5期。

包水梅、谢冉：《中美学术型博士研究生课程修读之比较研究》，《江苏高教》2012年第5期。

包水梅、谢心怡：《美国研究型大学博士生跨学科培养的基本路径与支撑机制研究——以普林斯顿大学为例》，《江苏高教》2018年第3期。

鲍嵘：《美国学科专业分类系统的特点及其启示》，《比较教育研究》2004年第4期。

毕颖、杨小渝：《面向科技前沿的大学跨学科研究组织协同创新模式研究——以斯坦福大学Bio-X计划为例》，《华中师范大学学报》（人文社会科学版）2017年第1期。

别敦荣：《论大学本科弹性教学》，《现代大学教育》2001年第5期。

别敦荣：《论高等学校人才培养模式及其改革》，《中国大学教学》2011年第11期。

别敦荣：《美国大学教育观察》，《中国大学教学》2002年第12期。

别敦荣、张征：《斯坦福大学的教育理念及其启示》，《国家教育行政学院学报》2011年第4期。

陈超:《斯坦福大学的自由与卓越》,《考试研究》2012年第4期。

陈翠荣、敖艺璇:《美国研究型大学跨学科培养科技人才的主要路径与保障机制》,《中国高校科技》2020年第4期。

陈翠荣、杜美玲:《英国牛津大学跨学科培养研究生的理念、路径及趋势分析》,《黑龙江高教研究》2021年第2期。

陈翠荣、李冰倩:《密歇根大学跨学科培养研究生的理念基础、实现途径及面临的挑战》,《外国教育研究》2018年第8期。

陈翠荣、姚姝媛、胡玉辉:《美国顶尖文理学院跨学科人才培养路径及支撑机制研究》,《黑龙江高教研究》2023年第2期。

陈洪捷、许丹东、谢鑫:《博士生教育与拔尖创新人才培养(笔谈)》,《重庆高教研究》2023年第2期。

陈其荣:《诺贝尔自然科学奖与跨学科研究》,《上海大学学报》(社会科学版)2009年第5期。

陈汝平:《蔡元培北大改革启示》,《重庆教育学院学报》2004年第4期。

陈霜叶、卢乃桂:《大学知识的组织化形式:大学本科专业及其设置的四个分析维度》,《北京大学教育评论》2006年第4期。

陈小红:《大学通识教育亟需加强——基于人才市场需求和大学生择业取向的调查》,《汕头大学学报》(人文社会科学版)2008年第2期。

陈新阳、张静华、阎光才:《支撑研究型大学本科人才培养的学科结构特征——以美国四所研究型大学为例》,《现代大学教育》2018年第3期。

陈勇等:《促进跨学科研究的有效组织模式研究——基于斯坦福大学Bio-x跨学科研究计划的分析及启示》,《科学学研究》2010年第3期。

程如烟:《美国国家科学院协会报告〈促进跨学科研究〉述评》,《中国软科学》2005年第10期。

段宝岩:《学者、智者与战略家、CEO——中国现代大学校长的双重角色与多种能力》,《国家教育行政学院学报》2006年第1期。

范冬清、王歆玫:《秉承卓越:美国研究型大学跨学科人才培养的特点、趋势及启示》,《国家教育行政学院学报》2017年第9期。

范瑞泉、杨凌春:《推动学科交叉融合 提升高校创新能力——赴澳大利亚大学考察启示》，《中国高校科技》2017 年第 Z1 期。

冯志敏、叶宏：《试论美国高等教育管理体系的特征》，《中国高教研究》2002 年第 6 期。

付瑶瑶：《从斯坦福大学看美国研究型大学中独立科研机构的发展》，《清华大学教育研究》2005 年第 3 期。

高宗泽、蔡亭亭：《斯坦福大学的人才培养模式及其特点》，《外国教育研究》2009 年第 3 期。

顾海良：《"斯诺命题"与人文社会科学的跨学科研究》，《中国社会科学》2010 年第 6 期。

顾海良：《人文社会科学跨学科研究的路径及其实现条件》，《高校理论战线》2011 年第 1 期。

郭德红：《美国研究型大学跨学科课程开发的经验与启示》，《中国高校科技》2017 年第 5 期。

郭德红、李论：《美国大学跨学科课程的开发及启示》，《北京教育（高教）》2015 年第 9 期。

郭德红、杨丹：《关于协同开发和设置大学跨学科课程的思考》，《北京教育（高教）》2014 年第 10 期。

郭雷振：《美国高校本科专业修习制度及其启示》，《重庆高教研究》2015 年第 1 期。

韩延明：《理念、教育理念及大学理念探析》，《教育研究》2003 年第 9 期。

郝莉、冯晓云、宋爱玲、李君：《新工科背景下跨学科课程建设的思考与实践》，《高等工程教育研究》2020 年第 2 期。

何凤升：《师范性与学术性：从对立走向整合》，《扬州大学学报》（高教研究版）2001 年第 4 期。

贺祖斌：《推进高等教育治理体系和治理能力现代化建设》，《中国高等教育》2020 年第 8 期。

胡甲刚：《美国跨学科研究生培养管窥——以华盛顿大学"城市生态学" IGERT 博士项目为个案》，《学位与研究生教育》2009 年第 10 期。

胡乐乐：《论"双一流"背景下研究型大学的跨学科改革》，《江苏高教》2017 年第 4 期。

黄俊平、陈秋媛、瞿毅臻：《交叉学科人才培养模式的探索与实践——以北京大学为例》，《学位与研究生教育》2017 年第 5 期。

蒋盛楠：《美国跨学科本科课程探析及启示》，《北京教育（高教）》2015 年第 6 期。

焦磊：《国外知名大学跨学科建制趋势探析》，《高等工程教育研究》2018 年第 3 期。

焦磊、谢安邦：《美国研究型大学跨学科研究发展的动因、困境及策略探究》，《国家教育行政学院学报》2016 年第 10 期。

雷洪德、高强：《MIT 跨学科培养本科生的理念基础、支撑条件与主要途径》，《中国高教研究》2016 年第 11 期。

李爱彬、梅静：《博士生跨学科课程实施：内在逻辑、现实困境与突破路径》，《研究生教育研究》2020 年第 3 期。

李爱彬等：《一流学科群视域下研究生跨学科培养模式研究》，《研究生教育研究》2022 年第 3 期。

李均、屈西西：《国内高水平大学学部制改革的现状与建议——基于 23 所"985 工程"大学的考察》，《江苏高教》2020 年第 2 期。

李立国：《"双一流"背景下需求导向的学科专业调整优化》，《大学教育科学》2017 年第 4 期。

李学栋、何海燕、李习彬：《管理机制的概念及设计理论研究》，《工业工程》1999 年第 4 期。

李雪飞、程永波：《交叉学科研究生培养的三种模式及其评析》，《学位与研究生教育》2011 年第 8 期。

刘爱生：《世界一流大学人才培养、教师发展与院长职责——斯坦福大学教育学院院长施瓦兹·单访谈录》，《高校教育管理》2016 年第 4 期。

刘宝存：《美国研究型大学基于问题的学习模式》，《中国高教研究》2004 年第 10 期。

刘楚佳：《高校跨学科专业发展探讨》，《高等教育研究》2002 年第 6 期。

刘海涛：《高等学校跨学科专业设置：逻辑、困境与对策》，《江苏高教》2018 年第 2 期。

刘海涛：《麻省理工学院本科课程及学分设置的实践与思考》，《高教探索》

2018 年第 2 期。

刘海燕:《跨学科协同教学——密歇根大学本科教学改革的新动向》,《高等工程教育研究》2007 年第 5 期。

刘海燕、常桐善:《能力、整合、自由:斯坦福大学 21 世纪本科教育改革》,《清华大学教育研究》2015 年第 4 期。

刘少雪:《从 Boyer 委员会的"3 年后报告"看美国研究型大学的本科教学改革》,《复旦教育论坛》2004 年第 2 期。

刘献君:《创新教育理念 推动人才培养模式改革》,《中国高等教育》2009 年第 1 期。

刘学东、汪霞:《斯坦福大学通识教育课程新思维》,《比较教育研究》2015 年第 1 期。

刘亚敏、胡甲刚:《跨学科人才培养的制约因素探讨》,《中国高教研究》2004 年第 3 期。

刘仲林:《交叉科学与交叉(跨学科)教育》,《天津师大学报》1986 年第 4 期。

娄延常:《跨学科人才培养模式的多样性与理性选择》,《武汉大学学报》(人文科学版)2004 年第 2 期。

卢晓东:《本科专业划分的逻辑与跨学科专业类的建立》,《中国大学教学》2010 年第 9 期。

卢晓东:《中美大学本科专业设置比较》,《比较教育研究》2001 年第 2 期。

卢晓东、陈孝戴:《高等学校"专业"内涵研究》,《教育研究》2002 年第 7 期。

卢晓东、宋鑫、王卫、董南燕:《大学本科培养跨学科知识复合型人才的作法与相关问题探讨——北京大学的个案》,《当代教育论坛》2003 年第 10 期。

陆国栋、李拓宇:《新工科建设与发展的路径思考》,《高等工程教育研究》2017 年第 3 期。

马莉萍、周姝:《美国研究型大学本科教育改革举措及其成效评估——以斯坦福大学为例》,《教育科学》2016 年第 3 期。

蒙有华:《美国斯坦福大学的办学理念及启示》,《菏泽学院学报》2006 年第 6 期。

穆瑞燕：《美国研究型大学科研管理机制探析——以斯坦福大学为例》，《中国高校科技》2017 年第 12 期。

邱士刚：《关于大学跨学科教育的思考》，《河北师范大学学报》（教育科学版）2004 年第 1 期。

饶燕婷：《美国高校专业设置及调整机制研究》，《大学》（研究版）2018 年第 11 期。

沈庶英：《基于跨学科模式的聚合课程研究——兼谈商务汉语聚合课程建设》，《教育研究》2018 年第 1 期。

眭依凡：《素质教育：高校人才培养体系的重构》，《中国高等教育》2010 年第 9 期。

孙华：《北京大学元培博雅教育计划人才培养理念及路径》，《中国大学教学》2015 年第 12 期。

索清辉：《高等教育跨学科复合课程设置实证研究》，《中国大学教学》2013 年第 9 期。

唐舟赢、陈武元：《重塑学习：新加坡南洋理工大学跨学科课程的新探索》，《高等理科教育》2022 年第 3 期。

田贤鹏、李翠翠、袁晶：《从学科立场到问题导向：跨学科研究生培养的机制变革》，《高教探索》2021 年第 3 期。

童蕊、李新亮：《我国综合性大学开展创新创业教育的发展策略分析——以斯坦福大学和特文特大学为例》，《煤炭高等教育》2018 年第 3 期。

王建华：《跨学科性与大学转型》，《教育发展研究》2011 年第 1 期。

王建梁、岳书杰：《跨学科理念之下墨尔本模式课程改革的影响及启示》，《江苏高教》2010 年第 2 期。

王梅、李梦秀：《斯坦福大学工程学院的跨学科教育及启示》，《教育评论》2018 年第 4 期。

王伟廉：《高校课程综合化的途径与方法》，《高等教育研究》1990 年第 1 期。

王伟廉：《提高教育质量的关键：深化人才培养模式改革》，《教育研究》2009 年第 12 期。

王文礼：《斯坦福大学协同创新的成功经验和启示》，《学术论坛》2015 年第 2 期。

王义娜：《人文学科的跨学科教育模式——对美国高校的考察分析》，《北京航空航天大学学报》（社会科学版）2010 年第 6 期。

王英杰：《在创新与传统之间——斯坦福大学的发展道路》，《北京大学教育评论》2004 年第 3 期。

王志丰：《论新工科的跨学科品性及其跨学科课程设计》，《山东高等教育》2021 年第 1 期。

魏宏聚：《厄内斯特·博耶"教学学术"思想的内涵与启示》，《全球教育展望》2009 年第 9 期。

魏玉梅：《美国教育学博士研究生培养的"跨学科"特色及其启示——以哈佛大学教育哲学博士（Ph. D.）培养项目为例》，《外国教育研究》2016 年第 3 期。

文辅相：《我国大学的专业教育模式及其改革》，《高等教育研究》2000 年第 2 期。

文雯、王嵩迪：《知识视角下大学跨学科课程演进及其特点》，《中国大学教学》2022 年第 4 期。

邬大光：《大学需关注"需求侧"》，《高等理科教育》2023 年第 2 期。

邬大光：《大学转型发展的时代呼唤》，《中国高教研究》2021 年第 8 期。

邬大光：《世界一流大学解读——以美国密西根大学为例》，《高等教育研究》2010 年第 12 期。

邬大光、陈祥祺：《高等教育"深水区"与大学转型发展》，《中国高教研究》2021 年第 12 期。

吴迪：《论世界一流高校对本科跨学科专业课程的践行——普林斯顿大学的"综合科学"课程计划》，《黑龙江高教研究》2012 年第 10 期。

武智：《蔡元培兼容并包办学理念的历史溯源、践行逻辑及时代价值》，《教育评论》2020 年第 10 期。

项伟央、刘凡丰：《美国大学"双聘制"的困境与密歇根大学的实践》，《教育发展研究》2010 年第 5 期。

肖凤翔、王珩安：《世界一流大学跨学科学术组织发展的经验与启示——

基于斯坦福大学 Bio-X 计划的分析》,《高教探索》2020 年第 5 期。

谢梦、童颖之:《跨学科与博士生培养:美国顶尖研究型大学社科类人才培养研究》,《清华大学教育研究》2022 年第 1 期。

熊华军、佘清、尤小清:《斯坦福大学交叉学科研究生培养模式及启示》,《学位与研究生教育》2022 年第 1 期。

徐木兴、刘朝马:《斯坦福大学发展规划理念分析》,《高等农业教育》2007 年第 4 期。

徐旭东:《斯坦福大学成为世界一流大学形成研究》,《现代教育科学》2005 年第 1 期。

鄢晓:《研究型大学本科生人才培养质量研究——从课程体系的视角》,《现代教育管理》2014 年第 2 期。

叶桂芹、张良平:《联合学位:培养复合型人才的新模式》,《清华大学教育研究》2002 年第 5 期。

叶取源、刘少雪:《架设人文教育与科学教育的桥梁——美国大学跨学科项目案例介绍和分析》,《中国大学教学》2002 年第 9 期。

尹伟、董吉贺:《开展跨学科研究生教育应构建资源共享机制》,《中国高教研究》2010 年第 6 期。

虞丽娟:《美国研究型大学人才培养体系的改革及启示》,《高等工程教育研究》2005 年第 2 期。

曾开富、陈丽萍、朱晓群、聂俊:《跨学科建设的理念与实践——3 所国外大学的研究》,《北京教育(高教)》2012 年第 3 期。

张虎生、李联明、王运来:《美国斯坦福大学的本科教学与启示》,《江苏高教》2004 年第 5 期。

张建功、杨怡斐、黄丽娟:《我国高校工科硕士研究生跨学科培养模式调查研究》,《高等工程教育研究》2016 年第 4 期。

张伟:《跨学科教育:普林斯顿大学本科人才培养案例研究》,《高等工程教育研究》2014 年第 3 期。

张晓报:《独立与组合:美国研究型大学跨学科人才培养的基本模式》,《外国教育研究》2017 年第 3 期。

张晓报:《跨学科人才培养模式的划分框架及启示》,《江苏高教》2014 年第 3 期。

张晓报:《跨学科专业发展的机制障碍与突破——中美比较视角》,《高校教育管理》2020 年第 2 期。

张晓报:《论美国研究型大学跨学科人才培养理念》,《高等理科教育》2016 年第 2 期。

张晓报:《美国研究型大学"个人专业"及启示》,《高教发展与评估》2020 年第 1 期。

张晓报:《美国研究型大学跨学科专业教育的实践及启示》,《高校教育管理》2019 年第 5 期。

张晓报:《密歇根大学的跨学科学位及启示》,《山东高等教育》2016 年第 3 期。

张晓报:《双学士学位、联合学士学位等概念正义》,《大学教育科学》2020 年第 2 期。

张晓报:《我国"985 工程"大学"卓越工程师教育培养计划"的实践与反思——基于课程的考察》,《高校教育管理》2013 年第 6 期。

张晓报、陈慧青:《我国高校双学位教育的困境与出路》,《黑龙江高教研究》2017 年第 11 期。

张洋磊、张应强:《大学跨学科学术组织发展的冲突及其治理》,《教育研究》2017 年第 9 期。

赵莉、马继刚:《构建研究型大学本科人才培养模式探索》,《高等工程教育研究》2007 年第 6 期。

郑石明:《世界一流大学跨学科人才培养模式比较及其启示》,《教育研究》2019 年第 5 期。

周川:《"专业"散论》,《高等教育研究》1992 年第 1 期。

周慧颖、郄海霞:《世界一流大学工程教育跨学科课程建设的经验与启示——以麻省理工学院为例》,《黑龙江高教研究》2014 年第 2 期。

周继武:《比金矿更能带来荣耀和福祉——访美国霍普金斯、斯坦福大学》,《海内与海外》1999 年第 9 期。

周叶中、夏义堃、宋朝阳:《研究生跨学科培养模式创新的探索——武汉大学的改革实践》,《学位与研究生教育》2015 年第 9 期。

朱永东：《"双一流"高校要重视跨学科学术组织建设——基于美国研究型大学跨学科学术组织管理模式的分析》，《研究生教育研究》2018年第6期。

朱永东、张振刚：《联合聘任制：密歇根大学的探索与实践》，《高等工程教育研究》2017年第4期。

报刊文章

储召生：《跨学科教育：一流本科的必然选择》，《中国教育报》2016年5月23日第5版。

卢晓东：《设立国学专业的障碍何在？》，《科学时报》2008年2月19日第B1版。

温才妃：《北京大学发布双学位/辅修新政》，《中国科学报》2017年4月11日第6版。

袁建胜、温新红：《厦大副校长邬大光：本科教育需要更深入更全面的改革》，《科学时报》2008年8月19日第8版。

邬大光：《大学人才培养须走出自己的路》，《光明日报》2018年6月19日第13版。

邬大光、薛成龙：《"应试"评估不是学科建设的全部》，《光明日报》2019年9月3日第13版。

网络资源

北京大学：《北京大学本科教育综合改革指导意见》，2016年4月5日，http://www.dean.pku.edu.cn/web/rules_info.php?id=75.

北京大学：《北京大学本科生学籍管理办法》，2019年7月6日，http://www.dean.pku.edu.cn/web/rules_info.php?id=20.

北京大学：《北京大学关于加强通识课程建设的意见》，2021年7月12日，http://www.dean.pku.edu.cn/web/rules_info.php?id=38.

北京大学：《北京大学教学指导委员会章程》，2016年10月11日，https://www.xswyh.pku.edu.cn/docs/20181219154150277735.pdf.

北京大学：《北京大学实体研究机构管理办法（试行）》，2018年7月16日，https://xkb.pku.edu.cn/docs/20190305140543491624.pdf.

北京大学：《北京大学通识教育课程管理办法（试行）》，2021年6月27

日，http://www.dean.pku.edu.cn/web/rules_info.php?id=164.

北京大学：《北京大学章程》，2015年4月28日，https://news.pku.edu.cn/ztrd/bjdxzcsszhggwbtj/4944-288465.htm.

北京大学：《本科教学概览》，2020年5月21日，http://www.dean.pku.edu.cn/web/about.php.

北京大学：《辅修、双学位》，2023年2月7日，https://www.gotopku.cn/programa/page/573.html.

北京大学：《关于印发〈北京大学教学科研单位发展状况绩效评估实施方案（试行）〉的通知》，2018年3月21日，https://fies.pku.edu.cn/docs/2018-04/20180411083840826062.pdf.

北京大学：《通选课》，2022年12月30日，http://www.dean.pku.edu.cn/web/student_info.php?id=5.

北京大学：《信息公开》，2020年5月11日，http://www.dean.pku.edu.cn/web/openinfo.php.

北京大学教务部：《北大本科生选课手册（2019年12月）》，2021年7月2日，http://www.dean.pku.edu.cn/userfiles/upload/download/202103311619185983.pdf.

北京大学教务部：《北京大学本科教育项目（含交叉学科）设置管理规定》，2017年12月21日，http://www.dean.pku.edu.cn/web/rules_info.php?id=72.

北京大学教务部：《北京大学本科生修读双学位专业管理办法》，2017年1月13日，http://www.dean.pku.edu.cn/web/rules_info.php?id=16.

北京大学教务部：《北京大学本科生选课手册（2021年6月）》，2022年4月19日，http://www.dean.pku.edu.cn/userfiles/upload/download/202109011056005945.pdf.

北京大学教务部：《北京大学增设本科专业管理规定》，2017年12月21日，http://www.dean.pku.edu.cn/web/rules_info.php?id=71.

北京大学教务部：《本科教学改革系列报道之十二：完善辅修/双学位教育管理制度，促进跨学科知识复合型人才成长》，2006年12月26日，http://news.pku.edu.cn/xwzh/129-111330.htm.

北京大学教务部:《本科教学概览》,2018 年 4 月 20 日,http://www.dean.pku.edu.cn/web/about.php.

北京大学教务部:《本科教学概览》,2022 年 10 月 4 日,http://dean.pku.edu.cn/web/about.php.

北京大学教务部:《扎根大地,面向未来——近五年北京大学本科教育改革发展回顾》,2022 年 7 月 18 日,https://news.pku.edu.cn/xwzh/2667c8b7b77d42b2a8f13cd1600291d8.htm.

北京大学教务部:《专业设置》,2019 年 10 月 18 日,http://www.dean.pku.edu.cn/web/student_info.php?type=1&id=8.

北京大学前沿交叉学科研究院:《科学史与科学哲学研究中心》,2021 年 7 月 27 日,http://www.aais.pku.edu.cn/yjzx/show.php?id=164.

北京大学前沿交叉学科研究院:《学院简介》,2021 年 7 月 29 日,http://www.aais.pku.edu.cn/about/.

北京大学前沿交叉学科研究院:《院长寄语》,2021 年 6 月 16 日,http://www.aais.pku.edu.cn/about/show.php?id=19.

北京大学人文社会科学研究院:《文研课程》,2021 年 8 月 9 日,http://www.ihss.pku.edu.cn/.

北京大学人文学部:《基本情况》,2019 年 9 月 25 日,https://fh.pku.edu.cn/xbgk/jbqk/index.htm.

北京大学人文学部办公室:《人文学部学术委员会第 7 次会议(通讯评审)通知》,2018 年 10 月 22 日,https://fh.pku.edu.cn/tzgg/85663.htm.

北京大学社会科学学部办公室:《围绕核心使命,打造特色课程——〈社会科学的经典与前沿〉课程纪实》,2023 年 2 月 1 日,http://fss.pku.edu.cn/xbdt/jxdt/43916.htm.

北京大学信息与工程科学部:《关于召开信息与工程科学部部务会第九次会议的通知》,2017 年 6 月 20 日,https://fies.pku.edu.cn/tzgg/xbtz/48100.htm.

北京大学学术委员会:《北京大学学术委员会召开 2021 年第二次全体会议》,2021 年 7 月 6 日,https://www.xswyh.pku.edu.cn/gzdt/515771.htm.

参考文献

北京大学元培学院：《学院简介》，2021年5月20日，https://yuanpei.pku.edu.cn/xygk/xyjj/index.htm.

北京大学招生办公室：《2019—2020北大宣传片合集》，2019年6月18日，https://b23.tv/kPFo4V.

蔡一茂：《院长寄语》，2021年7月6日，https://ic.pku.edu.cn/xygk/ycjy/index.htm.

柴葳、刘博智：《教育部部长陈宝生在十三届全国人大一次会议记者会上答中外记者问》，2018年3月17日，http://www.moe.gov.cn/jyb_xwfb/gzdt_gzdt/moe_1485/201803/t20180319_330463.html.

方可成：《武大原校长刘道玉：一位超前的教育改革家》，2012年12月7日，https://news.sciencenet.cn/htmlnews/2012/12/272636.shtm.

高松：《培养引领未来的人》，2017年5月6日，https://news.pku.edu.cn/ztrd/119znxq/5237-297716.htm.

国务院办公厅：《关于深化高等学校创新创业教育改革的实施意见》，2015年5月13日，https://www.gov.cn/zhengce/content/2015-05/13/content_9740.htm.

国务院学位委员会、中华人民共和国教育部：《关于印发〈学位授予和人才培养学科目录（2011年）〉的通知》，2011年3月8日，http://www.moe.gov.cn/srcsite/A22/moe_833/201103/t20110308_116439.html.

韩茂莉：《中国历史地理》，2017年2月20日，https://www.sohu.com/a/126781655_391286.

郝平：《德才均备 学以成人——郝平校长在北京大学2020年开学典礼上的讲话》，2020年9月20日，https://news.pku.edu.cn/xwzh/41067fb7b8c640c99325dbd0c8b73640.htm.

郝平：《优化建设学科布局 促进学科交叉融合》，2022年2月15日，http://edu.people.com.cn/n1/2022/0215/c1006-32352402.html.

胡艳婷、郑宏：《教育部哲学社会科学重大攻关项目〈面向2035年的高校学科优化调整布局研究〉开题》，2023年3月28日，https://ihe.xmu.edu.cn/_t2250/2023/0401/c16595a471604/page.htm.

教育部：《关于深化本科教育教学改革 全面提高人才培养质量的意见》，

2019 年 9 月 29 日，https://www.gov.cn/xinwen/2019-10/12/content_5438706.htm.

教育部：《国务院学位委员会办公室负责人就〈交叉学科设置与管理办法（试行）〉答记者问》，2021 年 12 月 6 日，http://www.moe.gov.cn/jyb_xwfb/s271/202112/t20211206_584975.html.

教育部发展规划司：《2018 年全国教育事业发展基本情况年度发布》，2019 年 2 月 26 日，http://www.moe.gov.cn/fbh/live/2019/50340/sfcl/201902/t20190226_371173.html.

九三学社中央参政议政部：《关于进一步加强我国高等教育跨学科人才培养的提案》，2020 年 5 月 26 日，http://www.93.gov.cn/xwjc-snyw/295694.html.

莱文：《耶鲁校长点评中国留学生缺少批判性思维》，2011 年 6 月 2 日，http://edu.people.com.cn/GB/14803191.html.

林建华：《倾听学问的声音——林建华校长在北京大学 2017 年开学典礼上的讲话》，2017 年 9 月 8 日，https://news.pku.edu.cn/xwzh/129-299125.htm.

刘丹：《美国斯坦福大学校长揭秘人才培养之道》，2010 年 4 月 10 日，http://www.chinanews.com.cn/edu/edu-tszs/news/2010/04-10/2217915.shtml.

路甬祥：《学科交叉与交叉科学的意义》，2021 年 12 月 15 日，https://nsfc.gov.cn/publish/portal0/tab1344/info85559.htm.

马克·泰西尔-拉维尼：《斯坦福大学校长开学演讲：以一种开放和自由的方式，探索自己与未来》，2022 年 9 月 28 日，https://www.sohu.com/a/588583410_100150764.

马瑶：《北京大学召开 2015 年全校中层干部大会》，2015 年 3 月 30 日，http://www.sce.pku.edu.cn/xwzx/xyrd/205999.html.

青塔：《备受关注的博士学位点，各大高校都有多少个？》，2018 年 9 月 7 日，https://www.cingta.com/detail/6738.

宋鑫、何山、卢晓东：《提高我校辅修和双学位专业教育质量的研究报告》，2023 年 6 月 12 日，https://www.360docs.net/doc/258450665.html.

王恩哥:《守正笃实 久久为功——北大校长王恩哥在2014年新生开学典礼上的讲话》,2014年9月12日,https://news.pku.edu.cn/xwzh/129-284838.htm.

王晓辉:《斯坦福大学本科人才培养模式的主要特点》,2018年7月10日,https://lgwindow.sdut.edu.cn/info/1015/18582.htm.

王紫微:《培养引领未来的人——人才培养素描》,2017年10月13日,https://news.pku.edu.cn/ztrd/%E7%A0%A5%E7%A0%BAfjkbd/5296-299469.htm.

维基百科:《物理化学》,2014年9月24日,http://zh.wikipedia.org/wiki/物理化学.

吴星潼、王钰琳:《在北大,每个人都"跨学科"》,2017年11月6日,http://www.dean.pku.edu.cn/web/news_details.php?id=12.

杨潇:《公正先生》,2013年10月20日,http://www.nfpeople.com/story_view.php?id=4921.

张静:《主任致辞》,2021年6月27日,https://fss.pku.edu.cn/xbgk/zrzc/index.htm.

张宁:《砥砺奋进,一路芳华——北大七十年教育教学探索之路》,2019年10月7日,https://www.thepaper.cn/newsDetail_forward_4613945.

二 外文文献

著作

Carnegie Foundation for the Advancement of Teaching, *Missions of the college curriculum: a contemporary review with suggestions*, San Francisco: Jossey-Bass, 1977.

Karri A. Holley, *Understanding interdisciplinary challenges and opportunities in higher education*, San Francisco: Jossey-Bass, 2009.

网络资源

Carnegie Mellon University, "Bachelor of Science in Computational Biology", http://lane.compbio.cmu.edu/education/bs-in-computational-biology.html.

Carnegie Mellon University, "Computational Finance at Carnegie Mellon", http://www.math.cmu.edu/~bscf/.

College of Arts & Sciences, "Concurrent Degree Program", http://as.cornell.edu/academics/opportunities/dual-degree/.

College of Arts & Sciences, "Double Majors", http://as.cornell.edu/academics/major-minor/double-major.cfm.

College of Arts & Sciences, "List of Minors", http://www.college.upenn.edu/minors.

College of Arts and Sciences, "Curriculum and Requirements", http://www.college.upenn.edu/prospective/curriculum-and-requirements.

College of Letters & Science, "Cognitive Science", http://ls-advise.berkeley.edu/major/cogsci.html.

College of Letters & Science, "Double Majors and Simultaneous Degrees", http://ls-advise.berkeley.edu/major/double.html.

College of Letters & Science, "Interdisciplinary Studies Field Major", http://ls-advise.berkeley.edu/major/isf.html.

College of LSA, "Majors & Minors", http://www.lsa.umich.edu/students/academicsrequirements/majorsminors.

College of LSA, "Second Degree", http://www.lsa.umich.edu/students/academicsrequirements/lsadegreesrequirements/seconddegree.

College of Pharmacy, "Overview", http://pharmacy.umich.edu/reu/overview.

Cornell University, "Centers and Institutes", http://www.cornell.edu/academics/centers.cfm.

Dietrich College of Humanities and Social Sciences, "Multiple Undergraduate Degrees", http://www.cmu.edu/hss/advisory-center/images/multipledegree.pdf.

Doerr School of Sustainability, "Drive solutions for a sustainable future", https://eiper.stanford.edu/.

Duke University, "About", http://interdisciplinary.duke.edu/about.

Duke University, "Education", http://interdisciplinary.duke.edu/education.

Duke University, "Global Energy: Past, Present, and Future", https://focus.duke.edu/clusters-courses/global-energy-past-present-and-future.

Duke University, "Interdisciplinary Studies", http://interdisciplinary.duke.edu/.

Duke University, "Majors & Degree Programs", http://interdisciplinary.duke.edu/education/majors-degrees.

Lewis-Sigler Institute for Integrative Genomics, "What Advantages Does Integrated Science Provide?" http://www.princeton.edu/integratedscience/advantages/.

Lewis-Sigler Institute for Integrative Genomics, "What Is Integrated Science?" http://www.princeton.edu/integratedscience/.

Massachusetts Institute of Technology, "Undergraduate Education", http://web.mit.edu/catalog/overv.chap3.html.

Mellon College of Science, "Carnegie Mellon's Bachelor of Science and Arts Program Celebrates 10th Anniversary", http://www.cmu.edu/mcs/news/pressreleases/2009/1116-bsa-10thanniversary.html.

MIT, "Chemistry and Biology", http://catalog.mit.edu/interdisciplinary/undergraduate-programs/degrees/chemistry-biology/.

MIT, "Interdisciplinary Undergraduate Programs & Minors", http://web.mit.edu/catalog/inter.under.html.

MIT, "Research", https://www.mit.edu/research/.

MIT, "Women's and Gender Studies (WGS)", http://catalog.mit.edu/subjects/wgs/.

Nicholas School of the Environment, "Bachelor of Arts in Environmental Sciences & Policy", http://nicholas.duke.edu/programs/bachelor-arts-environmental-sciences-policy.

Office of the Dean for Undergraduate Education, "Undergraduate Education at MIT", https://due.mit.edu/undergraduate-education-mit/what-undergraduate-education-mit.

Princeton University, "Interdisciplinary Approach", https://www.princeton.edu/research/interdisciplinary-approach.

Princeton University, "Undergraduate Studies", http://www.princeton.edu/main/academics/undergraduate/.

School of Art, "BXA", http://www.cmu.edu/art/programs/bxa/.

School of Humanities and Sciences, "Mathematical and Computational Science", https://mcs.stanford.edu/.

School of Humanities and Sciences, "Public Policy Program", https://publicpolicy.stanford.edu/.

School of Humanities and Sciences, "The Undergraduate Minor in Jewish Studies", https://jewishstudies.stanford.edu/academics/undergraduate-program.

School of Humanities and Sciences, "Urban Studies", https://urbanstudies.stanford.edu/.

Stanford University, "A Purposeful University", https://www.stanford.edu/about/a-purposeful-university/.

Stanford University, "About SLS", https://law.stanford.edu/about/#slsnav-sls-distinctions.

Stanford University, "About", https://www.stanford.edu/about/.

Stanford University, "Academics", https://www.stanford.edu/.

Stanford University, "Admission", https://www.stanford.edu/.

Stanford University, "AMSTU-BA program", https://bulletin.stanford.edu/programs/AMSTU-BA.

Stanford University, "Biophysics Program", https://med.stanford.edu/biophysics.html.

Stanford University, "Centers & Institutes", https://www.gsb.stanford.edu/experience/about/centers-institutes.

Stanford University, "Department, Institute, and Joint Searches", https://med.stanford.edu/academicaffairs/faa/guidelines-instructions/faculty-searches/joint-searches.html#general.

Stanford University, "Diversity Statement", https://ideal.stanford.edu/about-ideal/diversity-statement.

Stanford University, "Earth Systems Program", https://earthsystems.stanford.edu/academics-admissions/why-study-earth-systems.

Stanford University, "Excellence in teaching and research", https://www.stan

ford.edu/about/a-purposeful-university/.

Stanford University, "Graduate Education", https://facts.stanford.edu/academics/graduate/.

Stanford University, "History", https://sustainability.stanford.edu/history.

Stanford University, "Independent Laboratories, Centers, and Institutes", https://doresearch.stanford.edu/office/independent-laboratories-centers-and-institutes.

Stanford University, "Interdisciplinary Programs", https://www.stanford.edu/list/interdisc/.

Stanford University, "Joint Degree and Cooperative Programs", https://law.stanford.edu/education/degrees/joint-degrees-within-stanford-university/#slsnav-established-joint-degrees.

Stanford University, "Learning at Stanford GSB", https://www.gsb.stanford.edu/experience/learning.

Stanford University, "Networking & Learning", https://vpge.stanford.edu/interdisciplinary-learning/networking-learning.

Stanford University, "Organization Chart: Provost", https://adminguide.stanford.edu/chapters/organization-charts/provost-and-officers-reporting-provost/organization-chart-provost.

Stanford University, "President's remarks to Faculty Senate on academic freedom", https://news.stanford.edu/report/2023/01/26/presidents-remarks-faculty-senate-academic-freedom/.

Stanford University, "Program in International Relations", https://internationalrelations.stanford.edu/degrees/about-major.

Stanford University, "Provost's Statement on Diversity and Inclusion", https://provost.stanford.edu/statement-on-diversity-and-inclusion/.

Stanford University, "Q&A with Ann Arvin", https://interdisciplinary.stanford.edu/qa-ann-arvin.

Stanford University, "Research and Innovation", https://facts.stanford.edu/research/.

Stanford University, "Research", https://www.stanford.edu/research/.

Stanford University, "School of Humanities and Sciences", https://humsci.stanford.edu/about.

Stanford University, "Schools", https://www.stanford.edu/academics/schools/.

Stanford University, "Stanford BIO-X", https://biox.stanford.edu/.

Stanford University, "Stanford Business", https://www.gsb.stanford.edu/.

Stanford University, "Stanford Graduate School of Business", https://www.gsb.stanford.edu/experience/about.

Stanford University, "Stanford Graduate School of Education", https://ed.stanford.edu/#main-section.

Stanford University, "Stanford Impact Labs: Executive Summary", https://impact.stanford.edu/publication/stanford-impact-labs-executive-summary.

Stanford University, "Stanford Interdisciplinary", https://interdisciplinary.stanford.edu/.

Stanford University, "Stanford University Bulletin", https://bulletin.stanford.edu/programs/EASYS-BS.

Stanford University, "Stanford University Bulletin", https://bulletin.stanford.edu/programs/HUMBI-BA.

Stanford University, "Stanford's Schools and Programs", https://facts.stanford.edu/academics/.

Stanford University, "Stanford's Seven Schools", https://law.stanford.edu/.

Stanford University, "The Ford Dorsey Master's in International Policy", https://fsi.stanford.edu/masters-degree.

Stanford University, "The Study of Undergraduate Education at Stanford (SUES)", https://sues.stanford.edu/.

Stanford University, "Undergraduate Program", https://archaeology.stanford.edu/undergraduate-program.

Stanford University, "Undergraduate Studies", https://facts.stanford.edu/academics/undergraduate/.

Stanford University, "Undergraduate Studies", https://majors.stanford.edu/.

Stanford University, "Welcome to BIO-X", https://biox.stanford.edu/about.

Stanford University, "Welcome to Stanford", https://facts.stanford.edu/welcome/.

The Boyer Commission on Educating Undergraduates in the Research University, "Reinventing Undergraduate Education: A Blueprint for America's Research Universities", http://eric.ed.gov/?id=ED424840.

The Wharton School, "Coordinated Dual-degree Programs", http://www.wharton.upenn.edu/undergrad/why-wharton/coordinated-dual-degree-programs.cfm.

UC Berkeley, "General Catalog Description", http://general-catalog.berkeley.edu/catalog/gcc_view_req?p_dept_cd=COG+SCI.

University of Illinois, "Interdisciplinary Studies Majors", http://provost.illinois.edu/programsofstudy/2014/fall/programs/undergrad/las/interdisc_studies.html.

University of Illinois, "Majors", http://provost.illinois.edu/ProgramsOfStudy/2013/fall/programs/undergrad/majors.html.

University of Pennsylvania, "About the Program", http://lsm.upenn.edu/program/about.

University of Pennsylvania, "About", http://www.upenn.edu/about/.

University of Pennsylvania, "Fact Sheet: Integrating Knowledge", http://www.upenn.edu/president/integrating-knowledge-fact-sheet#programs.

University of Pennsylvania, "Integrating Knowledge", http://www.upenn.edu/president/penn-compact/integrating-knowledge.

University of Pennsylvania, "Interdisciplinary", http://www.upenn.edu/programs/interschool.php.

University of Pennsylvania, "Inter-School Minors", https://admissions.upenn.edu/learning-at-penn/major-minors/inter-school-minors.

University of Pennsylvania, "Penn Admissions", http://www.admissions.upenn.edu/.

University of Pennsylvania, "Vision & Mission", http://www.upenn.edu/fish

er/about/vision-mission.

University of Washington, "Earning a Minor", http://www.washington.edu/uaa/advising/majors/minor.php.

University of Washington, "Program on the Environment", http://www.washington.edu/students/gencat/academic/envir.html.

后　　记

　　2011年，我进入厦门大学高等教育学专业攻读博士学位。在导师邬大光教授的影响下，我逐渐产生了对跨学科人才培养的研究兴趣，并在2012年11月份将其作为我的博士学位选题。从那时至今，我一直在思考相关问题，也陆续有成果产出。本书主要就是由2014年至今我关于跨学科人才培养的相关论文汇集而成。在写这些论文之前，我并没有想到出一本书，而是在此之后才发现这些论文主要集中于跨学科人才培养的理念、模式与机制三个关键问题之上。

　　尽管本书的基本内容是源于我发表的若干论文，但真正按照一本书的形式进行整理之时，我却发现没有那么容易：结构需要按照一本书的体例进行搭建，很多新增的部分需要撰写，一些薄弱的地方需要补充，一些内容随着时代的发展也需要修改……可以说，其工夫丝毫不亚于重新写了一本，我似乎又进入到2012—2014年写博士学位论文那段焦虑而又沉浸的时光，感受到"心流"带给我的美好体验。

　　将近10年以后，尽管主要思想一以贯之，但本书还是有一些新的发现，特别是在对斯坦福等美国研究型大学的研究过程中，我突然意识到跨学科已经成为这些大学的整个状态与属性，渗透在组织建设、人才培养与科学研究等方方面面，它已从有形的、专项的、单列的走向了有形与无形相结合的、系统的、融合的。例如，当我们在以单一学科来办某个学院的时候，斯坦福大学的教育学院等从名称上看是典型学科型学院的学科组织已经在师资构成、研究方向等方面走向了跨学科。①

对比之下，我国很多高校还停留在前者，这既是差距，也是未来努力的方向。事实上，跨学科人才培养是高等教育体系尤其是人才培养体系中的重要部分，它既有一定的独立性，又受制于整个高等教育的改革状况。在进行跨学科人才培养研究的过程中，我日益发现它是观察和审视我国高等教育的一个重要窗口，也愈发意识到跨学科人才培养是系统问题。

怀念潘懋元先生。时至今日，我仍然记得2012年在厦门大学嘉庚主楼的九楼（教育研究院原所在地）开题时，潘先生对跨学科人才培养这一选题的肯定，也记得在海外楼（现黄宜弘楼）参加博士学位论文答辩时，潘先生发言时的语气和神态。虽然潘先生已于去年12月份去世，但他对高等教育和高等教育研究的热爱，他对高等教育和高等教育学科发展的使命意识，他宽厚慈爱的人格魅力，一直在感染和激励着我们。

感谢我的博导邬大光教授引领我进入跨学科人才培养这个研究领域，鼓励我继续在这个"长线"的领域深耕。邬老师长期从事高等教育研究，跨学科是其关注的重要领域，相关论著给予我很多启发。感谢他在百忙之中为本书作序！

感谢我的博士后合作导师刘宝存教授给予我充分的研究空间，并提供比较教育研究领域的专业指导。感谢他对我的栽培和包容，以及在学术成长之路上所给予的关心和帮助！

感谢我的硕导余小波教授一直以来对我学术上的指导和帮助。在硕士论文选题和写作过程中，余老师引导我关注机制问题，并提醒我要注意机制之间的耦合，本书对于机制的关注和思考就得益于此。

感谢我的同事彭拥军教授、同学包水梅教授对书稿提出的宝贵意见

---

① 当我意识到这一发现以后，刚好在手机上刷到中国科学院大学校长周琪在该校2023年度毕业典礼暨学位授予仪式的一段发言。周校长说："不久刚刚离开我们的微电子所研究员黄令仪老师，为了尽快解决国家芯片'卡脖子'问题，年近八十依然坚守在'龙芯'研发中心。她说，'我这辈子最大的心愿就是匍匐在地，擦干祖国身上的耻辱。'每次想到这句话，我都泪流满面。"这段视频感人至深，也唤醒了我作为高等教育研究者的初心。我想尽管这本书存在很多不足，但有这么一个有新意且可能有一定深度的发现，对推进我国高等教育改革有一定启发，它就实现了一定的意义。

和建议。"独学而无友，则孤陋而寡闻。"向他们请教、与他们讨论，再次让我体会到学术交流的重要性。

感谢中国社会科学出版社对拙著的支持，感谢刘芳老师为本书编辑和出版付出的辛劳。

感谢我指导的研究生和本科生杨梦杰、庄佳琪、张小妹、柴亚玲、王靖、蒋雨君、雷攀、朱怡锦、王曦婕、刘君、李雪、向燕、袁艺乐等同学为资料查找所做的贡献，在与他们一起讨论的过程中我进一步体验到了教学相长的美好。

感谢我的家人，尤其是我的爸爸妈妈。他们虽然学历不高，但一直坚信知识的力量。这么多年，是他们一直毫不保留地鼓励我、支持我。他们的爱是我一直前行的动力！

感谢我的儿子张成乐。2018年出版第一本专著时，他刚出生，尚在襁褓之中。2023年第二本专著将要面世，小家伙已经可以和我一起爬岳麓山、游岳麓书院了。与他相处的时光总是那么快乐，父子俩的哈哈大笑总是令我们彼此都畅快、开怀。这种幸福让我感受到人生的意义，也给予我奋斗的力量。

受制于笔者研究能力与研究资料的有限性，本书仍然存在很多不足，敬请各位专家、学者批评指正！

张晓报

2023年8月21日于敏行楼